Kathrin Ruhl · Nina Mahrt · Johanna Töbel (Hrsg.)

Publizieren während der Promotion

Kathrin Ruhl · Nina Mahrt
Johanna Töbel (Hrsg.)

Publizieren während der Promotion

VS VERLAG

Bibliografische Information der Deutschen Nationalbibliothek
Die Deutsche Nationalbibliothek verzeichnet diese Publikation in der
Deutschen Nationalbibliografie; detaillierte bibliografische Daten sind im Internet über
<http://dnb.d-nb.de> abrufbar.

1. Auflage 2010

Alle Rechte vorbehalten
© VS Verlag für Sozialwissenschaften | Springer Fachmedien Wiesbaden GmbH 2010
Lektorat: Frank Engelhardt

VS Verlag für Sozialwissenschaften ist eine Marke von Springer Fachmedien.
Springer Fachmedien ist Teil der Fachverlagsgruppe Springer Science+Business Media.
www.vs-verlag.de

Das Werk einschließlich aller seiner Teile ist urheberrechtlich geschützt. Jede Verwertung außerhalb der engen Grenzen des Urheberrechtsgesetzes ist ohne Zustimmung des Verlags unzulässig und strafbar. Das gilt insbesondere für Vervielfältigungen, Übersetzungen, Mikroverfilmungen und die Einspeicherung und Verarbeitung in elektronischen Systemen.

Die Wiedergabe von Gebrauchsnamen, Handelsnamen, Warenbezeichnungen usw. in diesem Werk berechtigt auch ohne besondere Kennzeichnung nicht zu der Annahme, dass solche Namen im Sinne der Warenzeichen- und Markenschutz-Gesetzgebung als frei zu betrachten wären und daher von jedermann benutzt werden dürften.

Umschlaggestaltung: KünkelLopka Medienentwicklung, Heidelberg
Gedruckt auf säurefreiem und chlorfrei gebleichtem Papier
Printed in Germany

ISBN 978-3-531-17178-4

Inhalt

1 Einen Anfang machen. Einleitung 9

2 Zwischen Mühe und Muße. Der Schreibprozess 15
   2.1 Diener vieler Herren. Kriterien des wissenschaftlichen Schreibens 19
       Michael Klemm
   2.2 Nerven behalten. Zeitmanagement im Schreibprozess 29
       Andreas Eul
   2.3 Von Musenkuss und Schweinehund. Über Schreibimpulse und
       Schreibhemmnisse 35
       Nicole Hoffmann
   2.4 Wasch mich, aber mach mich nicht nass. Kürzen und Korrigieren 42
       Bernd Ulrich Biere
   2.5 When in Rome do as the Romans do. Successfully publishing
       in English 48
       Constanze Juchem-Grundmann and Ellen Rana

3 Wissen schafft Vielfalt. Verschiedene Textsorten 57
   3.1 Ein Einstieg in das wissenschaftliche Publizieren. Rezensionen 61
       Rudolf Lüthe
   3.2 Den anderen auf den Mund geschaut. Vortrags- und
       Tagungsberichte 65
       Michael Klemm
   3.3 Wer's genau wissen will. Lexikonartikel 69
       Francesca Vidal
   3.4 Orientierungshilfen im Dickicht des Wissens. Beiträge
       in Handbüchern 73
       Reiner Keller
   3.5 Fachwissen trifft Didaktik. Beiträge in Lehrbüchern 79
       Werner Sesselmeier und Marlene Haupt
   3.6 Reden und Schreiben. Beiträge in Tagungsbänden 84
       Christian Geulen

3.7 Sammelsurium statt Innovation. Eine Apologie für Festschriften
und Sammelbände 89
Jörg Seiler

3.8 An Alle! Über populärwissenschaftliche Texte 95
Christian Geulen

4 Andere Fächer – andere Sitten. Artikel in Fachzeitschriften 101

4.1 Wer schreibt, der bleibt. Artikel in den Erziehungswissenschaften 105
Friedrich Rost

4.2 Zeitschrift ist nicht gleich Zeitschrift. Artikel in den Geistes- und
Kulturwissenschaften 116
Hajo Diekmannshenke

4.3 Richtig wichtig. Artikel in den Sozialwissenschaften 125
Jürgen Maier

4.4 Schreiben heißt auch überzeugen. Artikel in der Psychologie 135
Mario Gollwitzer

4.5 Promotion im Umbruch. Artikel in den Natur- und
Umweltwissenschaften 145
Gabriele Schaumann

4.6 Schreiben mit dem Computer über den Computer. Artikel in der
Informatik 153
Dietrich Paulus

4.7 Tabubruch oder *Conditio sine qua non?* Artikel in den
Wirtschaftswissenschaften 164
Harald F. O. von Kortzfleisch

5 Auf der Zielgeraden. Publikationswege 173

5.1 Vom Suchen und Finden des richtigen Verlages. Monografien in
Buchform 177
Helmut Schmiedt

5.2 Buch auf Bestellung. Publizieren mittels Book on Demand 184
Thomas Metten

5.3 Ein Thema – viele Blickwinkel. Herausgeben von Sammelbänden 188
Heidrun Ludwig

5.4 Zur freien Verfügung. Elektronisches Publizieren mit Open Access ... 197
Nina Mahrt und Kathrin Ruhl

5.5 Und was mache ich jetzt? Der Umgang mit Ablehnung
von Beiträgen 206
Ruth Rustemeyer
5.6 Andere Wege, ins Gespräch zu kommen. Netzpräsenz
als DoktorandIn 212
Nicole Hoffmann

6 Nicht zu vernachlässigen. Organisatorisches und Finanzielles............... 217
6.1 Wie und womit? Programme zur Erstellung und Verarbeitung von
Texten 220
Axel Zinkernagel
6.2 Anleitung zur Selbstmedikation. Literaturverwaltung 229
Nina Mahrt und Johanna Töbel
6.3 Argumentation – nicht Illustration. Das Bild im Text..................... 237
Dietrich Grünewald
6.4 Das kann teuer werden. Die finanzielle Seite des Publizierens 246
Kathrin Ruhl und Daniel Brauer

7 Publizieren um jeden Preis? Zehn Gedanken zum Schluss 253
Kathrin Ruhl und Heidrun Ludwig

Publizieren als „System"? Ein Nachwort 261
Ulrich Sarcinelli

Verzeichnis der AutorInnen 265

1 Einen Anfang machen. Einleitung

Ein Buch zum Thema Publizieren und somit zum wissenschaftlichen Schreiben für Promovierende? Haben diese mit dem Verfassen ihrer Studiumsabschlussarbeit nicht längst gezeigt, dass sie wissenschaftlich schreiben können? Ja und nein – sie haben zwar einen Grundstein gelegt, doch ist wissenschaftliches Schreiben ein fortwährender Prozess, bei dem die Kompetenzen erweitert und optimiert werden. Die Textsorten, die nun von ihnen verfasst werden sollen, kennen Promovierende aus dem Studium meist nur als LeserInnen – sie haben viele Zeitschriftenartikel, Lehrbücher und Sammelbände durchgearbeitet, haben aber selbst keine geschrieben. Sie haben sich auch nicht damit befasst, welche Autorin/welcher Autor den Artikel in der einen und nicht der anderen Fachzeitschrift platziert hat oder nicht platzieren konnte. Es war zudem für sie nicht von Belang, welche Strategien sich (namhafte) WissenschaftlerInnen zu eigen gemacht haben, um sich in der Scientific Community zu etablieren. Für NachwuchswissenschaftlerInnen bekommen Publikationen daher eine neue Dimension – und bei dem Versuch, selbst als AutorInnen tätig zu werden, gilt es, die meist ungeschriebenen Regeln des eigenen Faches zu berücksichtigen und bestimmte Mechanismen zu durchschauen. Das vorliegende Handbuch soll Promovierende daher bei ihren Publikationserfahrungen unterstützen und eine systematische Hilfestellung bieten, wenn diese als AutorInnen ihren Anfang wagen und das *learning by doing* sowie das *training on the job*, das häufig charakteristisch für die gesamte Promotionsphase ist (vgl. Enders 2005: 41), abmildern. Gleichzeitig soll dieses Buch dazu ermutigen, frühzeitig eigene Veröffentlichungen in Angriff zu nehmen, denn das Schreiben und Publizieren gehören zum wissenschaftlichen Arbeiten. Nur wer seine Ergebnisse anderen zur Verfügung stellt, kann von der wissenschaftlichen Öffentlichkeit wahrgenommen werden. Wissenschaft lebt vom fachlichen Austausch – möglichst von Anfang an in diesen Austausch zu treten und schon während der Promotionsphase ein eigenständiges Profil zu entwickeln, sollte daher ein Ziel von Promovierenden sein (vgl. Echterhoff/Heinen/Neumann 2007: 196).

Für manche NachwuchswissenschaftlerInnen stellt die Dissertationsschrift die erste eigene Veröffentlichung dar. Es gibt jedoch eine Reihe von Gründen, sich bereits zu einem früheren Zeitpunkt um Publikationen zu bemühen:

- Veröffentlichungen bieten die Grundlage für konstruktive Auseinandersetzungen in der wissenschaftlichen Disziplin und erleichtern den fachlichen Austausch. Wer seine Zwischenergebnisse und die methodischen und theoretischen Ansätze in Form einer Publikation (oder auch eines Vortrags) in die Scientific Community einbringt, erhält Feedback und wertvolle Anregungen von anderen WissenschaftlerInnen. Hierbei gilt es jedoch, die Promotionsordnung in Hinblick auf eventuelle Einschränkungen und Vorgaben genau zu lesen.

- Manche Promotionsordnungen ermöglichen zudem die kumulative Promotion, d. h. statt eine umfangreiche Monografie zu verfassen, erfolgt die Promotion durch die Veröffentlichung mehrerer Artikel in Fachzeitschriften. In diesem Fall wäre das Publizieren während der Promotion keine Kür, sondern wesentlicher Bestandteil des Verfahrens.
- Durch einen Artikel in einer Fachzeitschrift oder in einem Sammelband mit ExpertInnen des Forschungsfeldes können wichtige Kontakte entstehen – entweder für den informellen wissenschaftlichen Austausch oder aber für weitere Veröffentlichungen, denn erste Publikationen ebnen oft den Weg zu weiteren Beiträgen.
- Die vielfältigen Erfahrungen, die durch das Publizieren gesammelt werden, können zudem dazu beitragen, die für die Textproduktion nötigen Kompetenzen nach und nach auszubauen. Die Anforderungen, die solche Publikationen an NachwuchswissenschaftlerInnen stellen, betreffen jedoch nicht nur Bereiche der reinen Textproduktion, sondern auch die Planung und Organisation der eigenen Arbeit. Im Bereich der wissenschaftlichen Publizistik gibt es Gepflogenheiten, die für „NeueinsteigerInnen" nicht selbstverständlich sind – das wissenschaftliche Publizieren ist ein akademisches Lernfeld, dessen Konventionen je nach Fachgebiet in Erfahrung gebracht werden müssen. Wer diese Spielregeln bereits frühzeitig kennt und wem bewusst ist, welche Arbeitsschritte mit dem Publizieren verbunden sind, kann Angebote und Möglichkeiten besser bewerten und das Publikationsprojekt erfolgreicher abschließen.
- Die Erfolgserlebnisse, die mit dem Publizieren von Beiträgen verbunden sind, können sich wiederum positiv auf das weitere wissenschaftliche Arbeiten und schließlich das Anfertigen der Dissertationsschrift auswirken. Wem es gelingt, wissenschaftliche Fragestellungen und Erkenntnisse auf der oft streng begrenzten Seitenzahl einer vergleichsweise kurzen Publikation darzulegen, wird wichtige Erfahrungen für das Strukturieren und pointierte Formulieren auch längerer Texte sammeln.
- Zudem bieten kürzere Veröffentlichungen auf dem Weg zur Promotion die Möglichkeit, Nebenaspekte ins Zentrum zu rücken oder Phänomene noch einmal von einer anderen Seite zu beleuchten und somit dem Forschungsgegenstand neue Seiten abzugewinnen.
- Durch die Veröffentlichung der Studiumsabschlussarbeit oder die Herausgabe eines Sammelbandes können zudem Kontakte zu einem Verlag aufgebaut und Erfahrungen im Umgang mit einem Lektorat erworben werden. Diese können wiederum beim Verlegen der Dissertationsschrift genutzt werden.

Einleitung

- Das Publizieren spielt auch unter dem Aspekt der Berufsplanung eine bedeutende Rolle, denn für eine Karriere im Wissenschaftsbetrieb gilt die Publikationsliste als Visitenkarte und stellt ein wichtiges Kriterium bei der Auswahl der BewerberInnen dar. Zwar ist der Doktortitel eine Voraussetzung für eine wissenschaftliche Karriere, aber bei bundesweit ca. 24.000 abgeschlossenen Promotionen im Jahr (Statistisches Bundesamt 2008: 61) reicht der Titel allein nicht aus, um die gewünschte Stelle zu erhalten. Vor allem für Berufungsverfahren gilt, dass die Anzahl der Publikationen in renommierten nationalen und internationalen Fachzeitschriften von Bedeutung ist. Wer sich erst spät um das Veröffentlichen in diesen Organen bemüht, hat daher eine schlechtere Ausgangsposition bei der Bewerbung um eine Professur.
- Doch auch DoktorandInnen, die ihre berufliche Laufbahn außerhalb von Forschung und Lehre sehen, können mit Publikationserfahrungen bei potenziellen ArbeitgeberInnen punkten, denn sie dokumentieren damit ihre Belastbarkeit sowie Kompetenzen im Zeit- und Projektmanagement.

Trotz aller organisatorischer Fertigkeiten und strategischer Überlegungen zählt bei Veröffentlichungen natürlich vor allem die Qualität der Texte, die unter dem eigenen Namen erscheinen. Schreibkompetenzen, die bereits während des Studiums erworben und im Fortgang der wissenschaftlichen Karriere weiter verfeinert werden, sind von zentraler Bedeutung für das Publizieren.

Inwiefern Promovierenden Möglichkeiten geboten werden, Publikationserfahrungen zu sammeln, hängt u. a. von den beruflichen Kontexten und der jeweiligen Fachkultur ab. Sind sie beispielsweise als wissenschaftliche MitarbeiterInnen an Professuren oder in Forschungsprojekten beschäftigt, entstehen häufig durch die damit verbundenen Aufgaben Publikationsprojekte oder es können hilfreiche Kontakte durch die BetreuerInnen und anderen WissenschaftlerInnen des Faches hergestellt werden. Schwieriger gestaltet sich dies für externe DoktorandInnen, d. h. DoktorandInnen, die nicht an einer Universität beschäftigt sind. Sie sind in deutlich geringerem Maße institutionell angebunden und müssen mehr Engagement und Eigeninitiative aufbringen, um in der Scientific Community zu veröffentlichen (vgl. Fabel-Lamla 2006: 380). Eine Reihe von Strategien, deren gezielter Einsatz die Platzierung von Veröffentlichungen erleichtern kann, wird daher im vorliegenden Buch dargestellt.

Das Handbuch richtet sich sowohl an DoktorandInnen, die bereits während ihrer Promotionsphase erste Texte publizieren möchten oder – im Fall der kumulativen Promotion – müssen, als auch an solche, die an Hinweisen zum Schreibprozess und Informationen über Publikationswege für ihre Doktorarbeit interessiert sind, denn viele Tipps, die für andere Textsorten gegeben werden, sind auch auf die Dissertation übertragbar. Der Band soll bei der Vorbereitung der ersten Publikationen unterstützen, indem die spezifischen Regeln und Konventionen der verschiedenen Textsorten und Fachgebiete erläutert und grundsätzliche Informationen zum wissenschaftlichen Schreiben gegeben werden. Um die verschiedenen Bereiche und Ebenen zu erfassen, ist das Handbuch thematisch in fünf Teile gegliedert, jedem der fünf Abschnitte geht eine knappe Überblicksdarstellung voran. Die zugeordneten Artikel beleuchten wichtige Themenkomplexe im Einzelnen und bieten praktische Anwendungstipps, die aus den eigenen Erfahrungen der AutorInnen erwachsen sind.

Im Kapitel *Zwischen Mühe und Muße. Der Schreibprozess* geht es um grundlegende Fertigkeiten im Schreib- und Publikationsprozess sowie um verschiedene Ansprüche, die es beim Verfassen wissenschaftlicher Texte zu berücksichtigen gilt. Mit Betrachtungen zur Entstehung eines wissenschaftlichen Textes und Aspekten des Zeitmanagements für die Textproduktion werden interessierten LeserInnen die „handwerklichen" Seiten vorgestellt. Zudem werden Hinweise im Umgang mit Schreibblockaden und zum gekonnten Kürzen und Korrigieren eines Textes gegeben. Welche Konventionen beim Publizieren auf Englisch zu beachten sind, erläutert der letzte Beitrag des Kapitels.

Im Kapitel *Wissen schafft Vielfalt. Verschiedene Textsorten* werden wissenschaftliche Textsorten vorgestellt, die nicht selten bereits von Promovierenden verfasst werden. In verschiedenen Abschnitten stehen die Besonderheiten von Rezensionen, Tagungsberichten, Lexikonartikeln, Beiträgen in Hand- und Lehrbüchern, Artikeln in Festschriften sowie in Tagungs- und Sammelbänden im Blickpunkt. Abschließend geht es um die Darstellung von wissenschaftlichen Ergebnissen in populärwissenschaftlichen Veröffentlichungen. Jede der genannten Textsorten und ihr Entstehungskontext haben Eigenheiten, die es unabhängig vom Fach zu berücksichtigen gilt, daher sind diese Beiträge nicht nach Disziplinen gruppiert.

In *Andere Fächer – andere Sitten. Artikel in Fachzeitschriften* stehen neben der Textsorte Artikel die diesbezüglichen unterschiedlichen Gepflogenheiten verschiedener wissenschaftlicher Disziplinen im Vordergrund. Wie kann der Stellenwert einer Fachzeitschrift bemessen werden? Wie laufen die Auswahlprozesse in Fachzeitschriften ab? Wie wird ein Artikel gegliedert und strukturiert? Die AutorInnen beantworten diese und weitere Fragen aus der Perspektive ihrer Fächer. Sie legen dar, welche Regeln bei der Veröffentlichung von Artikeln in Fachzeitschriften zu beachten sind und geben praktische Hinweise zu ihrer erfolgreichen Umsetzung.

Das Kapitel *Auf der Zielgeraden. Publikationswege* widmet sich den verschiedenen Möglichkeiten, die für die Veröffentlichung einer Monografie, etwa einer Abschlussarbeit oder der Dissertationsschrift, relevant sein können. Dabei werden auch das Verfahren des Book on Demand und die Möglichkeit der elektronischen Publikation mit Open Access mit ihren Vor- und Nachteilen berücksichtigt. Zudem geht es um die organisatorische Arbeit bei der Herausgabe eines Sammelbandes, die Netzpräsenz von Promovierenden und die Frage nach Publikationsalternativen, wenn ein Artikel in einem *review*-Verfahren abgelehnt wurde.

Organisatorische Aspekte des Schreibens und Veröffentlichens werden im Kapitel *Nicht zu vernachlässigen. Organisatorisches und Finanzielles* berücksichtigt. Hier werden technische Aspekte, wie die Wahl des passenden Textverarbeitungs- und Literaturverwaltungsprogramms, rechtliche Fragen im Kontext der grafischen Gestaltung oder die Finanzierung der eigenen Publikation, beleuchtet. Eine frühzeitige Auseinandersetzung mit bestimmten, auf den ersten Blick nebensächlich erscheinenden Grundsatzfragen erleichtert die Arbeit an den eigenen Publikationsprojekten maßgeblich, daher ist diesen Aspekten ein eigenes Kapitel gewidmet.

Der abschließende Beitrag *Publizieren um jeden Preis? Zehn Gedanken zum Schluss* beleuchtet, wie viel Publikationsaktivität während der Promotion sinnvoll ist. Denn bei allen Bemühungen, als WissenschaftlerIn frühzeitig wahrgenommen zu werden, dürfen der Abschluss der Promotion und auch ein gesundes Maß an privatem Freiraum nicht aus dem Blick geraten. Im Nachwort *Publizieren als „System"?* werden das Wissenschaftssystem und die Planbarkeit einer wissenschaftlichen Karriere kritisch reflektiert und wird für das Finden eines eigenen Profils plädiert.

Die Idee zu diesem Buch ist aus der Arbeit am Interdisziplinären Promotionszentrum (IPZ) der Universität Koblenz-Landau entstanden. Verschiedene Veranstaltungen rund um das wissenschaftliche Schreiben und Publizieren während der Promotion, zu Literaturverwaltungs- und Textverarbeitungsprogrammen sowie wiederkehrende Fragen von Promovierenden zu den genannten Themen haben dazu angeregt, die vielfältigen Informationen zu einem Handbuch zusammen zu fassen. Die Auswahl der Fachgebiete im Kapitel *Andere Fächer – andere Sitten. Artikel in Fachzeitschriften* ist mit dem vorgenommenen Fokus auf die Universität Koblenz-Landau verbunden, d. h. es werden in dem Kapitel Bereiche aufgegriffen, die auch an dieser Hochschule vertreten sind. Analog dazu sind die meisten AutorInnen Angehörige der Universität Koblenz-Landau. Wir freuen uns, dass wir so viele kompetente WissenschaftlerInnen für einen Beitrag gewinnen konnten und sie ihre Erfahrungen auf diesem Weg dem wissenschaftlichen Nachwuchs zur Verfügung stellen.

Die Herausgeberinnen

Literatur

Echterhoff, Gerald/Heinen, Sandra/Neumann, Birgit (2007): Wissenschaftliche „Zusatzqualifikationen": Aufsatzpublikation, Vortrag, Tagungsorganisation. In: Nünning, Ansgar/Sommer, Roy (Hrsg.): Handbuch Promotion. Forschung – Förderung – Finanzierung. Stuttgart et al.: Metzler: 196–204

Enders, Jürgen (2005): Brauchen die Universitäten in Deutschland ein neues Paradigma der Nachwuchsausbildung? In: Beiträge zur Hochschulforschung 1: 34–47

Fabel-Lamla, Melanie (2006): Publizieren – Publikationen während der Promotionsphase und Veröffentlichung der Dissertation. In: Koepernik, Claudia/Moes, Johannes/Tiefel, Sandra (Hrsg.): GEW-Handbuch Promovieren mit Perspektive: ein Ratgeber von und für DoktorandInnen. Bielefeld: Bertelsmann: 379–392

Statistisches Bundesamt (Destatis) (Hrsg.) (2008): Datenreport 2008. Ein Sozialbericht für die Bundesrepublik Deutschland (http://www.destatis.de/jetspeed/portal/cms/Sites/destatis/Internet/DE/Content/Publikationen/Querschnittsveroeffentlichungen/Datenreport/Downloads/Datenreport2008,property=file.pdf; 19.07.2009)

2 Zwischen Mühe und Muße. Der Schreibprozess

Wer publizieren möchte, muss sich zunächst mit dem Schreiben befassen. Während die Publikation als Erfolgserlebnis und als motivierender Höhepunkt im wissenschaftlichen Arbeiten angesehen wird, ist der Weg dahin häufig gerade nicht durch eine Aneinanderreihung von Glückserlebnissen bestimmt. Vielmehr wird jede Autorin/jeder Autor zumindest gelegentlich die Erfahrung machen, dass Schreiben (auch) Mühe bereitet. Umso wichtiger ist es, den Schreibprozess zielführend zu planen und reflektierend positiv zu beeinflussen, sodass der Weg zum Erfolgserlebnis *Veröffentlichung* überschaubar bleibt.

Dennoch gibt es für einen komplexen Prozess wie das wissenschaftliche Schreiben kein Patentrezept. Vielmehr sind von einer Idee bis zu einem fertigen Text zahlreiche Schritte zu bewältigen, die von jeder Person individuell angegangen werden (müssen). Dabei ist nicht von einer strikten Abfolge auszugehen, die garantiert zum Ziel, dem publizierten Text, führt. Das Schreiben wird vielmehr häufig dadurch erschwert, dass ein Schritt wiederholt oder auch zurück gegangen werden muss. Abhängig davon, in welchem Organ bzw. für welchen Leserkreis ein Text erscheinen soll, unter welchen Umständen er geschrieben wird oder wie viel Schreiberfahrung der Verfasser/die Verfasserin hat usw., entsteht in einem letztlich einmaligen Verlauf ein Text (vgl. Klemm 2007: 122 f.).

Doch trotz aller Einzigartigkeit und unabhängig davon, ob es die Dissertation, ein Artikel in einer Fachzeitschrift oder eine andere wissenschaftliche Textsorte ist: Es gibt grundlegende Anforderungen an wissenschaftliche Texte, derer sich AutoInnen nicht nur bewusst sein müssen, sondern die sie auch beim Schreiben berücksichtigen sollten.

Eben solche Kriterien wissenschaftlichen Schreibens werden im ersten Artikel dieses Kapitels vorgestellt. Der Autor greift die sich zum Teil widersprechenden Kriterien des wissenschaftlichen Schreibens auf und verweist auf die Schwierigkeit, die unterschiedlichen Ansprüche miteinander zu vereinen. Dabei wird u. a. thematisiert, wie wichtig es ist, das wissenschaftliche Schreiben zu üben, um es immer sicherer zu beherrschen.

Doch das Schreiben geschieht nie im „luftleeren Raum", abgeschottet vom Rest der Welt, und es bedarf einiger Organisation, sich neben beruflichen oder privaten Verpflichtungen die Zeit und Muße für das Verfassen eines Textes zu nehmen. Dies gilt insbesondere, wenn sich das Schreiben wie im Falle der Promotionsphase über mehrere Jahre erstreckt und wenn nebenher weitere Schreibprojekte realisiert werden. Der Autor des zweiten Beitrags zeigt daher, wie sich die Zeitplanung gestalten kann und wie unumgänglich das Priorisieren von Aufgaben und das Haushalten mit den eigenen Kräften sind.

Neben der Größe „Zeit" können weitere sowohl äußere als auch innere Faktoren Einfluss auf den Schreibprozess nehmen, ihn unterbrechen und sogar behindern. Schreibblockaden haben dabei oft unterschiedliche Gründe; umso wichtiger ist es, mit ihnen umgehen zu können. In dem Beitrag zu diesem Thema werden u. a.

praktische Hinweise gegeben sowie Übungen und Methoden kreativen Schreibens vorgestellt. Auch wird darauf verwiesen, dass wachsende Erfahrung dabei hilft, Schreibblockaden schneller zu überwinden.

Ein Schritt im Schreibprozess, der diesen ebenfalls deutlich verlangsamen oder sogar zurückwerfen kann, ist der der Korrektur. Selbst wenn begleitend zur Textproduktion ständig inhaltliche, sprachliche oder formale Korrekturgänge erfolgen, müssen abschließend immer ergänzende intensive Überarbeitungs- und Korrekturphasen durchgeführt werden. Zudem sind eine gewisse Distanz zum eigenen Produkt und die Fähigkeit, einen Text für abgeschlossen zu erklären, sowie eine Portion Kritikfähigkeit erforderlich, wenn Außenstehende in die Korrektur eingebunden sind.

Im letzten Artikel wird erläutert, welche Konventionen zu beachten sind, wenn das Publikationsprojekt in englischer Sprache realisiert werden soll. Dabei geht es u. a. um die Frage, ob es besser ist, direkt auf Englisch zu schreiben oder den deutschen Text später ins Englische zu übersetzen. Ferner geben die Autorinnen konkrete Hinweise für das Verfassen eines englischsprachigen Textes, beleuchten sprachliche Besonderheiten und formulieren nützliche *dos and don'ts*.

Literatur

Klemm, Michael (2007): Schreibberatung und Schreibtraining. In: Knapp, Karlfried et al. (Hrsg.): Angewandte Linguistik. Tübingen et al.: Francke: 120–142

2.1 Diener vieler Herren. Kriterien des wissenschaftlichen Schreibens

Michael Klemm

„Schreiben ist […] eine kulturell bedingte Handlung, die von den jeweiligen Formen der Geselligkeit, der Repräsentationen des Wissens, den kommunikativen Erfordernissen und den technologischen Entwicklungen abhängig ist. […] So gibt es also keinen Begriff Schreiben, der alle Vorstellungen, Auffassungen und Praxen von Schreiben, die im Verlauf der Geschichte zutage getreten oder überhaupt möglich sind, erfassen könnte" (Ludwig 1995: 273 und 275).

Schreiben *an sich*, so zeigt das Zitat von Otto Ludwig, gibt es nicht, jeder konkrete Schreibprozess ist abhängig von zahlreichen, mitunter dynamischen Parametern. Schreiben bewegt sich zwischen den Polen des egozentrischen Schreibens (Tagebuch) und des Schreibens an und für andere (bis hin zum *ghostwriting*), zudem zwischen reiner Reproduktion (Diktat, Abschrift) und völlig kreativer Schöpfung (Gedicht). Schreiben ist dabei stets komplexes Handeln (vgl. z. B. Wrobel 1995; Steffen 1995), sowohl im Hinblick auf die erforderlichen kognitiven und motorischen Vorgänge als auch auf die damit vollzogenen Formulierungsprozesse, die sozialen Regeln und Mustern folgen.

Ein ganzes Bündel von Faktoren bestimmt jeden konkreten, letztlich einzigartigen und nicht wiederholbaren Schreibprozess (vgl. Klemm 2007: 122 f.), darunter

- die Domäne (Bezugsbereiche wie Unternehmen, Universität, Privatsphäre) mit ihren spezifischen Diskursgemeinschaften (z. B. Öffentlichkeit, Arbeitsgruppe oder Scientific Community, Familie) und ggf. institutionellen Rahmungen,
- die Aufgabe (die kommunikative Funktion des Textes, die Textsorte, die Einordnung als schreiber-, leser- oder sachbezogener Text),
- die Inhalte (und das themenbezogene Wissen des Autors/der Autorin),
- die Situation (ob man z. B. unter Zeit- und Erfolgsdruck steht),
- die Erfahrung (routiniertes Schreiben vs. ungewohnte/einmalige Schreibaufgabe),
- die zur Verfügung stehenden Medien (z. B. Schreibmaschine vs. Computer),
- die möglichen Vorgaben (freies Schreiben vs. Schreiben nach festen Konventionen und Normen, selbstständiges Schreiben vs. gesteuertes Schreiben),

- die Beziehung zwischen SchreiberIn und AdressatInnen (egozentrisches Schreiben (z. B. Tagebuch) vs. kommunikatives Schreiben (z. B. Brief), anonyme vs. bekannte AdressatInnen, ein/eine vs. viele AdressatInnen, homogener vs. heterogener Adressatenkreis),
- die Anzahl der VerfasserInnen und ggf. deren Arbeitsteilung (individuelles Schreiben vs. kooperatives/kollaboratives Schreiben).

Je langwieriger, komplexer und ungewohnter ein Schreibprozess ist, umso wichtiger wird es, vor Beginn die Anforderungen der jeweiligen Schreibaufgabe so genau wie möglich zu reflektieren, die AdressatInnen und deren spezifische Erwartungen zu bestimmen, sich die Traditionen der jeweiligen Schreibdomäne anzueignen usw.

Wissenschaftliche Textproduktion – und eine Dissertation insbesondere – ist eine äußerst komplexe, anspruchsvolle und langwierige Schreibaufgabe (dazu ausführlich ebd.: 128 f.), fundamental für den weiteren akademischen wie beruflichen Werdegang und doch noch weitgehend unvertraut am Ende eines Studiums. Selbst wer Seminararbeiten mit Bravour verfasst hat, ist für ein auf mehrere Jahre angelegtes, Hunderte von Seiten umfassendes Schreibprojekt noch nicht hinreichend gerüstet.

Und dennoch hat das wissenschaftliche Schreiben auch Vorteile gegenüber vielen anderen Schreibaufgaben: In langer akademischer Tradition haben sich Standards und Kriterien entwickelt, gibt es eine Fülle an Vorbildern oder Ratgebern und einen breiten Diskurs über „gute wissenschaftliche Praxis" (dazu ausführlich Deutsche Forschungsgemeinschaft 1998). Auch wenn diese Muster von Disziplin zu Disziplin durchaus unterschiedlich sind, es zahlreiche stilistische Nuancierungen selbst innerhalb von Disziplinen gibt und die jeweilige Schreibaufgabe erst durch die eingangs skizzierten Faktoren konkretisiert wird, ein gewisser *common sense* über allgemeine Anforderungen an wissenschaftliche Texte besteht und bietet Orientierung in den unterschiedlichen Phasen des Schreibprozesses, von der Konzeption bis zur Revision und Textoptimierung (zu Unterschieden zwischen Fachgebieten vgl. in vorliegendem Band Kapitel *Andere Fächer – andere Sitten. Artikel in Fachzeitschriften*).

Kriterien und Maximenkonflikte

Wesentliche Kriterien, die zumindest in den Kultur- und Sozialwissenschaften an Wissenschaftstexte angelegt werden, sind unter anderem die folgenden:

Informativität: Der vielleicht größte Unterschied zwischen einer studentischen (Abschluss-) Arbeit und einem wissenschaftlichen Beitrag (und noch gravierender: einer Dissertation) besteht im Anspruch, *neue* Erkenntnisse zu gewinnen. Während studentische Arbeiten zuallererst nachweisen sollen, dass der Verfasser/die Verfasserin in Kenntnis des Forschungsstands solide wissenschaftlich gearbeitet hat, erwartet man von wissenschaftlichen Texten einen „Nachrichtenwert", eine „Kernbotschaft", welche die Forschung einen Schritt weiterbringt. Jede wissenschaftliche Arbeit sollte neue Informationen zu einem Thema präsentieren oder zumindest eine neue Perspektive auf bekannte Sachverhalte eröffnen. Das reine Referieren von bekanntem Wissen ist noch keine eigenständige wissenschaftliche Leistung – es sei denn, es geht um einen Handbucharticle oder die Einführung in eine Disziplin, ein Thema oder eine Methode (vgl. in vorliegendem Band *Fachwissen trifft Didaktik. Beiträge in Lehrbüchern*; *Orientierungshilfen im Dickicht des Wissens. Beiträge in Handbüchern*; *Wer's genau wissen will. Lexikonartikel*).

Überprüfen lässt sich der Informations- und Innovationsgehalt – neben einer kritischen Lektüre durch Dritte – auch auf kreative Art, indem man einen Klappentext zur eigenen Arbeit verfasst, was den Verfasser/die Verfasserin selbst zwingt, das Wesentliche und Lesenswerte am Text in knapper, aber zugleich werbender Form auf den Punkt zu bringen. Wenn das nicht recht gelingen mag, stimmt etwas Grundsätzliches noch nicht; „klappt" der Klappentext hingegen, kann er nicht nur zur weiteren Textstrukturierung (etwa beim Verfassen der Einleitung) dienen, sondern auch die innere Motivation im Schreibprozess erhöhen. Wer etwas konkret auszusagen hat, gestaltet auch den Schreibprozess selbstbewusster und zielstrebiger. Solche Klappentexte fördern die Reflexion über die Besonderheiten und Stärken der eigenen Arbeit, zwingen zur Zuspitzung auf konkrete Fragestellungen und Ziele und verlangen eine sprachlich und argumentativ überzeugende Formulierung.

Systematik und Strukturiertheit: Von wissenschaftlichen Texten erwartet man eine systematische und jederzeit nachvollziehbare Vorgehensweise, den berühmten roten Faden, der den LeserInnen zu Beginn dargelegt wird, aber auch durch den gesamten Text hindurch kontinuierlich weitergesponnen werden muss, etwa durch Rück- und Vorverweise, Zusammenfassungen, Zwischenfazits. Der Textfluss muss nach einem erkennbaren und nachvollziehbaren Prinzip gelenkt sein, die Teile der Arbeit müssen aufeinander aufbauen und nicht beliebig austauschbar erscheinen.

Entscheidend für das eigene systematische Vorgehen, aber auch für das Verständnis der LeserInnen, sind eine möglichst präzise Fragestellung und eine erkennbare Zielsetzung, die über eine nachvollziehbare Methode erreicht werden sollen. Ein „schönes" Thema macht noch keinen wissenschaftlichen Text aus, erst diese systematische und transparent gemachte Bearbeitung führt zum Erkenntnisgewinn.

Zentral dafür ist bei längeren Texten – als „Visitenkarte" – das Inhaltsverzeichnis, aus dem allein heraus die LeserInnen erkennen können sollten, wie und mit welchem Ziel der Verfasser/die Verfasserin das Thema Schritt für Schritt bearbeitet. Hier sind aussagekräftige Kapitelüberschriften gefordert und keine inhaltsleeren Platzhalter. Eine systematische, allgemein nachvollziehbare Segmentierung macht das meist komplexe Thema bzw. Problem verständlicher, handhabbarer. Bei kürzeren Beiträgen übernehmen ein vorangestelltes Abstract und/oder eine Einleitung diese

Orientierungsfunktion. Gerade bei solchen Paratexten ist Formulierungssorgfalt oberste Pflicht und ein kritischer (fremder) Blick Gold wert, geht es doch um den ersten und zugleich prägenden Eindruck der LeserInnen.

Viele Wege führen nach Rom und so steht in der Regel eine ganze Palette von angemessenen Strukturierungsvarianten zur Verfügung. Je nach Thematik kann man einen chronologischen Zugriff wählen, Theorie und Empirie kombinieren, vom Fallbeispiel zum Allgemeinen führen oder gerade umgekehrt, die traditionelle Pro-Contra-Synthese-Abfolge wählen oder manches mehr. Je länger der Text, umso weniger muss man zum Beispiel bei der Segmentierung der klassischen Dreiteilung Einleitung – Hauptteil – Schluss folgen. Eine stringente Untergliederung der Themenbearbeitung in schlüssige Kapitel und Sinnabschnitte scheint aber ebenso unverzichtbar wie ein orientierender Einstieg und ein resümierender Abschluss.

Kohärenz/Kohäsion: Mit der systematischen Strukturierung auf der Makroebene ist die Erwartung verknüpft, dass auch auf der Mikroebene der Formulierung die Zusammenhänge zwischen den einzelnen Textpassagen an jeder Stelle deutlich werden, sodass sich ein geschlossener Text ohne inhaltliche oder stilistische Sprünge oder Brüche ergibt. Dafür sind thematische Überleitungen und Verweise im Text von großer Bedeutung, auf die man zum Beispiel in der Optimierungsphase nochmals einen geschärften Blick werfen kann: Wo fehlen inhaltlich erläuternde Zwischenschritte, wo sind grammatische oder syntaktische Aussageverknüpfungen unklar oder gar irreführend? Sind etwa Schlussfolgerungen als solche sprachlich korrekt markiert oder hat man logisch Unzusammenhängendes mit einem „Kohärenzjoker" wie *deshalb* unredlicherweise verknüpft?

Explizitheit und Ehrlichkeit: Die Vorgehensweise muss stets aus dem Text ersichtlich, alle wesentlichen Informationen müssen offengelegt werden. Dazu gehören die Transparenz der verwendeten Quellen und die exakte Darlegung der Methode(n), die im Forschungsprozess eingesetzt wurde(n). Nur wenn dieser wissenschaftliche Weg expliziert und überprüfbar gemacht wird, erlangt der Verfasser/die Verfasserin wissenschaftliche Glaubwürdigkeit. Ist jede Behauptung belegt, jede Quelle gesichert? Hat man aus einer Behauptung oder These sprachlich ein Faktum gemacht? So etwas unterläuft überraschend häufig auch den „Profis", ob unbewusst oder strategisch. Es untergräbt aber, wenn es auffällt, nachhaltig die wissenschaftliche Glaubwürdigkeit. Und Sie sollten davon ausgehen, dass es irgendwann irgendwem auffallen wird. Zum akademischen Ethos gehört auch der gewissenhafte und faire Umgang mit Zitaten, die korrekt wiedergegeben und nicht aus dem Zusammenhang gerissen werden dürfen. Die LeserInnen sollen in die Lage versetzt werden, alle gedanklichen und insbesondere argumentativen Schritte allein auf der Grundlage des Textes und der Quellen nachzuvollziehen.

Präzision: Zu den wesentlichsten Anforderungen an wissenschaftliche Abhandlungen, die sie etwa von populärwissenschaftlichen Medientexten unterscheiden, gehört die begriffliche Schärfe. Bei allen Formulierungen, insbesondere aber bei der Verwendung von Termini, sollte der Autor/die Autorin eines wissenschaftlichen Textes um eine exakt definierte Verwendung und um größtmögliche Eindeutigkeit bemüht sein, auch wenn dies in der Formulierungspraxis nicht immer so einfach durchzuhalten ist. Jeder für die Argumentation zentrale Begriff muss geklärt werden, durch eigene Definition oder das Zitieren anderer Quellen, um eine Verständigung zu ermöglichen. Präzision steht dabei deutlich über stilistischer Variation, denn wissenschaftliche Texte sind Gebrauchstexte, deren Erkenntniswert wichtiger ist als die Eleganz der Formulierung.

Formale Korrektheit: Das Pendant inhaltlicher Präzision auf der Ebene der Textorganisation ist die formale Korrektheit. Die wissenschaftliche Gemeinschaft hat Konventionen für das Anfertigen wissenschaftlicher Texte entwickelt, die etwa das Markieren, Verweisen, Zitieren, Anmerken oder Bibliografieren vereinheitlichen. Zwar gibt es je nach Fachtradition Unterschiede im Detail, doch *grosso modo* besteht Übereinkunft, wie der wissenschaftliche Apparat eines Textes auszusehen hat. Diese fein ausdifferenzierten formalen Konventionen dienen der wissenschaftlichen Standardisierung und somit der besseren Lesbarkeit und Verständlichkeit. Sie sind der nach außen sichtbarste Nachweis von Wissenschaftlichkeit.

Ökonomie: Zeit ist ein kostbares Gut – auch für die LeserInnen wissenschaftlicher Texte. Sie wollen in der Regel nicht jeden weitschweifigen Gedankenweg der VerfasserInnen nachvollziehen, sondern vor allem mit den Ergebnissen aus der Forschungsarbeit sowie deren Begründung und Interpretation vertraut gemacht werden. Deshalb sollten spätestens in der Phase der Textoptimierung redundante Formulierungen herausgestrichen werden, am besten in Kooperation mit kritischen „GegenleserInnen" (vgl. in vorliegendem Band *Wasch mich, aber mach mich nicht nass. Kürzen und Korrigieren*). Eine reflektierte Kürzung macht jeden Text besser, analog zu Kurt Tucholskys *Ratschlägen für einen guten Redner*: „Wat jestrichen is, kann nich durchfalln" (Tucholsky 1975 [1930]). In der Kürze der Formulierung liegt – bei aller erwähnten Notwendigkeit zur Explizitheit – die Schärfe des gedanklichen Schrittes, auch wenn dies mitunter zu einem eher nüchternen Schreibstil führen mag.

Differenziertheit: In einem wissenschaftlichen Text müssen auch Positionen erwähnt werden, die zum Standpunkt des Autors/der Autorin konträr laufen, um den LeserInnen die Möglichkeit zu geben, sich ein eigenes Bild und Urteil zu machen. Themen, die einer wissenschaftlichen Analyse würdig sind, sind im Umkehrschluss so komplex, dass es – zumindest in den Kultur- und Sozialwissenschaften – nie nur eine Perspektive oder Interpretation des Phänomens oder Problems geben kann. Wissenschaftlichkeit bedeutet prinzipielle Offenheit für unterschiedliche Auffassungen, bedeutet, ein Phänomen stets aus verschiedenen Perspektiven unter die Lupe zu nehmen. Einseitige Bearbeitungen taugen nur für schnelle Zeitungskommentare.

Der Preis für diesen Aspekt von Wissenschaftlichkeit ist freilich offenkundig: Der Recherche- und Reflexionsaufwand ist enorm. Wissenschaft ist wohl die mühsamste und langsamste Form des Erkenntnisgewinns, sicher aber auch die präziseste. Nur so kann man sich fundiertes Wissen aneignen, zu präzisen Beschreibungen und konsistenten Erklärungen gelangen, eine systematische und strukturierte Vorgehensweise entwickeln und differenzierte Positionen argumentativ verteidigen. Dadurch wird die Welt sicher nicht einfacher, aber das Verständnis von Zusammenhängen tiefer. Und die eigene Position ist umso überzeugender, wenn andere Sichtweisen eine faire Darstellung erfahren, aber im Laufe der Analyse entkräftet oder zumindest relativiert werden können. In der Regel werden durch die Multiperspektivik auch die Antworten auf die zentralen Fragestellungen differenzierter.

Argumentativität und Konsistenz: Während naturwissenschaftliche Disziplinen vielleicht noch den Anspruch auf kausale Erklärungen von beobachtbaren und experimentell reproduzierbaren Ereignissen erheben können, geht es den Kultur- und Sozialwissenschaften nicht um letzte Wahrheiten, sondern um plausible Interpretationen sozialer Phänomene, die man allerdings intersubjektiv vermitteln und gut begründen muss. Wissenschaft kann man deshalb auch als eine Form sozialen Handelns verstehen: Der einzelne Forscher/Die einzelne Forscherin stellt, geleitet durch vorhandene Theorien, Methoden, Publikationen und Institutionen, eigene Gedanken öffentlich zur Diskussion und trägt somit zum gemeinsamen Erkenntnisgewinn bei.

Wenn man Sachverhalte nicht messen oder beweisen/widerlegen kann, muss man umso mehr in die eigene argumentative Kraft investieren, um nicht dem Vorwurf „hermeneutischer Beliebigkeit" Vorschub zu leisten. Nur durch glaubwürdige und überzeugende argumentative Schritte kann man seine Deutung eines Sachverhaltes begründen und gegenüber anderen Lesarten durchsetzen. Thesen und Interpretationen müssen sorgfältig begründet und durch Plausibilität intersubjektiviert werden. Die Schritte der Analyse und besonders die daraus abgeleiteten Schlussfolgerungen müssen konsistent, d. h. zwingend und möglichst widerspruchsfrei, sein – auch wenn eine solche Beweisführung im Sinne von Karl R. Poppers Kritischem Rationalismus in letzter Konsequenz kaum zu bewerkstelligen ist. Die einzelnen Ergebnisse der Arbeit sollten sich aber mosaikartig zu einem geschlossenen Bild ergänzen, dessen Widerlegung man KritikerInnen möglichst schwer macht.

Daher sollte man sich früh im Textproduktionsprozess und immer wieder dem kritischen Widerspruch anderer stellen. Schreiben ist zumindest im Rahmen der wissenschaftlichen Gemeinschaft „Blindkommunikation", man erhält wenn überhaupt nur indirekt Feedback von den AdressatInnen – es sei denn, man stellt sich vor Fertigstellung den LeserInnen im persönlichen Kontakt, etwa in einer Arbeitsgruppe oder einem öffentlichen Vortrag.

Fundiertheit: Ein wissenschaftlicher Text entfaltet seine Qualität erst auf der Grundlage des Forschungsstands und vor dem Hintergrund eines breit gefächerten Wissens der AutorInnen über die Thematik der Arbeit. Bei Dissertationen ist eine Darstellung des Forschungsstands zwingend vorgeschrieben und auch in kürzeren Texten (wie in Fachartikeln) kommt man kaum ohne einen Forschungsabriss aus. Die VerfasserInnen können dabei demonstrieren, dass sie mehr über das Thema wissen, als sie im Text ausführen können. Dieses Hintergrundwissen zeigt sich in Exkursen, in vielfältigen Belegen zu eigenen Aussagen oder auch im Anreißen größerer Forschungszusammenhänge, die in Anmerkungen zum Haupttext platziert werden können. Ein Thema, das mit der Arbeit komplett erschöpft wäre, wäre im Nachhinein kein gut gewähltes – offen gebliebene Fragen, alternative Perspektiven, relevant gemachte Forschungsdesiderata werten das Thema und damit die eigene Arbeit eher auf.

Adressiertheit und Verständlichkeit/Lesbarkeit: Wissenschaftstexte haben, wie bereits erwähnt, auch eine kommunikative Funktion: Man möchte andere über seine Forschungsergebnisse oder allgemein über den Forschungsstand informieren. Dabei kann die Zielgruppe je nach Textsorte sehr unterschiedlich sein (vgl. in vorliegendem Band Kapitel *Wissen schafft Vielfalt. Verschiedene Textsorten*). Einführungen oder Handbuchartikel etwa richten sich an ein ganz anderes Publikum als eine Dissertation oder ein Projektbericht. Umso wichtiger ist es, vor Schreibbeginn die Adressatengruppe möglichst präzise zu definieren und dann bewusst auf diese „zuzuschreiben". Der Adressatenkreis ist freilich nicht immer klar oder recht heterogen, was die Schreibaufgabe spürbar erschwert. Ohne klare Adressiertheit – im Sinne eines *recipient design*, eines rezipientenspezifischen Zuschnitts der Gesamtanlage wie der einzelnen Formulierung – kann freilich Kommunikation kaum gelingen. Das Problem besteht ja im Schreibprozess oft darin, festzulegen, was man voraussetzen kann und was noch ausgeführt werden muss, insbesondere, welche Begriffe man verwenden kann und welche man zuvor erklären sollte.

Vor allem gilt: Ein Text, der nicht verstanden wird, hat keinen Informationswert. Oberstes Kriterium für jeden Text, auch den wissenschaftlichen, ist deshalb, dass er auf einem den LeserInnen angemessenen Sprachniveau verständlich formuliert ist – diese weder überfordert noch unterschätzt. Lesbarkeit heißt, dass man um

Verständnissicherung zumindest permanent bemüht ist, z. B. indem man Begriffe verständlich klärt, Sinnabschnitte durch rhetorische Fragen einleitet, Sachverhalte durch Textbeispiele veranschaulicht oder abstrakte Zusammenhänge grafisch illustriert und die wichtigsten Erkenntnisse eines Analyseschritts resümiert.

Die genannten Kriterien, die an wissenschaftliche Texte angelegt werden, sind mit diesem Abriss nicht erschöpfend beschrieben. Offenkundig dürfte aber bereits jetzt geworden sein, dass sich aus manchen Kriterien Maximenkonflikte ergeben: Bemühte ich mich um maximale Explizitheit, Fundiertheit, Differenziertheit, Adressiertheit und Verständlichkeit, könnten das ökonomische Prinzip und vielleicht auch Informativität und Präzision gefährdet sein und manche LeserInnen unterfordert bzw. gelangweilt werden. Formale Korrektheit schränkt zumindest für ungeübte LaiInnen die Lesbarkeit ein. Je mehr ich Explizitheit und Differenziertheit anstrebe, umso aufwendiger wird das Bemühen um Präzision, Argumentativität und Konsistenz, womöglich auf Kosten der Verständlichkeit für manche Zielgruppen.

Alle Anforderungen gleichermaßen umfassend zu erfüllen, überfordert nicht nur unerfahrene wissenschaftliche SchreiberInnen, sodass man je nach konkreter wissenschaftlicher Schreibaufgabe Prioritäten setzen muss. Zudem sind schon die Fülle und der jeweilige Anspruch dieser Kriterien nicht leicht zu handhaben, wird hier ein Ideal beschrieben, das man kaum *in toto* erfüllen kann und bei dem man immer wieder vor ganz pragmatische Entscheidungen gestellt wird, diese Maxime oder jene zu bevorzugen. Jürgen Baurmann und Rüdiger Weingarten haben dieses Dilemma als „Kontingenz des Schreibens" bezeichnet: „Schreiben besteht, in Abhängigkeit von der jeweiligen Schreibaufgabe und der Schriftkultur, in vielen Situationen wahrscheinlich gerade aus sehr lokalen Problemlösungen" (Baurmann/Weingarten 1995: 19).

Fazit: Plädoyer für eine evolutionäre Verbesserung der Schreibkompetenz

Wissenschaftliches Schreiben ist eine sehr anspruchsvolle Tätigkeit, die vielfältige kognitive und kommunikative Kompetenzen erfordert. Man kann es auch als Form des systematischen Lösens überindividueller, d. h. strukturbedingter Probleme auffassen, die bei jedem Text neu durch die skizzierten Anforderungen der wissenschaftlichen Gemeinschaft aufgeworfen werden. Diesen Kriterien kann man nicht ohne Verluste ausweichen, sie haben ja auch ihren gesellschaftlichen Sinn für die Herstellung methodisch gesicherter wissenschaftlicher Erkenntnis. Für unerfahrene SchreiberInnen und speziell für Promovierende, die anfangs vor einer schier unübersehbaren und unüberwindlich erscheinenden Langzeit-Aufgabe stehen, stellen sie eine gewaltige Hürde dar. Aber das – und das mag tröstlich sein – ging den heutigen „Profis" nicht anders. *Learning by doing* und *trial and error* waren auch die Ausgangsposition von WissenschaftlerInnen, deren heutige Texte vorbildlich erscheinen. Wissenschaftliches Schreiben ist Teil eines mitunter langwierigen Sozialisationsprozesses, den man Studierenden und auch NachwuchswissenschaftlerInnen weder ersparen kann noch sollte. Allein auf der Grundlage von Ratgebern kann man eine so komplexe und variable Aufgabe wie das Verfassen einer Dissertation oder eines anderen wissenschaftlichen Textes ebenso wenig meistern, wie man Autofahren oder Operieren aus einem Buch lernen kann. Wissenschaftliches Schreiben lernt man durch das Lesen „guter" wissenschaftlicher Texte, die als Vorbild und Inspiration dienen, vor allem aber durch eigenes Schreiben, d.h. die konkrete Praxis, mit der man sich Schritt für Schritt den skizzierten Idealen annähert, die als Orientierungsgrößen ihre Funktion erfüllen. Und natürlich durch eine verantwortungsvolle Betreuung, die man notfalls einfordern muss, und den permanenten Austausch oder auch die Konfrontation mit KollegInnen.

Probleme mit dem wissenschaftlichen Schreiben – so die Quintessenz dieses Beitrags – liegen meist nicht so sehr in individuellen Defiziten begründet, sondern an den Bedingungen, Strukturen und Anforderungen der spezifischen Schreibaufgaben, die in dem Kapitel *Wissenschaft Vielfalt. Verschiedene Textsorten* dieses Buches beschrieben werden. Daraus folgt, dass dieses Schreiben durch Beratung und Training, das die genannten Faktoren berücksichtigt, systematisch verbessert werden kann, insbesondere, wenn dabei Erkenntnisse und Methoden der angewandten Schreibforschung zum universitären und wissenschaftlichen Schreiben berücksichtigt werden (vgl. dazu z.B. Bünting/Bitterlich/Pospiech 1996; Jakobs/ Knorr 1997; Merz-Grötsch 2000; Perrin et al. 2002; Klemm 2007).

Literatur

Baurmann, Jürgen/Weingarten, Rüdiger (1995): Prozesse, Prozeduren und Produkte des Schreibens. In: dies. (Hrsg.): Schreiben. Prozesse, Prozeduren und Produkte. Opladen: Westdeutscher Verlag: 7–25

Bünting, Karl-Dieter/Bitterlich, Axel/Pospiech, Ulrike (1996): Schreiben im Studium. Ein Trainingsprogramm. Berlin: Cornelsen Scriptor

Deutsche Forschungsgemeinschaft (1998): Sicherung guter wissenschaftlicher Praxis (http://www.dfg.de/aktuelles_presse/reden_stellungnahmen/download/empfehlung_wiss_praxis_0198.pdf; 30.11.2009)

Jakobs, Eva-Maria/Knorr, Dagmar (Hrsg.) (1997): Schreiben in den Wissenschaften. Frankfurt a.M. et al.: Peter Lang

Klemm, Michael (2007): Schreibberatung und Schreibtraining. In: Knapp, Karlfried et al. (Hrsg.): Angewandte Linguistik. 2. Auflage. Tübingen et al.: Francke: 120–142

Ludwig, Otto (1995): Integriertes und nicht-integriertes Schreiben. Zu einer Theorie des Schreibens: Eine Skizze. In: Baurmann, Jürgen/Weingarten, Rüdiger (Hrsg.). Schreiben. Prozesse, Prozeduren und Produkte. Opladen: Westdeutscher Verlag: 273–287

Merz-Grötsch, Jasmin (2000): Schreibforschung und Schreibdidaktik. Ein Überblick. Freiburg: Fillibach

Perrin, Daniel et al. (Hrsg.) (2002): Schreiben. Von intuitiven zu professionellen Schreibstrategien. Wiesbaden: Westdeutscher Verlag

Steffen, Karin (1995): Schreibkompetenz. Schreiben als intelligentes Handeln. Hildesheim: Olms

Tucholsky, Kurt (1975 [1930]): Ratschläge für einen schlechten Redner. In: Gesammelte Werke in 10 Bänden, Band 8. Herausgegeben von Mary Gerold-Tucholsky und Fritz J. Raddatz. Reinbek bei Hamburg: Rowohlt: 290–292

Wrobel, Arne (1995): Schreiben als Handlung. Überlegungen und Untersuchungen zur Theorie der Textproduktion. Tübingen: Niemeyer

2.2 Nerven behalten.
Zeitmanagement im Schreibprozess

Andreas Eul

Zeitmanagement ist Selbstmanagement. Das Anfertigen eines wissenschaftlichen Textes, sei es ein Fachartikel, eine Rezension oder eine Doktorarbeit, ist ohne ein Mindestmaß an Planung unmöglich. Das Gelingen einer solchen Schreibaufgabe ist an äußere und innere Voraussetzungen gebunden. Die äußeren Voraussetzungen ermöglichen das Schreiben, indem sie Zeit dafür schaffen. Die inneren Voraussetzungen strukturieren den eigentlichen Schreibprozess, indem sie die Zeit, die man mit dem Schreiben verbringt, organisieren.

Das sprichwörtliche leere Blatt Papier, welches heutzutage fast immer ein leerer Bildschirm ist, markiert die Schwelle zwischen beiden Arten von Voraussetzungen. Sobald man sich vor den leeren Bildschirm gesetzt hat, sind die äußeren Voraussetzungen für die Produktion eines Textes – vorzugsweise für mehrere Stunden – geschaffen. Ohne die gleichzeitige Erfüllung der inneren Voraussetzungen bleibt der Bildschirm jedoch höchstwahrscheinlich die nächsten Stunden ziemlich leer. Sowohl innere als auch äußere Gründe können den Schreibprozess behindern oder verlangsamen:

Innere Hürden ergeben sich in natürlicher Weise durch die Auseinandersetzung mit dem jeweiligen Thema, denn die Klarheit der eigenen Gedanken, die einer Verschriftlichung derselben förderlich ist, stellt sich meist nicht unmittelbar ein. Äußere Hürden haben weniger mit den Inhalten zu tun, sondern hängen sehr stark davon ab, wie man im Alltag mit Zeit und Zeitmangel umgeht. Das Nachdenken über Selbstmanagement im Alltag führt zu den Begriffen Priorisierung und Prokrastination.

Vor und während des Promovierens empfiehlt es sich, dass man überdenkt, womit man im Alltag seine Zeit verbringt. Dabei ist es wichtig, *alle* Arbeitsbelastungen und Aufgaben zu berücksichtigen, sowohl die beruflichen als auch die privaten. Das Erstellen einer Liste mag hierbei hilfreich sein. Die Priorität einer Aufgabe ergibt sich aus ihrer Wichtigkeit und Dringlichkeit. Ein völlig offener Zeithorizont mag auf den ersten Blick paradiesisch erscheinen, ist aber nicht sehr zielführend. Wissenschaftliche Texte sind in der Regel an Abgabefristen gebunden, wodurch ein Ende festgesetzt wird. Dies wird häufig als hilfreich wahrgenommen, da die Abgabefrist das in die Zukunft projizierte Ende des Schreibprozesses markiert. Eine positive Einstellung zur Abgabefrist, etwa ein visionäres „Am 1. September 20xx werde ich es geschafft haben!", ist sicherlich besser als eine negative Einstellung im Sinne eines Damoklesschwert-Szenarios, denn eine Abgabefrist darf nicht lähmen.

Viele Ratgeber zum Zeitmanagement führen das Priorisieren von Aufgaben anhand einer Vierfeldertafel ein. Die beiden Spalten „dringend" und „nicht dringend" spannen zusammen mit den beiden Zeilen „wichtig" und „nicht wichtig" vier Quadranten auf (siehe Tabelle), in die man seine alltäglichen Aktivitäten eintragen kann.

Tabelle 1   Eisenhower-Matrix

	Dringend	**Nicht dringend**
Wichtig	• Krisen • Probleme • Fristen	• Planung • Erholung • PR • Netzwerken • Werterklärung • Vorbeugung
Nicht wichtig	• viele Anrufe • die meisten E-Mails • manche Post • viele Sitzungen	• Zeitfresser • viele E-Mails • einige Anrufe • Surfen im Internet • Fluchtaktivitäten

Quelle: Blatter 2009

Man mag über den Sinn dieser Vierfeldertafel streiten, aber eines vermag sie für diejenigen, die sich zum ersten Mal mit Zeit- und Selbstmanagement beschäftigen, auf jeden Fall zu leisten: Den meisten wird schlagartig klar, wie viel Zeit sie mit Unwichtigem verschwenden. Das Fokussieren auf Wichtiges, etwa das Anfertigen einer Doktorarbeit und/oder einer Veröffentlichung neben der Dissertation, funktioniert meistens nur, wenn man unwichtige Tätigkeiten weitgehend unterbindet. Man darf dabei ruhig eine gewisse Rücksichtslosigkeit an den Tag legen, solange man nicht allzu unhöflich zu seinen Mitmenschen wird! Die hohe Kunst des (höflichen) „Nein-Sagen-Könnens" muss erlernt werden. Man halte sich tunlichst von denjenigen seiner Mitmenschen fern, die einen dazu verleiten, sich mit Irrelevantem oder Trivialem über Gebühr zu beschäftigen und einem somit Zeit „stehlen". Man muss auch nicht immer und überall erreichbar sein oder gar jede E-Mail oder SMS binnen weniger Minuten oder Sekunden beantworten. Wahre FreundInnen werden dafür Verständnis haben, dass man während der Promotionsphase weniger Zeit gemeinsam verbringt.

In vielen Fällen lassen einen die Mitmenschen in Ruhe, aber man sich selbst nicht. Je nach Persönlichkeitstyp entwickelt man alle möglichen Aufschiebe- und Fluchttaktiken: Man leidet an Prokrastination und verschiebt alles auf morgen (lat. *cras* bedeutet „morgen"). Wenn dieses Morgen ein ewiges Morgen wird, hat man ein Problem, denn die Promotionszeit zieht sich dann unnötig in die Länge. Prokrastination ist immer kontraproduktiv, denn das Aufschieben von Arbeiten macht jegliches Planen zunichte. Prokrastination ist aber auch allzu menschlich und ein hochkomplexes psychologisches Phänomen, da man dazu neigt, sein eigenes Aufschiebeverhalten, zum Teil bewusst und zum Teil unbewusst, zu rationalisieren oder zu bagatellisieren: „Es wäre gut, wenn ich gerade noch einkaufen oder zum Frisör gehe, die Fenster putze, mein Auto wasche, meinen Schreibtisch aufräume, meine neuen E-Mails lese, meine neuen E-Mails beantworte, meine Steuererklärung mache, meinen Urlaub plane, in den Urlaub fahre, heirate, mich scheiden lasse (und so weiter und so fort), denn dann habe ich den Kopf frei, um mich an meinen Schreibtisch zu setzen und weiter an meiner Dissertation zu schreiben". Es soll nicht verschwiegen werden, dass auch der Besuch von Workshops zum Thema Zeitmanagement und das Lesen von Aufsätzen und Handbüchern zum gleichen Thema eine sehr subtile Form von Prokrastination darstellen können. Man sollte allerdings auch nicht zu streng mit sich selbst sein. Es wäre falsch, wenn man sich bittere Selbstvorwürfe machen würde, jedes Mal wenn man mal sein Tagespensum nicht geschafft hat. Hat man allerdings in dem Monat, in dem man ein etwa 50-seitiges Kapitel seiner Dissertationsschrift oder einen Artikel in einer Fachzeitschrift zu Papier bringen wollte, nur einen Bruchteil geschafft, dann gefährdet das den Gesamtfahrplan des Schreibvorhabens.

Auch das Publizieren während der Promotion ist immer eine zeitliche Mehrbelastung. Idealerweise weiß man vor Beginn der Promotion, ob man zusätzlich publizieren möchte oder nicht, sodass man den Gesamtfahrplan von Anfang an entsprechend erweitert. Man sollte vorher gut abwägen, ob sich diese Zusatzbelastung lohnt. Zwei verschiedene Positionen mögen dies verdeutlichen: Für Personen, die kumulativ promovieren, ist das Publizieren ein Muss. Für diejenigen, die aus beruflichen Gründen lediglich am Erwerb eines Doktortitels interessiert sind und keine wissenschaftliche Laufbahn anstreben, ist das Publizieren eher Prokrastination (*vulgo*: Zeitverschwendung).

Selbstmanagement hat auch etwas mit Energiemanagement zu tun. Jede/Jeder sollte mit den eigenen Kräften haushalten. Häufig kostet das Überwinden von Prokrastinationstendenzen sehr viel Energie, sodass man sich müde fühlt, bevor man überhaupt angefangen hat zu schreiben. Jeder Promovend und jede Promovendin hat bereits mindestens eine Qualifikationsarbeit erfolgreich angefertigt, jedoch sind das Schreiben einer Staatsexamensarbeit, für das man in der Regel etwa sechs Wochen Zeit hat, und das Schreiben einer Diplom- oder Magisterarbeit, für das man in der Regel mehrere Monate Zeit hat, nur bedingt mit dem Verfassen einer Dissertation vergleichbar. Dies gilt insbesondere, wenn einem das Schreiben schwer fällt und man während des Anfertigens der ersten Qualifikationsarbeit in einer Art Ausnahmezustand gelebt hat. Das Schreiben an der Doktorarbeit sollte der Normalzustand für einige wenige Jahre sein und möglichst nicht in eine Lebenskrise ausarten. Es gilt zu vermeiden, dass das Schreiben der Dissertation und von kleineren Veröffentlichungen dringend im Sinne der obigen Vierfeldertafel wird, denn es gibt nichts Schlimmeres, als das lähmende Gefühl zu haben, dass einem die Zeit zwischen den Fingern verrinnt. Auch für junge Menschen gilt, dass die eigenen körperlichen und geistigen Ressourcen nicht unbegrenzt sind. Ein Raubbau an ihnen kann weitgehend vermieden werden, wenn man auf körperlichen Ausgleich achtet (genügend Schlaf und etwas Bewegung oder Sport) und den Konsum von Alkohol und Nikotin minimiert.

Der eigentliche Schreibprozess steht und fällt mit einer guten Gliederung des Textes. Diese Gliederung definiert bereits die verschiedenen Etappen. Je detaillierter der Entwurf des Textes ist, desto einfacher ist es, das Gesamtvorhaben in einzelne Handlungsschritte herunterzubrechen, wie am Beispiel der Doktorarbeit nachfolgend gezeigt wird. Ausgehend von der natürlichen Abfolge – Einführungskapitel, Hauptteil, Abschlusskapitel, Anhang – ist Folgendes zu bemerken:

Das Einführungskapitel, welches die Fragestellung der Arbeit benennt und eingrenzt, muss nicht unbedingt als erstes ausformuliert werden. Es kann von Vorteil sein, dies parallel zur Entstehung des Hauptteils zu tun. Das Abschlusskapitel, in dem ein Fazit der Arbeit gezogen wird und welches die Arbeit abrundet, ist von nicht zu unterschätzender Wichtigkeit. (Häufig lesen RezipientInnen sogar zunächst nur dieses.) Man sollte hierfür genug Zeitreserven am Ende des Schreibens einplanen, sodass man die wichtigsten Seiten nicht erschöpft und unter Zeitdruck schreiben muss. Die Planung des Hauptteils ist die eigentliche Herausforderung, denn die Hierarchie von Kapiteln, Unterkapiteln, Abschnitten und Unterabschnitten kann bereits sehr feinkörnig die Zeitplanung bestimmen. Es bietet sich an, für jeden Teil in Abhängigkeit von der Gliederungsebene einen gewissen Zeitraum einzuplanen, etwa in der Größenordnung von Monaten für ganze Kapitel, in der Größenordnung von Wochen für Unterkapitel und in der Größenordnung von Tagen für Abschnitte und Unterabschnitte. Dabei ist nicht nur der Zeitaufwand für das Formulieren und Editieren zu berücksichtigen, sondern auch der – durchaus vergleichbare – Aufwand für das Überarbeiten und Korrigieren (vgl. in vorliegendem Band *Wasch mich, aber mach mich nicht nass. Kürzen und Korrigieren*). Je höher die Gliederungsebene ist, desto genauer sollte man auf das Einhalten des Zeitplans achten. Wenn zum Beispiel Februar bis April für das dritte Kapitel vorgesehen sind und Anfang Mai noch ein Teil fehlt, so sollte man trotzdem mit dem Schreiben des vierten Kapitels anfangen, um den Gesamtfahrplan nicht zu gefährden. Dies ist allerdings leichter gesagt als getan und bedarf der Einzelfallabwägung.

Der Zeitplan sollte nicht völlig unflexibel sein und auch Pufferzeit enthalten, welche nicht zu früh zu leichtfertig aufgebraucht werden darf. Oft hilft es auch, Teile des Textes, mit denen man hadert, einige Zeit liegen zu lassen, um Abstand zu gewinnen, und sich stattdessen in der Zwischenzeit einem anderen Kapitel oder Unterkapitel zu widmen. Dies gilt auch für die Veröffentlichung von Aufsätzen, welche zwar deutlich kürzer sind als eine Dissertation, nichts desto trotz aber auch genau geplant sein sollten. Das Bewältigen eines kleineren Publikationsprojekts ist jedoch durchaus lohnend und kann Selbstvertrauen stiften für das umfangreichere Projekt Promotion.

Abschließend sei bemerkt, dass alle hier gegebenen Hinweise lediglich Vorschläge sind. Jede und jeder muss einen eigenen Weg finden; dies ist Teil des Promotionsvorhabens. Man sollte sich sehr gut überlegen, ob ein paralleles Publikationsvorhaben in den Alltag während der Promotionsjahre integrierbar ist, ohne den Abschluss der Promotion unnötig in die Länge zu ziehen. Ebenso ist es die eigene Entscheidung, wann man mit dem Schreiben anfängt, also wann man mit dem Sammeln und Sichten von Material oder dem Erheben von Daten aufhört. (Dies schließt natürlich nicht aus, dass man während der Materialsammlung oder Datenerhebung schon gewisse Teile des späteren Textes vorgeschrieben hat.) Das Selbstvertrauen kommt während des Schreibens. Deswegen sollten während der Schreibphase ungewollte Pausen möglichst vermieden werden. Ein vernünftiger Zeitplan erzeugt keineswegs Zeitdruck, sondern gibt einem eine gewisse Sicherheit. Wenn man es geschafft hat, die äußeren und inneren Voraussetzungen für das eigene Schreiben zu erfüllen, dann passiert etwas Erstaunliches: Man vergisst das Phänomen Zeit und ist völlig selbstvergessen in den kreativen Denkprozessen verhaftet, die einen guten Text erzeugen. Diesen Flow kann man nicht erzwingen, aber man kann ihn ermöglichen.

Literatur

Blatter, Ivan (2009): Arbeitsorganisation mit Eisenhower (http://www.blatternet.ch/2009/03/25/arbeitsorganisation-mit-eisenhower/; 15.08.2009)

Ergänzende Literatur

Dunleavy, Patrick (2003): Authoring a PhD: How to Plan, Write and Finish a Doctoral Thesis or Dissertation. Basingstoke: Palgrave Macmillan
Echterhoff, Gerald/Neumann, Birgit (2007): Projekt- und Zeitmanagement während der Promotionsphase. In: Nünning, Ansgar/Sommer, Roy (Hrsg.): Handbuch Promotion. Forschung – Förderung – Finanzierung. Stuttgart et al.: Metzler: 172–195
Kaiser, Corinna (2006): Zeitmanagement. In: Koepernik, Claudia/Moes, Johannes/Tiefel, Sandra (Hrsg.): GEW-Handbuch Promovieren mit Perspektive – ein Ratgeber von und für DoktorandInnen. Bielefeld: Bertelsmann: 315–320

2.3 Von Musenkuss und Schweinehund.
Über Schreibimpulse und Schreibhemmnisse

Nicole Hoffmann

Da sitzen sie an ihren Schreibtischen: der kreative Kopf, die innovative Forscherin – engagiert verfolgen sie neuartige Ideen, entwerfen spannende Forschungsdesigns, sind auf ungewohnten theoretischen Pfaden unterwegs, entdecken unbekannte Zusammenhänge und unkonventionelle Lösungen. Sie haben selbst brillante Einfälle oder werden – bei bescheidenerer Veranlagung – eben „von der Muse geküsst", um „es" dann „nur noch aufzuschreiben", wenn da der „innere Schweinehund" nicht stören würde...

Derartige Klischees aus dem Wissenschaftsalltag sind weit verbreitet. Es handelt sich jedoch um riskante Lesarten, da erstens mit ihnen Lust wie auch Last wissenschaftlichen Arbeitens fast gänzlich auf die ausführenden Personen projiziert werden, da zweitens ein einzigartiger schöpferischer Augenblick den insgesamt langwierigen und kleinteiligen Prozess völlig zu überschatten scheint, und da sie drittens kaum Raum lassen für soziale Elemente der Forschungspraxis, wie Kooperation oder Konkurrenz, sowie für emotionale Aspekte, wie Versagensängste oder Selbstzweifel beim Schreiben.

Ganz im Gegensatz zu diesen Alltagsvorstellungen von originellen Genies oder talentierten InnovatorInnen verweisen insbesondere Studien aus den Bereichen Kreativitäts- und Wissenschaftsforschung sowie aus der Schreibdidaktik darauf, dass wissenschaftliche Kreativität nur unzulänglich als eine individuell zurechenbare Persönlichkeitseigenschaft oder als Genialität einer Einzelperson verstanden werden kann, vielmehr wird sie als komplexes Zusammenspiel verschiedener Faktoren interpretiert (vgl. exemplarisch hierzu die Studien von: Fleck 1980; Kuhn 2003; Lyotard 2006; Gibbons et al. 1994 oder Csikszentmihalyi 1997).

Dem Ansatz Csikszentmihalyis folgend kann auch der wissenschaftliche Prozess als ein schöpferischer beschrieben werden, der sich aus der wechselseitigen Interaktion zwischen drei Faktoren speist:

1) dem *Individuum* (d.h. die (Nachwuchs-) WissenschaftlerInnen als Personen in der Rolle der sachkundigen TrägerInnen einer Neuerung),

2) der *Domäne* (d. h. der Gegenstandsbereich der Forschung in seiner kulturell jeweils spezifisch geregelten Verankerung in einer wissenschaftlichen Disziplin) und
3) dem *Feld* (d. h. die Expertenschaft der Domäne und ihre *gatekeeper*, die für die Anerkennung von wissenschaftlichen Leistungen als zuständig gelten).

In diesem Sinne kann sich ein wissenschaftlicher Befund erst dann erfolgreich platzieren, wenn er – nachdem er denn vorliegt – erstens überhaupt von jemandem bekannt gemacht wird. Diese erste Prämisse mag banal erscheinen, doch ist die Verbindung von Forschen und Schreiben noch immer nicht selbstverständlich, noch immer muss sie thematisiert werden; so etwa Otto Kruse und Eva-Maria Jakobs: „Wissenschaft ist ohne geschriebene Texte nicht denkbar. Schreiben ist für die Wissenschaft eine konstituierende Handlung" (Kruse/Jakobs 2003: 20). Noch immer wird moniert, dass die deutschen NachwuchswissenschaftlerInnen nur unzulänglich auf Möglichkeiten und Spezifik wissenschaftlichen Schreibens und Publizierens vorbereitet sind (vgl. u. a. Dreyer 2006; Kruse 2007; Sommer 2007).

Zweitens – und das ist mit der Publikationsabsicht auch bereits verbunden – muss der wissenschaftliche Befund jenen Regeln entsprechend artikuliert werden, die für das jeweilige Forschungsgebiet bzw. für die Fachdisziplin gelten. Dies reicht von den Zitationsarten über bestimmte Codes, Symbole oder Sprachspiele bzw. fachsprachliche Gepflogenheiten bis hin zur inhaltlich gedanklichen Verknüpfung mit bestimmten theoretischen Positionen oder Konzepten innerhalb einer Domäne. Dieses Bemühen um Konvention und Tradition ist auch bei aller Innovativität zentral, da eine kreative Idee, die keinen Anschluss sucht oder kennt, nicht auf den notwendigen fruchtbaren Boden fällt, den sie dann ggf. verändern könnte (vgl. Csikszentmihalyi 1997: 47 ff.).

Mit der Publikation, die immer einen Vorstoß in eine bestimmte Domäne bedeutet, wird gleichzeitig drittens das Gespräch mit dem Feld, mit den die Domäne vertretenden ExpertInnen gesucht. AutorInnen treffen auf eine mit verschiedenen und unterschiedlich selektiven Rollen besetzte wissenschaftliche Community, zu der etwa HerausgeberInnen von Zeitschriften oder Reihen, ReviewerInnen von Tagungs- oder Buchbeiträgen, GutachterInnen und RezensentInnen verschiedener Medien gehören.

Demnach hat sich ein angemessenes Verständnis wissenschaftlicher Kreativität nicht auf den „Schöpfungsakt" des Erfindens oder Entdeckens zu beschränken; sie wird sich letztlich erst in der Anerkennung durch Feld bzw. Domäne erweisen – und das Schreiben ist ein Prozess auf dem Weg dorthin. Es ist ein mehrphasiger, auch rekursiver, voraussetzungsreicher, zuweilen kreativer, zuweilen konventioneller, mal flüssiger, mal gehemmter, mit Höhen und Tiefen und vor allem vielen Detailentscheidungen versehener Weg.

Insofern sind einfache Rezepte dafür nicht zu erwarten. Allerdings gibt es immer wieder Versuche, typische Strategien, charakteristische Merkmale oder erkennbare Prozessphasen auszumachen.

Hanspeter Ortner, der in einer Studie etwa 6.000 Aussagen über das Schreiben sichtete, kommt dabei insgesamt zu einem wenig eindeutigen Ergebnis: „Schreiben ist nicht gleich Schreiben", bilanziert er, fest stehe jedoch, „schon gar nicht ist Schreiben immer Niederschreiben" (Ortner 2002: 64). Zwar lassen sich punktuell durchaus bestimmte Typen oder Schreibstrategien erkennen, diese sind allerdings nicht nur personen- und aufgabenspezifisch, sondern auch intrapersonell variabel sowie veränderbar – z. B. in Abhängigkeit von der bisherigen Erfahrung bzw. Übung im Schreiben und von der Vertrautheit mit der jeweiligen Textsorte (vgl. u. a. Ortner 2002).

Da sich die Vielzahl der Varianten des Vorgehens beim wissenschaftlichen Schreiben einer streng empirischen Klassifikation entziehen, werden – vor allem in der Ratgeberliteratur – zur Orientierung bzw. zur Selbsteinschätzung häufig metaphorische Typologien angeboten: Gehen Sie eher vor wie bei einem Architekturentwurf, wie bei einem Aquarell oder wie in der Ölmalerei? Arbeiten Sie mit vielen Skizzen vorab? Gehen Sie bei Ihrer „Bildkomposition" eher vom Detail aus? Oder brauchen Sie zunächst den gegliederten Gesamtentwurf (vgl. Kruse 2007: 43)?

Diese Analogien zum künstlerischen Arbeiten verweisen zudem auf den Variantenreichtum in der Anlage des Prozesses, in der Abfolge von Phasen des Forschens und Schreibens. So bezieht sich beispielsweise Ortner auf Arthur Schopenhauer, der zwischen jenen AutorInnen unterschied, „die während des Schreibens denken" und anderen, „die gedacht haben, ehe sie ans Schreiben gingen" (Ortner 2002: 63). Zwischen diesen Extrempolen eröffnet sich ein weitläufiges Terrain, für dessen Durchquerung es keinen Königsweg gibt.

Anregungen und Reflexionsimpulse für die persönliche Routenwahl bietet eine Vielzahl von Ratgebern speziell für die Gruppe des wissenschaftlichen Nachwuchses, wie „Keine Angst vor dem leeren Blatt" (der Klassiker von Kruse, seit 1993 in regelmäßig aktualisierter Neuauflage) sowie die Arbeiten von Esselborn-Krumbiegel (1999), Knigge-Illner (2002), Ortner (2002), Messing/Huber (2004), Dreyer (2006), Gunzenhäuser/Haas (2006) oder Sommer (2007). Als berücksichtigenswert für den wissenschaftlichen Nachwuchs wird darin zum einen die formale Planung des Gesamtvorhabens in den Blick genommen, insbesondere da davon auszugehen ist, „dass 60 % der Schreibstörungen auf Probleme bei der Konzeptbildung zurückzuführen sind und sich nur 20 % durch Schwierigkeiten bei der Formulierung erklären lassen" (Sommer 2007: 268). Zum anderen werden dort verschiedene punktuelle Hilfen in Form von „Tipps", „Checklisten" oder „Selbstüberlistungsstrategien" präsentiert. Eine Auswahl zu beiden Aspekten aus der o. g. Literatur stellt die folgende Tabelle zusammen.

Tabelle 1 Formalisierte Darstellung von – sich zum Teil überlappenden – Phasen des Schreibprozesses mit in der Ratgeberliteratur vorgeschlagenen Hilfestellungen

Phasen bzw. Teilprozesse des Schreiben	Risiken bzw. mögliche Hilfen zu Impulsen und Hemmnissen
Generieren/Eingrenzen • im Anschluss an Recherche bzw. Erhebung: Zusammenstellung ausgewählter Materialien, die Grundlage des Textes sein sollen (sei es empirischer, textlicher, ideeller Art etc.)	• riskant ist es, den Fundus zu groß bzw. nicht eindeutig abgegrenzt zu wählen und bei der Zusammenstellung kein Ende zu finden • Prioritäten setzen und dann mit dem im Folgenden festgelegten Ziel abgleichen
Ziele setzen/Fokussieren • Überführung der „Idee" in ein „Thema" • Festlegung der Fragestellung des Textes unter Bezug auf eine bestimmte theoretische Position bzw. im Anschluss an bestimmte Referenzforschungen • Klärung eines dem Anliegen angemessenen Publikationsortes und der Bedingungen, die dort üblich sind (von Gutachtungsverfahren über formale Vorgaben der Textgestaltung bis hin zur Frage der Art der Leserschaft, für die geschrieben wird)	• Präzision bei Ziel und Fragestellung schützt vor späteren Uneindeutigkeiten (vgl. „von Hölzchen auf Stöckchen") • zur Erschließung von Publikationsorten ggf. KollegInnen konsultieren bzw. Netzwerke nutzen • den Anfang wagen (es muss ja nicht immer gleich ein druckfertiger erster Satz sein; u. U. mit Fragmenten beginnen, die dann in eine Reihenfolge rund um die Gesamtfragestellung gebracht werden)
Organisieren/Entwerfen/Strukturieren • gedankliche Ordnung des Argumentationsgangs unter Gewichtung und Platzierung der Teilelemente (Brennpunkt und roter Faden) • erster Entwurf der Gliederung (wahlweise grob oder bereits fein) • Planung des Schreibverlaufs bis zur Deadline • Prüfung, ob dies den Anforderungen entspricht	• Sammlungs- und Visualisierungstechniken wie Brainstorming, Mind Map oder Clustering, zur Hilfe nehmen (ggf. den Entwurf anderen vorstellen) • „Aktivitätszonen" bzw. „Mehrfelder-Wirtschaft" vorbereiten (vgl. Ortner 2003: 70 f.; z. B. nach Relevanz sortierte Materialstapel zu Teilkapiteln bilden • u. U. Instrumente der Arbeits-, Zeit oder Projektplanung einsetzen; dabei auch auf Pausen- und Pufferzeiten achten

Übersetzen/Formulieren • Transformation der Gedanken und Fragmente in einen Gesamttext unter Berücksichtigung von fachsprachlichen und gattungsspezifischen Standards	• im Kopf behalten, dass die erste Fassung ein Entwurf, eine Skizze, ein Experiment ist • sich an der Machart gelungener Texte anderer AutorInnen im Sinne von Vorbildern orientieren • ggf. Verfahren des „kreativen Schreibens" einsetzen als Fingerübungen oder um Textsortensensibilität zu entwickeln, z. B. free oder rapid writing, Perspektivenwechsel- oder Pro-Contra-Übungen (vgl. u. a. Knigge-Illner 2002) • punktuelle Blockaden durch Alternativarbeiten (wie sortieren, Literatur verwalten etc.) auffangen, d. h. Vermeidungsstrategien konstruktiv wenden; zuweilen mag auch ein Wechsel des Schreibgerätes oder des Ortes hilfreich sein • u. U. parallel verschiedene ergänzende Notationsformen verwenden, wie Tagebuch, Forschungsjournal, Ideenkladde, Exzerpt-Portfolio etc. • eventuell mit einem nicht zu Ende geführten Satz aufhören, um bei Wiederaufnahme der Arbeit einen besseren Einstieg zu finden • bei Verstetigung von Schreibproblemen können Trainingskurse, wie Schreibwerkstätten etc., hilfreich sein (und nicht nur dann!) • bei dauerhaften, pathologischen Symptomen ggf. entsprechende kollegiale oder psycho-soziale Beratungsangebote aufsuchen
Evaluieren/Aus- und Bewerten • inhaltliches und formales Korrekturlesen des Entwurfes unter Rückbezug auf die eingangs formulierte Zielsetzung	• nicht zu früh revidieren, da das Risiko besteht, lange an einzelnen Formulierungen zu feilen und sich darin zu verlieren (rhetorischen bzw. ästhetischen Kriterien erst gegen Ende Platz einräumen) • gegen Ende nicht „klammern", um der „Perfektionsfalle" zu entgehen: „A work of art is never completed, only abandoned" (Messing/Huber 2004: 105)

Steuern/Prüfen	
• Monitoring, das stets parallel Zielsetzung und externe Anforderungen in Relation zum entstehenden Text im Auge behält	• u. U. während des Schreibens auftretende Gedanken und Gefühle zur späteren Analyse notieren • Reflexionsphasen im gegenseitigen Austausch mit KollegInnen organisieren

Quelle: eigene Darstellung

Insgesamt wird deutlich, dass es beim wissenschaftlichen Schreiben keineswegs um eine einzige Handlung geht, sondern um eine Vielzahl von Operationen und Entscheidungen, die im Idealfall von einem steten Monitoring begleitet werden. Entsprechend wird AutorInnen nicht nur eine einzige „Schreib-Kompetenz" abverlangt; Roy Sommer spricht von verschiedensten Teilkompetenzen in den Bereichen Textsorten-Kenntnis, wissenschaftliche Stilistik, Rhetorik, Dramaturgie, Intertextualität, Lese- und Rezeptionsfähigkeiten, Komplexitätsreduktion und Modellbildung, Integrations- bzw. Syntheseleistung – und all das gekoppelt mit entsprechender Selbstreflexion (vgl. Sommer 2007: 269). Eine gegenwärtige Bilanz weist demnach in die Richtung, immer wieder zu üben, dabei regelmäßig bewusst zu evaluieren sowie individuell und kontextsensitiv zu entscheiden, welcher Weg zu Person, Feld, Domäne, Textsorte, Thema und Anliegen passt (vgl. in vorliegendem Band *Diener vieler Herren. Kriterien des wissenschaftlichen Schreibens*). Fortgeschrittene AutorInnen unterscheiden sich von AnfängerInnen nicht durch weniger Hemmungen oder Blockaden, sondern dadurch, dass sie – aufgrund ihrer Erfahrung und der Kenntnis der persönlichen Schreib-Eigenheiten – rascher und flexibler mit Hindernissen umgehen können; in anderen Worten, dass sie den „inneren Schweinehund" besser im Griff haben. Die Vorstellung von „‚Musenkuss' plus ‚dann nur noch aufschreiben'" ist eine Chimäre, da sie sowohl die Komplexität als auch die Prozesshaftigkeit wissenschaftlichen Schreibens verleugnet; und so hilfreich gute Tipps und die einschlägige Ratgeberliteratur auch sein mögen, es bleibt im Anschluss an Zinsser (zit. nach Messing/Huber 2004: 83) festzuhalten: „Wenn Sie finden, daß Schreiben schwer ist, so hat das einen einfachen Grund: Es ist schwer".

Literatur

Csikszentmihalyi, Mihaly (1997): Kreativität. Stuttgart: Klett-Cotta
Dreyer, Eva (2006): Schreibprobleme? Eine exemplarische Übersicht, wie Promovierende diese überwinden können. In: Koepernik, Claudia/Moes, Johannes/Tiefel, Sandra

(Hrsg.): GEW-Handbuch Promovieren mit Perspektive – ein Ratgeber von und für DoktorandInnen. Bielefeld: Bertelsmann: 332–338

Esselborn-Krumbiegel, Helga (1999): Kommunikative Strategien wissenschaftlicher Texte. In: Kruse, Otto/Jakobs, Eva-Maria/Ruhmann, Gabriele (Hrsg.): Schlüsselkompetenz Schreiben. Konzepte, Methoden, Projekte für Schreibberatung und Schreibdidaktik an der Hochschule. Neuwied et al.: Luchterhand: 122–134

Fleck, Ludwik (1980 [1935]): Entstehung und Entwicklung einer wissenschaftlichen Tatsache. Frankfurt a. M.: Suhrkamp

Gibbons, Michael/Limoges, Camille/Nowotny, Helga (Hrsg.) (1994): The New Production of Knowledge. The Dynamics of Science and Research in Contemporary Societies. London: Sage Publications

Gunzenhäuser, Randi/Haas, Erika (2006): Promovieren mit Plan. Ihr individueller Weg: von der Themensuche zum Doktortitel. 2. Auflage. Opladen et al.: Verlag Barbara Budrich

Knigge-Illner, Helga (2002): Der Weg zum Doktortitel. Frankfurt a. M. et al.: Campus

Kruse, Otto (2007): Keine Angst vor dem leeren Blatt. Ohne Schreibblockaden durchs Studium. 7. Auflage. Frankfurt a. M. et al.: Campus

Kruse, Otto/Jakobs, Eva-Maria (2003): Schreiben lehren an der Hochschule. Ein Überblick. In: Kruse, Otto/Jakobs, Eva-Maria/Ruhmann, Gabriele (Hrsg.): Schlüsselkompetenz Schreiben. Konzepte, Methoden, Projekte für Schreibberatung und Schreibdidaktik an der Hochschule. Neuwied et al.: Luchterhand: 19–34

Kuhn, Thomas S. (2003 [1962]): Die Struktur wissenschaftlicher Revolutionen. Frankfurt a. M.: Suhrkamp

Lyotard, Jean-François (2006): Das postmoderne Wissen. Wien: Passagen

Messing, Barbara/Huber, Klaus-Peter (2004): Die Doktorarbeit: Vom Start zum Ziel. Ein Leit(d)faden für Promotionswillige. Berlin: Springer

Ortner, Hanspeter (2002): Schreiben und Wissen. Einfälle fördern und Aufmerksamkeit staffeln. In: Perrin, Daniel et al. (Hrsg.): Schreiben in den Wissenschaften. Frankfurt a. M. et al.: Peter Lang: 63–81

Sommer, Roy (2007): Textproduktion: Gattungskonventionen, Argumentationsstrategien und die Dramaturgie wissenschaftlicher Texte. In: Nünning, Ansgar/Sommer Roy (Hrsg.): Handbuch Promotion. Forschung – Förderung – Finanzierung. Stuttgart et al.: Metzler: 268–285

2.4 Wasch mich, aber mach mich nicht nass. Kürzen und Korrigieren

Bernd Ulrich Biere

Wer einen Text von einem gewissen Umfang verfasst hat, sei es ein Kapitel einer größeren Arbeit, sei es ein kleiner Essay von ein paar Seiten, ein Beitrag für eine Fachzeitschrift oder das komplette Manuskript einer Examensarbeit oder einer Dissertation, hat Zeit und Mühe investiert, um dieses Textprodukt in einem unter Umständen langwierigen, oft unterbrochenen und wieder neu einsetzenden Schreibprozess hervorzubringen, zu „erzeugen" – und nicht selten war es eine „schwere Geburt". Spinnen wir den Metaphernbereich weiter, dann wären die von uns verfassten Texte so etwas wie unsere Kinder. Vielleicht haben wir zu ihnen aber auch, wie mein Doktorvater vor etwa drei Jahrzehnten einmal meinte, tatsächlich „ein libidinöses Verhältnis". Er führte dies wohl an, um mir zu zeigen, wie hoch es einzuschätzen sei, dass er in einem gemeinsamen Beitrag für eine Fachzeitschrift eine ganze Seite seines Textanteils gestrichen hatte, nicht aber mich veranlasst hatte, dies in meinem Textteil zu tun. Dachte er vielleicht, das würde mir als jungem Wissenschaftler schwerer fallen als ihm, da ich vielleicht noch „verliebter" in meinen Text war als er in seinen?

Wie verliebt wir auch immer in unsere Texte sein mögen, es gibt eine Reihe guter Gründe, einen Text zu kürzen oder in anderer Weise zu bearbeiten, insbesondere wenn wir ihn für eine Veröffentlichung in einem bestimmten Publikationsorgan aufbereiten. Aber selbst wenn man seinen Text vom Umfang her nicht verändern möchte, muss man ihn auf jeden Fall korrigieren. Und man muss auch stets nach einer Kürzung den Text erneut überprüfen und ggf. korrigieren.

Wenn also Kürzen und Korrigieren in der Weise miteinander zusammenhängen, dass durch das Kürzen natürlich (neue) Fehler entstehen können, die durch erneute Korrekturprozesse zu beheben sind, so ergibt sich daraus eine erste schreibpraktische Empfehlung: Um einen Text nicht ständig wieder neu kontrollierend lesen und korrigieren zu müssen, sollte die abschließende (mehrmalige!) Korrektur des Textes erst nach Abschluss des Gesamtmanuskripts erfolgen. Das heißt nicht, dass Korrekturprozesse nicht auch schon während des Schreibprozesses selbst stattfänden, sondern nur, dass es darüber hinaus in jedem Fall eine abschließende Gesamtkorrektur geben muss. Gerade im Zeitalter elektronischer Textherstellung und fotografischer Reproduktionsverfahren kann ich mich nicht auf irgendeine

Verleger- oder Lektoratsaktivität verlassen, die meinen Text zu dem macht, was er sein sollte: ein professionelles, fehlerfreies Produkt, das ich auch in der gedruckten Fassung als AutorIn letztlich allein verantworte, spätestens dann, wenn ich die Korrekturfahnen durchgesehen und mein *imprimatur* erteilt, modern gesprochen, mein Okay gegeben habe. Dann, bitte schön, darf gedruckt werden.

Dass wir gleichwohl in jedem gedruckten Werk, auch von durchaus höherer Qualität als die regionale Tageszeitung, Fehler finden – oft beim ersten Aufschlagen eines Buches oder gar auf der ersten Seite – spricht einmal mehr für die Notwendigkeit mehrerer Selbst- wie auch insbesondere Fremdkorrekturprozesse. Da wir vom eigenen Text nie den Abstand gewinnen, den FremdkorrektorInnen haben, sollte ein Manuskript in jedem Fall auch von einem Korrekturleser/einer Korrekturleserin durchgesehen werden, der/die den Text zum ersten Mal liest. Wenn es nur um Rechtschreibkorrekturen geht, kann es sogar vorteilhaft sein, jemanden hinzuzuziehen, der mit dem Inhalt des Textes so wenig wie möglich vertraut ist. Um die inhaltliche Orientierung auf den Text weitgehend auszuschalten, lesen manche KorrektorInnen den Text tatsächlich von hinten. Eine inhaltliche Konsistenzprüfung müsste dagegen von jemandem durchgeführt werden, der sowohl etwas von der Sache, wie vom Stil wissenschaftlicher Arbeiten versteht. Hier kann man sich unter DoktorandInnen bzw. KollegInnen durchaus wechselseitig helfen. Die zweite schreibdidaktische Empfehlung lautet demnach: Um einen Text möglichst fehlerfrei bei einem Verlag einzureichen, sollten stets Fremdkorrekturen einbezogen werden. Wenn der Text letztlich auch nicht hundertprozentig fehlerfrei werden kann, sollte daraus keinesfalls der Fehlschluss gezogen werden, man bräuchte überhaupt keine Korrektur vorzunehmen. Wir müssen uns die größte Mühe geben, dass unsere Texte fehlerfrei beim Verlag abgeliefert werden und nach der Fahnenkorrektur in den Druck gehen, denn diesen berechtigten Anspruch haben wir nicht nur an uns selbst (hoffe ich), sondern auch unsere LeserInnen haben ihn an uns als AutorInnen mehr noch als an irgendwelche Lektorate oder Verlage.

Writing is re-writing

Was tun wir mit unseren Texten, während wir sie schreiben und nachdem wir sie (als Textentwurf) fertig gestellt haben? Wir durchlaufen einen komplexen, gestuften Schreibprozess, in dem wir nicht nur SchreiberIn, sondern gleichzeitig der erste Leser/die erste Leserin des unter unseren Augen entstehenden Textes sind. Wir unterbrechen den Prozess des Schreibens, blicken zurück auf das bereits Geschriebene und lesen es prüfend, um uns zu vergewissern, wie der Satz oder Text weitergehen soll. Aber auch wie er entsprechend der (grammatischen und semantisch-pragmatischen) Vorgaben der schon verfassten Textteile weitergehen kann bzw. muss. In diesem Prozess sind wir also nicht so frei, wie wir manchmal meinen und es etwa Buchtitel wie *Schreiben macht frei* suggerieren. In der voranschreitenden Textproduktion werden wir im Gegenteil in gewisser Weise immer unfreier, weil die Regeln der Sprache als allgemeines Bezeichnungs- und Verständigungssystem uns zwingen, uns gemäß diesen Regeln auszudrücken. Wir passen unser individuelles Ausdrucks- bzw. Mitteilungsbedürfnis also einem allgemeinen Medium so an, dass es sowohl den Regeln des allgemeinen Systems als auch unserem individuellen Ausdrucksbedürfnis entspricht und schließlich so, dass es ebenfalls den Verstehensvoraussetzungen der (potenziellen) LeserInnen (ihrem sprachlichen wie enzyklopädischen Wissen) angemessen ist.

Da wir all diese Rücksichtnahmen meistens nicht im spontanen Drauflos-Schreiben unter einen Hut bringen können, arbeiten wir an unserem Text, um ihn der einen oder anderen Idealvorstellung in einem Kompromiss zwischen den verschiedenen Ansprüchen, die an unseren Text gestellt werden, so gut wie möglich anzunähern. Wir leisten kontinuierliche Formulierungsarbeit, in der es nicht gilt, die *eine* optimale Formulierungsvariante zu finden (was ja schon schwierig genug wäre), sondern in der es darum geht, unterschiedlichen Ansprüchen an den Text gleichermaßen gerecht zu werden (vgl. in vorliegendem Band *Diener vieler Herren. Kriterien des wissenschaftlichen Schreibens*). Ein Beispiel für solche konfligierenden Ansprüche an einen Text ist das „Dilemma der Verständlichkeit", das sich in zwei konfligierenden Maximen manifestiert: (1) „Sage, was zu sagen ist" und (2) „Rede so, dass dein Partner dich versteht" (Heringer 1979: 258). Um diese Maximen zu vermitteln, brauchen wir letztlich beide: SprecherIn und HörerIn bzw. LeserIn und SchreiberIn.

Bei der Vermittlung zwischen Schreiber- und Leseransprüchen, wie bei der Vermittlung zwischen Individuellem und Allgemeinen sind wir beständig dabei, gefundene Formulierungen wieder zu verwerfen, um neue, bessere zu finden: Während solche permanenten, dem Schreibprozess inhärenten Bearbeitungsvorgänge das Schreiben eines Textes letztlich zu einem unendlichen Prozess mit dem Charakter einer fortwährenden Annäherung machen, muss dieser aus pragmatischen Gründen nicht irgendwann, sondern in der Regel zu einem genau festgesetzten Termin abgeschlossen werden. Vorsichtiger gesagt: Wir müssen lernen, einen nie ganz fertigen Text für (vorläufig) abgeschlossen zu erklären. Tatsächlich handelt es sich bei dem ersten fertig gestellten Textprodukt um einen mehr oder minder gelungenen Entwurf, der nun nach dem vorläufigen Ende des ersten Schreibens sozusagen nachgeordnete Bearbeitungsprozesse auf sich zieht, die sich auf den Text als Ganzen bzw. auf einzelne Textstellen beziehen. Das Kürzen und Korrigieren sind zwei solcher Bearbeitungsprozesse. Gerade wenn es sich um fremde Korrektur- bzw. weiterreichende Bearbeitungsvorschläge handelt, fällt es oft nicht leicht, mit der darin implizit enthaltenen Kritik am eigenen Text umzugehen. Die FremdkorrektorInnen können zwar immer nur Bearbeitungs*vorschläge* machen, diese haben jedoch nur dann Sinn, wenn ich sie wirklich ernst nehme und eine mögliche oder aus Sicht des Bearbeiters/der Bearbeiterin notwendige Veränderung meines Textes ernsthaft abwäge.

Arten der Textbearbeitung

Aus der Schreibforschung kennen wir verschiedene Modelle, die den Schreibprozess in Phasen gliedern und damit zu strukturieren versuchen. Die bekanntesten sind immer noch das ursprüngliche, relativ einfache Modell von John Hayes und Linda Flower (1980) aus der amerikanischen Schreibforschung und für den deutschsprachigen Raum das auf dieser Basis weiter entwickelte, nicht zuletzt auch schreibdidaktisch akzentuierte Modell von Otto Ludwig (1983). Bei allen Unterschieden im Detail finden sich in beiden Modellen Teilprozesse, in denen der erstellte Textentwurf be- oder überarbeitet wird. Ludwig (1983) differenziert mehrere Arten von „redigierenden Aktivitäten", bei denen zunächst zwei grundsätzlich verschiedene Arten von Bearbeitungsprozessen zu nennen sind, nämlich (1) Korrekturen und (2) Bearbeitungen. Der Unterschied besteht darin, dass Korrekturen dort gemacht werden, wo ich kategorial zwischen „richtig" und „falsch" unterscheiden kann, wo es also darum geht, Fehler zu korrigieren, d. h. an die Stelle des Falschen das Richtige zu setzen. Somit sind Korrekturprozesse einfache Substitutionsprozesse; „einfach" in dem Sinn, dass die Richtig-Falsch-Dichotomie keinen Entscheidungsspielraum lässt, wobei ich natürlich wissen muss, was, gemessen an einer bestimmten Norm, „richtig" bzw. „falsch" ist. Solche normbezogenen Korrekturen sind dementsprechend die Berichtigung von Rechtschreib- oder Grammatikfehlern, wobei die einzige wirklich kodifizierte Norm im Deutschen die Rechtschreibnorm ist – und selbst diese lässt seit der Neuregelung der deutschen Rechtschreibung zahlreiche Alternativschreibungen zu. Wie sehr aber Normen theoretisch auch zu relativieren sind, praktisch tue ich in vielen Lebenssituationen gut daran, mich normenkonform zu verhalten, zumindest dann, wenn meine Situation im jeweiligen pragmatischen Kontext nicht so ist, dass ich Normen nicht nur für mich, sondern allgemein verändern könnte. Wenn wir publizieren wollen, sind wir gut beraten, uns an die vorgegebenen Normen zu halten, uns nicht nur an dem jeweiligen Style Sheet zu orientieren, sondern auch die Rechtschreibnorm (oder eine bestimmte Variante, wie z. B. die schweizerdeutsche) konsequent einzuhalten. Das zentrale Moment oder Ziel eines (einfachen) Korrekturprozesses ist also, unseren Text in Übereinstimmung mit bestimmten (allgemeinen oder für einen bestimmten Publikationsort geforderten) Normen zu bringen.

Alle anderen Arten von redigierenden Prozessen sind Bearbeitungen und basieren nicht auf (kodifizierten) Normen, die eine einfache Richtig-Falsch-Entscheidung zu treffen erlauben, sondern sind (relative) Angemessenheitsentscheidungen, die dementsprechend komplexer und schwieriger zu begründen sind. Es sind Entscheidungen der Art, dass mir etwa eine bestimmte Formulierung zwar nicht falsch erscheint, dass ich aber dennoch das Gefühl habe, sie sei in diesem (sprachlichen oder pragmatischen) Kontext nicht angemessen, ein Ausdruck sei noch nicht treffend genug, eine Formulierung könne noch präziser gefasst werden usf. Solche Entscheidungen können sich nicht einfach auf eine kodifizierte Norm berufen, dennoch lässt sich auch hier so etwas wie eine Bezugsnorm festmachen. Eine Formulierung ist nicht schlechterdings angemessen oder verfehlt, sie ist es immer im Hinblick auf etwas: (1) im Hinblick auf die Intention des Schreibers/ der Schreiberin, (2) im Hinblick auf die potenziellen LeserInnen und ihre Verstehensvoraussetzungen. Die Konfliktträchtigkeit des Versuchs, beiden Hinsichten gleichermaßen gerecht zu werden, haben wir bereits am Beispiel des „Dilemmas der Verständlichkeit" gesehen (s. o.).

Kürzen oder *be relevant!*

Wir leiden eigentlich immer unter Begrenzungen: zu wenig Zeit, zu wenig Platz. Oder umgekehrt: zu viel Platz und zu wenig Zeit, um ihn zu füllen. Nicht nur Zeit ist kostbar, auch die schlecht honorierte oder teuer erkaufte Zeile: 80 Zeilen oder 180 Seiten; was immer uns an Platz zur Verfügung gestellt wird, wir müssen uns damit abfinden und uns daran halten. Aber ein solcher Zwang ist auch heilsam: Wir lernen Weitschweifigkeit zu vermeiden, schnell zur Sache zu kommen, etwas auf den Punkt zu bringen, eben relevant zu sein. Andererseits – und das macht die Sache dann doch nicht ganz so einfach – kennen wir das Spannungsverhältnis von Relevanz und Redundanz. Ein Text ohne Redundanzen wäre kaum verständlich, ein Text mit zu vielen Redundanzen (oder „anregenden Zusätzen") wäre überbordend und damit in seiner Strukturierung so verunklart, dass er wohl ebenfalls schwer verständlich wäre. So ungern ich „Mittelmäßigkeit" propagiere, hier ist das richtige Mittelmaß, das nur mit Augenmaß zu finden ist, empfehlenswert.

Und was, wenn Kürzungen auf der Seite der sprachlichen Gestaltung nicht mehr ausreichen, wenn es an die inhaltliche Substanz geht? Dann, so leid es mir tut, muss ich auf den einen oder anderen mir lieb gewordenen Gedankengang verzichten, vielleicht etwas, was mir ursprünglich ganz zentral schien, in die Anmerkung verlagern oder mich mit einem schlichten Literaturhinweis begnügen („Wie ich an anderer Stelle gezeigt habe, ..."). So kann ich meinen Text zwar durchaus entschlacken, aber irgendwo komme ich an eine Grenze, an der ich das Gefühl habe, dass das eigentlich nicht mehr der mir eigene Schreibstil ist. Aber das – die Frage nach dem Stil – ist „ein weites Feld".

Literatur

Hayes, John/Flower, Linda (1980): Identifying the Organization of Writing Processes. In: Gregg, Lee W./Steinberg, Erwin R. (Hrsg.): Cognitive Processes in Writing. Hillsdale, N. J.: Lawrence Earlbaum: 3–30

Ludwig, Otto (1983): Einige Gedanken zu einer Theorie des Schreibens. In: Grosse, Siegfried (Hrsg.): Schriftsprachlichkeit. Düsseldorf: Schwann: 37–73

Heringer, Hans Jürgen (1979): Verständlichkeit. Ein genuiner Forschungsbereich der Linguistik? In: Zeitschrift für Germanistische Linguistik 7: 225–278

Weiterführende Literatur

Biere, Bernd Ulrich (1989): Verständlich-Machen. Hermeneutische Tradition – Historische Praxis – Sprachtheoretische Begründung. Tübingen: Niemeyer

Böttcher, Ingrid/Becker-Mrotzek, Michael (2003): Texte bearbeiten, bewerten und benoten. Berlin: Cornelsen Scriptor

2.5 When in Rome do as the Romans do. Successfully publishing in English

Constanze Juchem-Grundmann and Ellen Rana

Anyone familiar with academic writing will concede that the process basically consists of:

- writing
- reading
- discarding
- writing some more
- reading again
- discarding some more …

in what can feel like a never ending cycle. So why even consider writing in English? Access to a wider audience of course. With 510 million English speakers worldwide (Vistawide.com 2009) it is well worth the effort. So what does a non-native speaker need to consider?

When in Rome do as the Romans do! You might be wondering why an article about English is starting with the Romans, yet this is the first lesson to learn: Academic English is highly idiomatic in that it loves to use figurative language to explain abstract interrelations as much as to catch attention and strategically guide the reader. So the saying in the title is there to remind you to forget about German academic writing style if you want to successfully publish in English.

Translating

Academic writing in English follows different rules to those in German. The first question pestering most German researchers, namely, "Should I write up my research in German first and then translate it into English", is clearly answered with a "No". Having put a lot of work into formulating carefully worded but highly complex German sentences, most researchers will face two rather frustrating problems when translating into English: First, it may be difficult to find the exact equivalent in the target language as the concept may simply not exist. Second, the complex sentence structure may not be transferrable into English. Translating academic texts will only complicate procedures[1], so starting out in English is always the better option.

So what are the key features that need to be considered when writing in English? The following provides you with some important insights into academic writing in English, namely paragraphing, coherence, sentence length, passive or active mode, language style, and choice of vocabulary. Finally, the most important dos and don'ts are summarised. All aspects are looked at briefly and illustrated with examples as they are meant to be used as an initial checklist for your first steps into the realm of writing in English.

Paragraphing

Whether describing, analysing, or evaluating existing research or exploring and further developing a new area of research, pieces of academic writing require clear and logical structures. The reader needs to be guided along the authors' line of reasoning. Therefore, great importance is attached to the paragraph. A well written paragraph should focus on one main idea or theme. This idea is introduced in the topic sentence, which is usually the first sentence of the paragraph. The remaining sentences are known as supporting sentences as they explain in more detail the idea expressed in the topic sentence.

Example 1:
The training programme was found to be the main motivator amongst staff. Many employees pointed out that although their salary was below the national average, the training they received compensated for the deficit. Each manager was allocated a budget and held individual appraisal meetings with their team members to identify training needs.

In the example the paragraph also starts with the topic sentence (here emphasised in italics) and the following text gives evidence for the opening statement.

Coherence

Along with the logical arrangement of paragraphs, overall coherence is the next criterion for academic quality. The English language requires signals to tell the

---

[1] Even if you decide to invest the money and ask a professional translator for help. Make sure to find somebody with a background in the specific topic as terminology may vary greatly and approximate translations may reduce the quality of your paper.

reader which direction the text is taking. This coherence or linking of sentences can be achieved in different ways:

- Organisation: Arrange your ideas in logical order.
- Repetition: In sentence two (the second of any two sentences), repeat a word from sentence one.
- Synonymy: If direct repetition is too obvious, use a synonym of the word you want to repeat.
- Transitions: Use a conjunction or conjunctive adverb to link sentences with particular logical relationships.

Whereas creativity is required for the first two pathways, a thesaurus or production dictionary (cf. Longman's Language Activator) is recommended for the third (cf. also Table 1) and fourth (cf. also Table 2) strategies.

Sentence length

Example 2:
In comparison to English, the wonderful German language lends itself extraordinarily well to creating longwinded, information intensive, rolling sentences that many English speakers struggle with as they have lost track of what is being said after the first couple of lines or so and do not read to the end where usually, but not always, the most important piece of information is given.

German readers are probably not even aware of the fact that the previous sentence spans four lines. Even if they are, they do not mind. However, there is another point to contend with. English sentences should always be short. Is this really true?

Example 3:
The study was carried out. It was successful. The evidence supported our thinking. Next month we will use a bigger test group.

Is example 3 any better than example 2? Not really as it is rather monotonous. In fact, neither a series of long complex or short easy sentences is the solution. A mixture of both is more appropriate.

Passive or active

In addition to the structure and length of sentences and paragraphs, the style of writing is important to consider. Since academic writing often deals with the description of processes and abstract interrelations, the emphasis is mainly shifted from the agent to the object of interest. That is, from active to passive. But are academic texts always written in passive? Consider the following:

Example 4:
Which of the following is more suitable for academic writing?
4a) We placed the toads in the various ponds within a three mile radius.
4b) The toads were placed in the various ponds within a three mile radius.

Example 4b is more suitable as the focus is on the animals and where they were placed and not on who actually did this. Yet, this is not always the case. Ask yourself what is more important, the action/result or the person carrying it out.

Example 5:
5a) The majority of participants decided not to leave the room.
5b) The room was not left by the majority of participants.

In example 5 the focus of attention is clearly that most people stayed, where they stayed is of minor interest. So, although both sentences are grammatically correct, variation a would be more appropriate.

Cautious language

When publishing in English, writers present their research to a broad audience and should be careful not to lose cautiousness when formulating their results. This can occur when there is a lack of language proficiency. Take a look at the following sentence:

Example 6a:
The results show us that A is related to B.

This sentence is too factual. There is no doubt in this sentence, the writer is telling us that it is 100% sure that there is a relationship between A and B. It would be better to use tentative language.

Example 6b:
The results appear to show us that A is related to B.

This is a better academic style. You are being cautious, you are 'hedging'.

Vocabulary

As much as a clear structure is important, the precise use of vocabulary is essential. Yet, finding the right words is not always easy. German words may not have one-to-one English equivalents or English equivalents may be false friends, that is, a word similar in sound and appearance but different in meaning. There might be several similar English vocabulary choices, or, perhaps the international scientific community has established altogether different technical terms! One important strategy to approach vocabulary difficulties is to read English publications in the specific area of research or, if a new field is being explored, to read related reports. Examining introductory textbooks on the general topic in the target language and making notes of useful vocabulary is also invaluable.

However, it is not only the high-content words, such as nouns, but also verbs and most important formal discourse markers that produce a coherent text. Table 1 shows some of the productive verbs and 2 gives some useful connectors for academic writing in English. Make sure to check the correct usage with a dictionary.

Table 1   Selection of Productive Verbs for Academic Writing

referring to one's own or another scholar's work	argue, assume, believe, claim, conclude, consider, discover, explain, hypothesise, imply, indicate, presume, propose, reveal, show, state, suggest, think
reacting to another scholar's work	accept, agree, disagree, deny, doubt
verbs + **research** **research** + *verb*	carry out, conduct, … + research based on research demonstrate, indicate, concerned with, reveal, produce, prove, show, suggest, yield
verbs + **theory** **theory** + *verb*	have, hold, advance, develop, formulate, produce, propose, work on, confirm, prove, disapprove, challenge, test evolve, hold sth., suggest

Source: authors' design

Table 2   Collection of Transitional Connectors for Academic Writing

introduction	at first glance, in the first place
addition	moreover, likewise, furthermore, even more important, also in addition to + noun
alternative	either … or
cause/result	therefore, accordingly, consequently, thereupon, as a result, hence, thus, because, due to X
comparison	similarly, likewise
conclusion	to sum up, finally, in the end
contrast	however, nevertheless, in contrast, although, otherwise, nonetheless, conversely, on the contrary, yet, but
enumeration	first, second, third, finally, ultimately
example	for example, for instance
intensification	in fact, indeed
purpose	for this purpose, to this end
repetition	that is, in other words, as has been noted
summary	to sum up, in brief, on the whole, in sum, in short
time	currently, recently, in 2009

Source: authors' design

Both tables are meant to be checklists to start formulating your research. The references at the end provide further resources to professionalise your writing.

Grammar

As recapping English grammar goes far beyond the scope of this article, here are a few dos and don'ts to consider before you start writing:

1) Decide for British OR American English and be consistent. This will affect both grammar and spelling.
2) Don't only use long complex sentences. In contrast to German, academic English likes a mixture of short, clear sentences and longer, more complex sentences.
3) Exemplify claims. Academic English likes examples to illustrate statements.
4) Personal style can be appropriate. In contrast to German, academic English likes first person singular/plural to clarify who did what.
5) Check with a dictionary for correct prepositions.
6) Check with a dictionary whether nouns are uncountable and thus, do not need an article.

7) Don't nominalise everything. In contrast to German, English prefers verbs.
8) Avoid overuse of punctuation. When in doubt leave it out!
9) Learn to capitalise properly. To Germans, English seems to be a language that does not care about the distinguishing factor of capitalisation. However, it certainly does: names of languages, nationalities, religions, the days of the week, the months of the year, holidays, and – most importantly in academic contexts – all words in titles except for conjunctions, articles and prepositions are capitalised.
10) Avoid general reference. In German the pronoun *es* is very productive. Yet, use of the English *it* often results in ambiguous reference so that the reader cannot be sure what the pronoun actually refers to. Use proper nouns instead of pronouns.

So, give English a go and remember, as George Edward Woodberry, an American literary critic and poet once said:

"Defeat is not the worst of failures. Not to have tried is the true failure."

References

Vistawide.com (2009): Top 30 Languages of the world (http://www.vistawide.com/languages/top_30_languages.htm; 30.08.2009)

Further Reading

Bailey, Stephen (2006): Academic Writing. A Handbook for International Students. Second Edition. London: Routledge

Björk, Lennart and Christine Räisänen (2003): Academic Writing. A University Writing Course. Third Edition. Lund: Studentlitteratur

Swales, John and Christine Feak (2005): Academic Writing for Graduate Students. Essential Tasks and Skills. Second Edition. Michigan: University of Michigan Press

Useful Resources (in addition to a good mono- and bilingual dictionary)

Longman's Language Activator
A production dictionary assisting you to find the precise word for what you want to say or a synonym for what you have already on your mind.

Oxford Collocations Dictionary for Students of English
Helps you to find the precise verb or adjective for the noun you usually already have on your mind.

http://www.phrasebank.manchester.ac.uk/
A great resource for finding suitable phrases to express yourself in academic writing.

http://www.uefap.com/
Highly recommended. Andy Gillett's Using English for Academic Purposes – webpage with useful tips and word lists of the most productive verbs and nouns for academic analyses.

3 Wissen schafft Vielfalt. Verschiedene Textsorten

In diesem Kapitel werden zentrale wissenschaftliche Textsorten vorgestellt. Darunter finden sich solche, die typischerweise die ersten Schritte auf dem Feld der wissenschaftlichen Publizistik bilden, aber auch einige, an denen sich in der Regel erst arrivierte WissenschaftlerInnen versuchen. Die in diesem Kapitel vorgestellten Textsorten werden Fächer übergreifend behandelt. Fachliche Unterschiede und die fachspezifische Gewichtung werden im nächsten Kapitel *Andere Fächer – andere Sitten. Artikel in Fachzeitschriften* erläutert.

In den folgenden Beiträgen stehen neben einer knappen Beschreibung der Textsorten die typischen Umstände ihres Erscheinens im Vordergrund. Die AutorInnen bieten in ihren Artikeln Innenansichten des Wissenschaftsbetriebes, indem sie darüber informieren, wie NachwuchswissenschaftlerInnen Zugang zu den jeweiligen Publikationen erhalten, welche Funktionen die Textsorten innerhalb der wissenschaftlichen Gemeinschaft erfüllen und welche sozialen Aspekte dabei relevant sind.

Die Funktion, oder nach Barbara Sandig, der „soziale Sinn wissenschaftlicher Arbeiten besteht darin, in einem relevanten Bereich einer Wissenschaftlergemeinschaft Neues mitzuteilen und/oder sie überblickshaft oder zusammenfassend über einen Themenbereich zu informieren und/oder sich kritisch mit Neuem und Älterem auseinanderzusetzen" (Sandig 1997: 28).

Wer das jeweils Spezifische der wissenschaftlichen Textsorten kennt, kann bereits daraus ersehen, welche Art der Problemlösung von dem betreffenden Text gefordert ist. So beinhalten Tagungsbände, Festschriften und (andere) Sammelbände eigenständige Artikel, in denen jeweils neue Erkenntnisse publiziert werden. Dabei gibt jedoch der Gesamtband das übergreifende Thema vor, dem AutorInnen ihre Produkte in gewissem Maße anpassen sollten.

Demgegenüber sollen Beiträge in Lehrbüchern, Handbüchern und Lexika keine eigentlich neuen Erkenntnisse, sondern den Stand der Forschung präsentieren. In diesen Textsorten müssen die AutorInnen eigene Standpunkte und Vorleistungen hintanstellen.

Rezensionen und Tagungsberichte fordern die kritische Auseinandersetzung mit etwas Neuem, einer Veröffentlichung oder einem Ereignis. Was in diesem Zusammenhang unter „kritisch" zu verstehen ist, und welchen Zwecken diese Textsorten dienen, wird in den entsprechenden Beiträgen erläutert.

Eine weniger typische Erscheinung der wissenschaftlichen Publizistik, deren Funktion bei Sandig nicht genannt wird, ist das Verfassen populärwissenschaftlicher Texte für ein breiteres, nicht fachlich vorgebildetes Publikum. An solche Texte werden andere Maßstäbe angelegt und sie sind, wenn sie auch (zum Teil) aus der wissenschaftlichen Arbeit entstehen, im Grunde außerhalb derselben anzusiedeln. Die Besonderheiten dieser Texte werden in einem eigenen Artikel beschrieben.

Textsorten dienen im Alltag dazu, Handlungsspielräume vorzugeben, indem sie bei LeserInnen und ProduzentInnen Erwartungen hervorrufen. Diese Erwartungen beziehen sich neben dem schon genannten „sozialen Sinn" auf die zu wählende Sprache, den Aufbau, den je spezifischen Umgang mit Zitaten etc. Dabei sind die Vorgaben in verschiedenen Textsorten unterschiedlich strikt. Der Lexikonartikel lässt wenig Spielraum für eigene Herangehensweisen, während Beiträge in Sammelbänden stärker durch individuelle Entscheidungen der AutorInnen geprägt sind.

Wenngleich die verschiedenen Textsorten bestimmte Regeln und Handlungsmuster nahelegen, sind dennoch nicht alle Textsortenmerkmale obligatorisch. „Denn Textsorten sind prototypisch, d. h. es gibt charakteristischere und weniger charakteristische Eigenschaften, und sie sind variabel an individuelle Situationen und Zwecke [...] anpaßbar; dadurch gibt es besonders typische Exemplare, aber auch weniger typische" (ebd.: 29).

Literatur

Sandig, Barbara (1997): Formulieren und Textmuster am Beispiel von Wissenschaftstexten. In: Jakobs, Eva-Maria/Knorr, Dagmar (Hrsg.): Schreiben in den Wissenschaften. Frankfurt a. M. et al.: Peter Lang: 25-44

3.1 Ein Einstieg in das wissenschaftliche Publizieren. Rezensionen

Rudolf Lüthe

Das Verfassen von wissenschaftlichen Buchsprechungen (Rezensionen) und Forschungsberichten ist in meiner Sicht der natürlichste Einstieg von Promovierenden in das wissenschaftliche Publizieren. Für diese Einschätzung sprechen die folgenden Gründe:

1) Die Arbeit an solchen Texten ist vergleichsweise wenig zeitraubend, lenkt Promovierende also nicht wesentlich von der Arbeit an der Dissertation ab.
2) Zur Arbeit an einer Dissertation gehört die Auseinandersetzung mit der aktuellen Forschungsliteratur im thematischen Bereich. Diese notwendige Beschäftigung mit aktueller Literatur kann ziemlich mühelos in eigene Kurztexte überführt werden.
3) In Abwandlung können eventuell einzelne Textstücke aus diesen Rezensionen auch in die entsprechenden (Einleitungs-) Teile der Dissertation übernommen werden.
4) In aller Regel erhalten RezensentInnen kostenlos ein Exemplar des zu besprechenden Buchs. Angesichts der oft hohen Preise von Fachbüchern und der meist geringen finanziellen Möglichkeiten von DoktorandInnen ist die Buchbesprechung also auch ein Weg zur kostengünstigen Beschaffung wichtiger Fachliteratur.

Vom Sinn der Rezensionen

Das Verfassen von Rezensionen ist eine eigens zu erlernende Kunst. RezensentInnen haben vor allem zwei einander entgegengesetzte Gefahren zu vermeiden: erstens die Gefahr, Rezensionen wie Referate in Seminaren anzulegen; zweitens solche Buchbesprechungen wie Bestandteile der eigenen Forschungsarbeit zu gestalten. Beides würde die Lesbarkeit der Rezension wesentlich einschränken. Daher sollten die folgenden Regeln beachtet werden:

1) Rezensionen stellen zwar die wesentlichen Inhalte neuerer Forschungsarbeiten dar und bewerten diese kritisch, sie sind jedoch nicht einfach Inhaltsreferate.

Allerdings schwanken die Erwartungen der HerausgeberInnen von Rezensionen und Rezensionszeitschriften in dieser Frage. Grundsätzlich ist jedoch ein bloßes Nacherzählen von Inhalten (sukzessive Reihung von formulierten Meinungen) zu vermeiden. Die Präsentation des Inhalts sollte die thematischen Schwerpunkte des besprochenen Textes etwa nach dem folgenden Schema wiedergeben: Welches sind die Fragen, die sich die AutorInnen stellen? (Welche Probleme werden behandelt?) Mit welchen Thesen werden diese Fragen beantwortet, werden die Probleme gelöst? Welche Argumente werden zur Stützung der Thesen angeführt? Wie einleuchtend sind diese Thesen in sich selbst und wie klar ist ihr Bezug zueinander und zu den zu lösenden Problemen? Wie groß ist der durch die Arbeit insgesamt erreichte Erkenntnisgewinn? Was wäre zu verbessern, zu ergänzen oder zu korrigieren?

2) Obwohl RezensentInnen sich mit Buchbesprechungen auch persönlich als ForscherInnen profilieren können und sollen, steht nicht die Selbstdarstellung im Vordergrund dieser Textsorte. Vielmehr ist eine Buchbesprechung in erster Linie eine Dienstleistung am besprochenen Werk. Dieser Aufgabe werden die RezensentInnen am ehesten gerecht, wenn sie die nachfolgenden Ziele verfolgen: Man sollte versuchen, sich die möglichen InteressentInnen an dem Buch vorzustellen und die Darstellung des Buches so anlegen, dass InteressentInnen erstens die Grundlinien der Argumentation des Werkes und zweitens das wissenschaftliche Niveau der Arbeit einschätzen können. Dies soll den LeserInnen der Rezension ermöglichen, begründet zu entscheiden, ob sie sich mit dem besprochenen Text näher auseinandersetzen möchten oder nicht.

3) Keineswegs ist es die Aufgabe der RezensentInnen, möglichen InteressentInnen die eigene Lektüre des Werks zu ersparen. Daher ist es in der Rezension weder notwendig noch sinnvoll, sich auf die argumentativen Details des besprochenen Buchs einzulassen. In aller Regel führt dies nicht nur zu überflüssigen, sondern auch zu wenig verständlichen „Blitzreferaten" einzelner Textpassagen.

4) Entsprechend ist es auch nicht das Ziel einer Rezension, die kritische Würdigung des Buches durch den angesprochenen Leserkreis vorwegzunehmen. Daher sind Lobeshymnen ebenso wie polemische Verrisse sorgsam zu vermeiden.

5) Über die mögliche Länge von Rezensionen und deren formale Eigenschaften entscheiden die AutorInnen in aller Regel nicht selbst; vielmehr formulieren die Redaktionen hierzu meist sehr genaue Vorgaben. Diese verlangen mit Bezug auf den erlaubten Textumfang fast immer eine strenge Selbstdisziplin. Die Erfahrung mit einer solchen Beschränkung ist jedoch – wie ich finde – ein sehr wünschenswerter Nebeneffekt des Verfassens von Buchbesprechungen.

Wege zu Buchbesprechungen

Die Erfahrung lehrt, dass AutorInnen sehr daran interessiert sind, dass ihre eigenen Bücher möglichst schnell, möglichst gründlich und möglichst positiv besprochen werden. Die Erfahrung lehrt jedoch leider auch, dass die gleichen AutorInnen meist weniger daran interessiert sind, ihrerseits die Bücher anderer AutorInnen zu besprechen. Die Nachfrage nach Buchbesprechungen ist daher in fast allen Fächern weit größer als das Angebot an kompetenten RezensentInnen und deshalb ist gerade hier der Einstieg von NachwuchswissenschaftlerInnen relativ leicht möglich (vgl. in vorliegendem Band *Den anderen auf den Mund geschaut. Vortrags- und Tagungsbericht*). Da DoktorandInnen in aller Regel noch kein klares Profil im Fach haben, werden sie allenfalls in Ausnahmefällen von Redaktionen eingeladen werden, eine bestimmte Neuerscheinung zu besprechen. Um hier ins Gespräch zu kommen, muss man daher bei den Redaktionen „vorstellig" werden. Dies kann auf verschiedene Weise geschehen: Eine erste Möglichkeit besteht darin, dass Doktorvater oder -mutter einen solchen Kontakt zu einer Redaktion herstellen. (Dies gehört in meiner Sicht ohnehin zu deren Betreuungsaufgaben.) Eine weitere Möglichkeit ergibt sich bei anzuratenden Teilnahmen an thematisch einschlägigen Fachtagungen. Dort sind die Redaktionen der Fachzeitschriften fast immer vertreten, und man kann sein Interesse an der Mitarbeit bei der Zeitschrift problemlos kundtun. Allerdings sollte man sich auf ein solches Gespräch dadurch vorbereiten, dass man sich mit der ins Auge gefassten Zeitschrift und insbesondere mit dem Rezensionsteil derselben bereits ausführlich befasst hat. Eine dritte Möglichkeit ist eine schriftliche Initiativbewerbung bei der Redaktion der Zeitschrift. Dabei sollte man über sich selber hauptsächlich darlegen, womit man sich in seiner Abschlussarbeit befasst hat, was das Thema der Dissertation ist und ob man bereits einschlägige Publikationserfahrungen vorweisen kann.

Der wissenschaftliche Stellenwert von Rezensionen

Es ist für eine wissenschaftliche Laufbahn wichtig, diese Art von Dienstleistungen zu erbringen. Zumindest die besprochenen AutorInnen werden auf diese Weise mit dem Namen der jungen KollegInnen vertraut und in günstigen Fällen gilt dies auch für die LeserInnen der Rezension. Auf jeden Fall aber wirkt es in Bewerbungen positiv, wenn NachwuchswissenschaftlerInnen sich dieser Dienstleistung an den Arbeiten der etablierteren KollegInnen nicht verweigert haben. Insofern gibt es eine Reihe von guten Gründen, Rezensionen zu schreiben. Jedoch sollte man darauf nicht allzu viel Zeit verwenden, d. h. man sollte für die einzelnen Besprechungen nicht mehr Zeit als unbedingt nötig aufbringen und man sollte auch nicht zu viele Bücher besprechen. (Das Profilierungsgewicht solcher Arbeiten ist nämlich begrenzt.) Genaue Zeitangaben sind hier kaum möglich, weil die Bücher und auch die Fachkulturen sich naturgemäß sehr unterscheiden. Als Faustregel schlage ich jedoch vor: Die Lektüre sollte nur wenige Tage, das Verfassen des Textes höchstens zwei Tage in Anspruch nehmen.

Taktisch klug ist es natürlich, Bücher zu besprechen, die wegen des Renommees ihrer AutorInnen oder der Aktualität ihres Themas einen großen Interessentenkreis ansprechen. Erfahrungsgemäß hat man als NachwuchsautorIn allerdings nicht die besten Chancen, solche „Schnäppchen" zu ergattern. Versuchen sollte man es trotzdem. Redaktionen neigen dazu, jungen AutorInnen die Bücher anzubieten, die etabliertere RezensentInnen nicht besprechen wollen; dazu gehören vor allem Sammelbände. Als Neuling kann man es sich nicht leisten, Besprechungen von Sammelbänden grundsätzlich abzulehnen. Allerdings sollte man hier mit diplomatischer Vorsicht vorgehen, denn gerade die Besprechung von Sammelbänden ist besonders mühsam. Allerdings hat auch diese Textsorte einen Vorteil: Der Name des Rezensenten/der Rezensentin wird auf einen Schlag einer ganzen Reihe von AutorInnen bekannt.

Dieser Effekt wird in etwas geringerem Umfang, aber dennoch in günstiger Weise auch dadurch erreicht, dass man so genannte Forschungsberichte oder Sammelrezensionen verfasst, d. h. dass man in einem längeren Artikel mehrere thematisch zusammenhängende Bücher zugleich vorstellt. Diese für die eigene Profilierung günstige Chance erhält man in aller Regel erst dann, wenn man sich bereits in Einzelrezensionen bewährt hat. Eine solche Rolle ist jedoch anzustreben.

Ergänzende Literatur

Hauthal, Janine (2007): Die Rezension als Einstieg ins wissenschaftliche Schreiben und Publizieren. In: Nünning, Ansgar/Sommer, Roy (Hrsg.): Handbuch Promotion. Forschung – Förderung – Finanzierung. Stuttgart et al.: Metzler: 205–210

Hierdeis, Irmgard (2001): Wie schreibe ich eine Rezension? In: Hug, Theo (Hrsg.): Wie kommt Wissenschaft zu Wissen, Band 1: Einführung in das wissenschaftliche Arbeiten. Baltmannsweiler: Schneider-Verlag Hohengehren: 196–213

3.2 Den anderen auf den Mund geschaut. Vortrags- und Tagungsberichte

Michael Klemm

Vortrags- und Tagungsberichte gehören sicher zu jenen wissenschaftlichen Textsorten, die ihren Charme frühestens auf den zweiten Blick entfalten. Ist es nicht banal und Ausdruck mangelnder eigener Kompetenz und Originalität, bloß die Vorträge anderer Leute zusammenzufassen? Klare Antwort: Nein, ist es keineswegs. Wer schon mal einen Tagungsbericht verfasst hat, weiß, wie komplex und anspruchsvoll die Aufgabe ist, zahlreiche Vorträge knapp, aber inhaltlich korrekt und dem Anlass bzw. den ReferentInnen angemessen zusammenzufassen und in einen stimmigen wissenschaftlichen Kontext einzuordnen. Und wie heikel manchmal das „Beziehungsmanagement" mit den betroffenen KollegInnen ist.

Nutzen und Chancen

Ein Tagungsbericht ist eine ebenso dankbare wie undankbare Textsorte. Einerseits übernehmen gerade arrivierte WissenschaftlerInnen diese aufwendige Arbeit nur (noch) ungern, andererseits ist die Community sehr dankbar für solche „dienenden" Texte (vgl. in vorliegendem Band *Ein Einstieg in das wissenschaftliche Publizieren. Rezensionen*), würden ansonsten doch wissenschaftliche Ereignisse meist in der Bedeutungslosigkeit des Augenblicks verschwinden. Tagungsberichte hingegen dokumentieren den wissenschaftlichen Erkenntnisstand auf ihre eigene Weise und sind deshalb auch noch nach einigen Jahren als wissenschaftshistorische Zeugnisse lesenswert.

Gleich aus mehreren Gründen eignen sich solche Berichte gut für die ersten Schritte in die wissenschaftliche Gemeinschaft: Man hat als Neuling recht gute Publikationschancen; man kommt mit vielen KollegInnen in unmittelbaren Kontakt oder es entsteht sogar inhaltlicher Austausch, was für die eigene Netzwerkbildung förderlich sein kann und erste Spuren – „Visitenkarten" – hinterlässt; man kann von den ReferentInnen Inhaltliches und Methodisches lernen; man macht sich wie oben beschrieben verdient um die wissenschaftliche Gemeinschaft; man kann in einem relativ kurzen Artikel seine inhaltliche Kompetenz, aber auch sein Formulierungsgeschick testen und beweisen.

Publikationsorte und Umfänge

In der Regel werden Vortrags- und Tagungsberichte in Fachzeitschriften oder Organen von Fachgesellschaften veröffentlicht, inzwischen auch immer öfter im Netz. Je größer und wissenschaftlich bedeutsamer eine Tagung ist, umso mehr steigt erstens die Chance, dass man einen Tagungsbericht in den einschlägigen Publikationen oder sogar in angesehenen Zeitschriften lancieren kann; umso umfangreicher kann zweitens ein Bericht auch in der Regel ausfallen. Üblich sind Längen von fünf bis zehn Druckseiten. Die Veröffentlichung sollte man möglichst vorab mit den HerausgeberInnen bzw. der Redaktion der ausgewählten Zeitschrift absprechen, um nicht mit dem fertigen Beitrag auf die Suche nach einem Publikationsort gehen zu müssen.

Vorbereitung und Durchführung

Will man einen Bericht verfassen, sollte man dies frühzeitig den OrganisatorInnen der Veranstaltung anbieten, die prinzipiell Interesse an der Publizität ihrer Tagung haben und ein solches Ansinnen in der Regel unterstützen werden.

Es ist fast immer von Vorteil, Vortrags- und Tagungsberichte in einer Autorengruppe zu verfassen. Zum einen kann man sonst oft nicht der inhaltlichen Fülle einer Tagung gerecht werden, zum anderen ermöglicht das gemeinsame Verfassen das nötige Ausbalancieren bei der Zusammenfassung und Beurteilung von Vorträgen, gerade wenn man allein noch nicht den inhaltlichen Gesamtüberblick hat.

Bei größeren Tagungen mit parallelen Vortragsslots wird man aber auch in der Gruppe kaum alle Vorträge abdecken und schon gar nicht alle in einem einzigen Bericht referieren können. Hier muss also eine Auswahl getroffen werden, z. B. nach inhaltlichen Kriterien wie dem Bezug zum Rahmenthema, der verwendeten Methode, der Zugehörigkeit zu einer Tagungssektion etc. Diese Auswahl sollte man im Bericht offenlegen und begründen. Manchmal kann man dabei auch auf einen noch folgenden Tagungsband verweisen, der nicht referierte Beiträge enthält (vgl. in vorliegendem Band *Reden und Schreiben. Beiträge in Tagungsbänden*; *Ein Thema – viele Blickwinkel. Herausgeben von Sammelbänden*).

Ratsam ist es, sobald man die Zusage der OrganisatorInnen hat, Kontakt mit den ReferentInnen aufzunehmen, d. h. möglichst schon vor der Tagung. Vielleicht kann man bereits vorab Manuskripte, Handouts oder Folien erhalten, die das Dokumentieren erleichtern. Zudem kann anhand des Tagungsprogramms eine Vorauswahl getroffen und eine inhaltliche Rahmung konzipiert werden: Was könnte die übergreifende Relevanz der Tagung sein, was trägt sie zum Fortschritt in einem bestimmten Forschungsfeld bei, was eint die Vorträge, welche Gegensätze und Probleme treten zu Tage und lassen Forschungsdesiderate erkennen? Aber auch praktische Fragen gilt es im Vorfeld zu klären: Wie kann sich die Autorengruppe die Arbeit effizient aufteilen? Welche prinzipielle Linie will man bei den Zusammenfassungen verfolgen?

Auf der Tagung selbst ist zu bedenken und ggf. mit den ReferentInnen abzustimmen, ob die Vorträge auditiv oder audiovisuell aufgezeichnet werden können/sollten. Das mag helfen, Zweifelsfälle zu klären (z. B. Verständnisfragen, inhaltliche Schwerpunktsetzungen, Zitate, Publikumsreaktionen), ist aber manchmal auch nicht nötig oder gar hinderlich, wenn man den Bericht ausgehend vom unmittelbaren Eindruck, den ja auch die BesucherInnen der Tagung hatten, aufziehen möchte. In jedem Falle sollte man sich spätestens auf der Tagung selbst um die Materialien der ReferentInnen bemühen.

In der Nachbereitung gilt es, neben der (arbeitsteiligen) korrekten Zusammenfassung der einzelnen Beiträge den schon vorab skizzierten Kontext und wissenschaftlichen Wert der Veranstaltung weiter zu profilieren, um dem Bericht die nötige Kohärenz (zum Beispiel durch ein Leitthema) und Relevanz zu verleihen. Zudem sollte man die Einzelbausteine der AutorInnen stilistisch homogenisieren. Eine heterogene Aufzählung einzelner Vorträge ist noch kein stimmiger und lesenswerter Tagungsbericht. Hier ist ein sorgsames Redigieren erforderlich, gegebenenfalls auch das Austarieren unterschiedlicher Auffassungen in der Autorengruppe.

Aufgaben und Fallstricke

So einfach und harmlos, wie das „bloße" Zusammenfassen von Vorträgen klingen mag, ist das Verfassen eines angemessenen Tagungsberichts keineswegs. Auch für wissenschaftliche Neulinge ist eine gewisse inhaltliche Kompetenz unabdingbar, wenn man Vorträge fair zusammenfassen und beurteilen möchte. Ratsam ist es deshalb, zu Themenfeldern zu publizieren, die man selbst schon einigermaßen gut vom Forschungsstand her überblickt. Die nötige Kompetenz kann man freilich auch gerade im Zuge des Verfassens eines Tagungsberichts erlangen und vertiefen, indem man sich aus diesem Anlass mit den Themen intensiver befasst und inhaltliche Wissenslücken systematisch schließt.

Nicht unterschätzen sollte man, dass ein Tagungsbericht schnell zur heiklen Textsorte mutieren kann, wenn man den Befindlichkeiten von OrganisatorInnen, ReferentInnen und auch MitautorInnen keine Beachtung schenkt. Die Betroffenen verfolgen das Interesse, im Bericht positiv wiedergegeben zu werden, selbst wenn die Tagung oder einzelne Vorträge nicht gelungen waren. Nun ist ein Tagungsbericht keine Rezension oder Kritik, sondern zunächst mal eine sachliche, inhaltliche Wiedergabe des Ablaufs und der wesentlichen Inhalte, ganz nach den journalistischen Standards eines Zeitungsberichts (Wer? Was? Wann? Wo? Wozu?). Kritik wird bei Vortrags- und Tagungsberichten, zumindest im wissenschaftlichen

Kontext, eher implizit geübt. Aber schon ein kleiner inhaltlicher Lapsus oder eine nicht ganz so enthusiastische Beschreibung kann die Betroffenen vergrätzen, da sie sich nicht angemessen wiedergegeben fühlen. Dann ist sensibles Beziehungsmanagement gefragt, was gerade für Neulinge in der Szene nicht immer leicht ist, da man ja auch seinen eigenen Standpunkt wahren und keine Angst vor großen Namen zeigen sollte. Ein Tagungsbericht ist eine wissenschaftliche Textsorte, kein Public-Relations-Instrument und keine Gefälligkeitsübung. Die kritische Distanz sollten die BerichterstatterInnen daher stets einhalten, auch um dem Auftrag der Community gerecht zu werden, vorurteilsfrei über eine Tagung zu berichten. Fair und souverän zu bleiben, ohne sich gleich mit KollegInnen anzulegen oder aber sich ihnen anzubiedern, ist neben der inhaltlichen Präzision die eigentliche Herausforderung eines Tagungsberichts – auch dies ist eine lehrreiche Übung, durch die man Mechanismen innerhalb der Community kennen lernen und wissenschaftliches Profil gewinnen kann.

Die Frage des Umgangs mit den Besprochenen wird in der Praxis sehr unterschiedlich gehandhabt. Manche vermeiden jeden Kontakt, andere lassen die OrganisatorInnen und ReferentInnen vor der Veröffentlichung gegenlesen oder bitten diese gar um Textbausteine, die von den VerfasserInnen nur noch redigiert werden. Letzteres ist sicherlich etwas problematisch, da die BerichterstatterInnen eigentlich eine unabhängige Position einnehmen sollten. Ein Gegenlesen der Vortragenden ist hingegen fair und legitim, schon um sachliche und interpretatorische Fehler zu erkennen und zu beheben, da man über die Details der Vorträge oft nicht genug Informationen besitzt oder besitzen kann. Die letzte Entscheidung treffen und die inhaltliche Verantwortung tragen aber immer die BerichterstatterInnen.

Ergänzende Literatur

Jakobs, Eva-Maria: Textproduktion als domänen- und kulturspezifisches Handeln. Diskutiert am Beispiel wissenschaftlichen Schreibens. In: Adamzik, Kirsten/Antos, Gerd/Jakobs, Eva-Maria (Hrsg.): Domänen- und kulturspezifisches Schreiben. Frankfurt a. M. et al.: Peter Lang: 1–30

3.3 Wer's genau wissen will. Lexikonartikel

Francesca Vidal

Im Grunde genommen ist das Schreiben eines Lexikonartikels – was die Form anbelangt – eine einfache, wenn manchmal auch mühselige Aufgabe, da die HerausgeberInnen und die Verlage sehr genaue redaktionelle Richtlinien vorgeben, deren oberstes Gebot zumeist Einheitlichkeit lautet und an die sich VerfasserInnen von Lexikonartikeln halten müssen. Die Frage nach Gliederung und Form ist also von vornherein entschieden, gibt damit aber auch den inhaltlichen Überlegungen eine Richtung.

„Lexika können auf verschiedene Weise strukturiert werden, entweder alphabetisch-semasiologisch (auch rückläufig alphabetisch), begrifflich-onomasiologisch (Wortfelder; lexikalische Paradigmen), syntagmatisch (z. B. Stil- und Valenzwörterbücher) oder teilaspektorientiert (z. B. Aussprachewörterbücher). Weitere Klassifikationsmerkmale von Lexika sind etwa ihre Ein-, Zwei- oder Mehrsprachigkeit und ihre präskriptive oder deskriptive Ausrichtung. Gemeinsamer Zweck aller L. ist – im modernen Verständnis – die Sprachkompetenzerweiterung." (Kalivoda 2001a: 193)

Planung eines Lexikons und Organisation der Zusammenarbeit

Gerade bei gedruckten Werken ist es üblich, von HerausgeberInnen oder einer Redaktion mit dem Verfassen eines Lexikonartikels zu einem bestimmten Stichwort beauftragt zu werden. Die inhaltliche Hauptaufgabe wurde also schon von HerausgeberInnen und Redaktion geleistet, sie haben sich für Methode und Inhalt, Form und Typ entschieden, die Kriterien für die Auswahl der Lemmata festgelegt und überlegt, inwiefern der Prozess der Fertigstellung durch Forschung und Diskussion begleitet und beeinflusst wird. Sie haben einen Kosten- und Zeitplan erstellt und gemeinsam mit dem Verlag ein Style Sheet erarbeitet. HerausgeberInnen und Redaktion haben sich im Vorfeld informiert, wer eventuell schon zu bestimmten Themen geforscht hat, an einer Qualifikationsarbeit innerhalb des erfragten Themenspektrums arbeitet und so entweder als BeraterIn oder als AutorIn angefragt werden kann.

Gerade bei lange geplanten Projekten stehen die Lemmata nicht von vornherein fest, sondern werden aufgrund der Forschungsarbeit der Redaktion verändert, erweitert oder revidiert, was des Öfteren dazu führt, dass einem geplanten Lexikon ein Ergänzungsband hinzugefügt wird, weil sich im Laufe des Projektes herausgestellt hat, dass in den veröffentlichten Bänden wichtige Begriffe fehlen.

Um künftige AutorInnen mit den Intentionen, Inhalten und formalen Vorgaben vertraut zu machen, gibt es bei kleineren, oft einbändigen Lexika Autorenkonferenzen oder gerade bei mehrbändigen, also größeren Projekten, Beratungsgespräche mit den Redaktionsmitgliedern. Diese sollen den künftigen AutorInnen die Zielsetzung des Lexikons nahebringen und damit immer auch die Herangehensweise an ein Thema. HerausgeberInnen oder Redaktionsmitglieder werden so zu Ansprechpartnerinnen für AutorInnen, was auch heißen kann, dass sie Änderungswünsche äußern oder eventuell sogar in den Text eingreifen. Lexikonartikel werden immer wieder überarbeitet und korrigiert, sie entstehen im Diskurs zwischen BearbeiterIn und Redaktion, bis HerausgeberInnen und Redaktion beschließen, einen Text abzusegnen.

Anders ist dies bei Onlinelexika, die alle NutzerInnen aufrufen, mitzuarbeiten, und bei denen eine Redaktion nach Fertigstellung des Textes entscheidet, ob der eingesandte Artikel aufgenommen wird oder nicht (und freilich bei allen Formen, die sich der Wiki-Technik bedienen, da hier die Autorschaft in den Hintergrund gerät und Artikel jederzeit von anderen AutorInnen überarbeitet werden können). Immer häufiger arbeiten auch Verlage damit, den NutzerInnen neben einer gedruckten eine Onlineversion oder eine lexikalische Datenbank zur Verfügung zu stellen und verwenden diese zur eventuellen Aktualisierung der Beiträge. Allgemein lässt sich festhalten, dass die technische Entwicklung im Bereich elektronischer Datenverarbeitung in erheblichen Maßen sowohl die lexikografische Produktion als auch die Nutzung von Lexika verändern wird und damit auch die Frage, wie in Zukunft Lexikonbeiträge zustande kommen werden.

Egal aber an welcher Form eines Lexikons man als AutorIn mitschreibt, was bleibt sind die formalen Vorgaben, damit ein Lexikon trotz der Mitarbeit vieler und unterschiedlich arbeitender VerfasserInnen einheitlich aussieht und in Hinblick auf seine zeitliche und ökonomische Planung verwirklicht werden kann. Daher sind die Vorgaben oft sehr genau und detailliert.

Einen Lexikonartikel verfassen – Zusammenarbeit mit der Redaktion

Verglichen mit anderen wissenschaftlichen Textsorten ergibt sich die Schwierigkeit in der inhaltlichen Arbeit an Lexika vor allem dadurch, dass keine eigene Position oder neue Erkenntnis dargestellt werden soll, sondern dass es gilt, einen sachlich korrekten Artikel nach wissenschaftlichen Grundsätzen zu erarbeiten, der ein breites Spektrum von Belegen einbezieht und daher eine aufwendige Recherche verlangt. Lexika sind Kompendien des aktuellen Wissens, das sie entweder einem Fachpublikum oder einer breiten Öffentlichkeit enzyklopädisch darbieten. Dementsprechend geht es darum, einen allgemeinen Überblick zu leisten: historisch, systematisch, forschungsorientiert und verwendungsbezogen (vgl. in vorliegendem Band *Orientierungshilfen im Dickicht des Wissens. Beiträge in Handbüchern*; *Fachwissen trifft Didaktik. Beiträge in Lehrbüchern*). Es ist entscheidend, ob ein Lexikon sich auf Begriff- und Sachartikel konzentriert oder ob es auch biografische Artikel aufnimmt. So erläutert es beispielsweise die Redaktion des von Gert Ueding herausgegebenen *Historischen Wörterbuchs der Rhetorik*, die in ihrer Vergabe von Artikeln zwischen Forschungs-, Sach- und Definitionsartikeln unterscheidet. In Sachartikeln werden Stichworte erläutert, die historisch und/oder aktuell im Sinne der Zielsetzung des Lexikons bedeutsam sind, was dann sowohl durch eine historische als auch eine systematische Darlegung erwiesen werden soll. In Definitionsartikeln geht es dagegen um Termini, die in ihrer Bedeutung konstant geblieben sind. Ein Forschungsartikel liefert einen umfassenden Überblick der zentralen theoretischen Themen und Probleme. Im *Historischen Wörterbuch der Rhetorik*, das hier exemplarisch für alle Fachlexika stehen soll, beginnen Artikel mit einer Begriffsdefinition, zeigen dann die historische und systematische Entwicklung des Begriffes und enden mit dem Hinweis auf weiterführende Literatur und sachlich ergänzende Stichworte. Je nachdem, in welcher Weise ein Stichwort bearbeitet werden soll, ergeben sich die Vorgaben für die Bearbeitungszeit, die Länge des Artikels sowie strukturelle und typologische Anforderungen.

Exemplarisch sind auch die redaktionellen Richtlinien der Redaktion des *Historischen Wörterbuchs der Rhetorik*: Da sie ausgesprochen ausführlich sind, finden sich hier alle Hinweise, die von vielen Redaktionen und Verlagen in kürzeren oder ähnlichen Versionen den BearbeiterInnen an die Hand gegeben werden. Die Richtlinien sind untergliedert in sieben Kapitel (vgl. Ueding o.J.): I. Artikelstruktur; II. Formale Gestaltung einer Manuskriptseite; III. Zur sprachlichen Gestaltung; IV. Zitate im Text; V. Anmerkungsapparat und Literaturhinweise; VI. Abkürzungsverzeichnis und VII. Musterartikel. Das *Historische Wörterbuch der Rhetorik* steht in der Tradition von Sammlungen und Listen, die seit der Antike als „Vorläufer einer rhetorischen L. [Lexikografie, F. V.] und als wichtige Elemente der fachlichen Kontinuität gelten" (Kalivoda 2001b: 236). Einerseits heißt dies, dass viele Angaben sehr speziell auf die Zwecke des Rhetorik-Lexikons zugeschnitten sind, andererseits aber auch, dass die breite Tradition das abdeckt, was sich heute unschwer auf die Ansprüche eines jeden Lexikons übertragen lässt. So wird auch am historischen Beitrag des Redaktionsmitgliedes Gregor Kalivoda zur Rhetorik-Lexikografie deutlich, was im Grunde von BearbeiterInnen der Stichworte – egal für welches Lexikon – heute inhaltlich erwartet wird. Auf diesen Artikel soll hier zur weiterführenden Lektüre verwiesen werden.

Redaktionen geben eine bestimmte Struktur vor, wie z. B. beim *Historischen Wörterbuch der Rhetorik* die Differenzierung in einen Definitionsteil und einen historischen Teil. Möglich ist aber auch – wenn eine chronologische Darlegung nicht in Frage kommt – die Untergliederung nach systematischen Gesichtspunkten.

Gerade was die formale Gestaltung des Textes anbelangt, gilt es, sich streng an das Style Sheet der Verlage zu halten, sich also danach zu richten, wie viele Zeilen pro Seite, wie viele Anschläge pro Zeile, welcher Zeilenabstand, welche Randgröße etc. gefordert sind. Zumeist wollen Verlage, da die Texte noch bearbeitet und in eine einheitliche Form gebracht werden müssen, dass AutorInnen auf Trennungen, Sonderzeichen oder eine individuelle Fußnotenverwaltung verzichten. Verschickt wird der fertige Text zumeist als Ausdruck und elektronisch gespeicherte Version oder immer häufiger auch als *Word*-Datei per E-Mail.

Bei der sprachlichen Gestaltung machen die Redaktionen ebenfalls Vorgaben, auch hier sei auf das *Historische Wörterbuch der Rhetorik* verwiesen, zum einen, da es exemplarisch ist für die meisten Lexika, zum anderen, weil es im Besonderen auf die Frage nach dem Umgang mit lateinischen und griechischen Begriffen eingeht. Da das *Historische Wörterbuch* vor der Rechtschreibreform begonnen wurde, werden die Artikel weiterhin in der tradierten Form geschrieben, bei neueren Lexika gilt jedoch vorzugsweise die neue Rechtschreibung. Die Zeitform in einem Lexikonartikel ist das Präsens, es sei denn, es handelt sich um einen Rückgriff. Geregelt ist auch, wie etwas hervorgehoben wird, wie bekannte oder weniger bekannte Personen gekennzeichnet und welche Abkürzungen genutzt werden.

Auch der Umgang mit Zitaten ist vorgegeben, wobei bei Lexikonartikeln ein sparsamer Umgang empfohlen wird. Wenn zitiert wird, ist auch hier in Bezug auf die formale Gestaltung oder die Frage „Übersetzung ja oder nein" eine einheitliche Vorgabe verbindlich. Ähnliches gilt für den Anmerkungsapparat und die Fußnoten.

Die Schwierigkeit beim Verfassen eines Lexikonartikels liegt darin, die vorgegebenen Regeln einzuhalten, sich jedoch nicht so sehr auf sie zu konzentrieren, dass die inhaltliche Arbeit darunter leidet.

Literatur

Kalivoda, Gregor (2001a): Lexikographie. In: Ueding, Gert (Hrsg.): Historisches Wörterbuch der Rhetorik. Tübingen: Niemeyer: Sp. 193–194

Kalivoda, Gregor (2001b): Rhetorik-Lexikographie. In: Ueding, Gert (Hrsg.): Historisches Wörterbuch der Rhetorik. Tübingen: Niemeyer: Sp. 236–249

Historisches Wörterbuch der Rhetorik. Ausführliche Projektdarstellung (http://www.uni-tuebingen.de/hwrh/hwrh/projektdarstellung.html; 15.07.2009)

Ueding, Gert (Hrsg.) (o. J.): Historisches Wörterbuch der Rhetorik. Redaktionelle Richtlinien. Tübingen: Niemeyer (unveröffentlicht)

3.4 Orientierungshilfen im Dickicht des Wissens. Beiträge in Handbüchern

Reiner Keller

Beiträge in Handbüchern stellen eine ganz eigene Textsorte dar, die sich von anderen wissenschaftlichen Veröffentlichungsformen deutlich unterscheidet. Wie lässt sich diese Textgattung charakterisieren? Bevor nachfolgend einige ihrer Merkmale erläutert werden, möchte ich Sie als Leserin oder Leser zunächst zu einer kleinen Übung einladen.

Vor Ihnen liegt ein Handbuch mit dem Titel *Publizieren während der Promotion*. Dieses Handbuch enthält einen Beitrag über das Verfassen von Beiträgen in Handbüchern, aber auch viele andere Beiträge, die dem Verfasser dieser Zeilen während des Schreibens nicht vorliegen. Wenn Sie dieses Buch bis zu dieser Stelle durchgearbeitet haben, dann haben Sie schon viele Beiträge gelesen, die im Grunde das in etwa erfüllen sollten, was hier noch einmal zusammenfasst wird. In gewisser Weise sind Sie selbst also schon kundig in Sachen „Handbuchbeitrag"; lesen Sie doch einfach einen Beitrag noch einmal und richten Sie dabei das Hauptaugenmerk auf den Aufbau. Auch falls Sie Ihre Lektüre gezielt mit diesem Text über Handbuchbeiträge begonnen haben, möchte ich Sie bitten, kurz innezuhalten und den ein oder anderen Eintrag zu lesen. Achten Sie dabei weniger auf seinen konkreten Inhalt, als vielmehr auf die Art und Weise, wie er aufgebaut ist, in welchem Duktus er argumentiert, welche Art von Verweisen er strukturiert, wie er sie versammelt, nach welchen Kriterien er sie einordnet.

Möglicherweise werden Sie nach der Rückkehr aus Ihrer Zwischenlektüre den Eindruck gewinnen, dass das, was nachfolgend über Beiträge in Handbüchern erläutert wird, nicht so richtig zu dem passt, was in vielen anderen Artikeln des vorliegenden Bandes tatsächlich getan wird – diesen Artikel zum Thema Handbuch mit eingeschlossen. Damit liegen Sie vielleicht sogar richtig! Denn Handbuch ist nicht gleich Handbuch, und das ist wohl der erste Punkt, den es festzuhalten gilt: Wenn auf einem Buch das Wort „Handbuch" erscheint, dann kann dies auf sehr Unterschiedliches verweisen. Das hängt von den Zielen oder Zwecken ab, denen ein Handbuch dienen soll, wohl auch von der Wissenskultur der einzelnen Disziplinen, innerhalb derer bzw. für die Handbücher hergestellt werden. Das sieht wahrscheinlich für die Rechtswissenschaft anders aus als für die Physik, die Germanistik, die Philosophie, die Softwareentwicklung oder auch die Sozialwissenschaften (aus denen der Autor des Beitrages kommt und vor deren Hintergrund er schreibt). Oft handelt es sich bei Handbüchern – das vorliegende Buch ist dafür ein Beispiel – um Hilfestellungen bei bestimmten Problemen oder Fragen, um Ratgeber bis hin zu Bedienungsanleitungen. Dazu zählen etwa Anweisungen zum Umgang mit bestimmten Softwareprogrammen oder PC-Einstellungen. Mitunter sind Handbücher auch von HerausgeberInnen konzipierte systematische Zusammenstellungen klassischer und/oder exemplarischer Beiträge zu einem bestimmten Themenfeld, einer disziplinären Perspektive, einem Forschungsgebiet (wie etwa das *Handbuch Sozialwissenschaftliche Diskursforschung*, Keller et al. 2005/2008). Am häufigsten bieten Handbücher jedoch systematisierte und strukturierte Zusammenstellungen des (häufig gerade auch interdisziplinären) Wissens- und Diskussionsstandes zu einem spezifischen Gegenstandsbereich. Solche Zusammenstellungen können den Charakter grundlegender Orientierungen haben (z. B. das lehrbuchähnliche *Handbuch Soziologie,* Baur et al. 2008), sich an ein bereits mehr oder weniger fortgeschrittenes Publikum richten, das sich gezielt über die Entwicklungen und den aktuellen Stand zu einem Forschungsgebiet kundig machen will (bezogen auf eine Disziplin beispielsweise das *Handbuch Wissenssoziologie und Wissensforschung*, Schützeichel 2007; interdisziplinär ausgerichtet das *Handbuch Bildungsforschung*, Tippelt/Schmidt 2005), oder sie versuchen beides zusammen (wie das *Foucault-Handbuch*, Kammler/Parr/Schneider 2008).

Handbuchbeiträge (in den zuletzt genannten Varianten) unterscheiden sich von den anderen im vorliegenden Band behandelten Textsorten. Dies beginnt schon damit, dass mögliche AutorInnen zu solchen Beiträgen eingeladen werden. In gewissem Sinne handelt es sich also um ein „Schreiben im Auftrag", bei dem das Thema durch die HerausgeberInnen vorgegeben wird. In ihrem Umfang liegen Handbuchbeiträge deutlich über den von Lexikoneinträgen (vgl. in vorliegendem Band *Wer's genau wissen will. Lexikonartikel*); sie erreichen häufig (aber nicht unbedingt) die Seitenzahl von Artikeln in Sammelbänden oder Zeitschriften. Im Unterschied zu letzteren geht es ihnen jedoch nicht darum, die spezifischen Argumentationsgänge oder Forschungsergebnisse der jeweiligen Verfasserin/ des jeweiligen Verfassers darzustellen. Vielmehr wird von AutorInnen erwartet, sich selbst weitgehend zurückzunehmen und stattdessen eine möglichst neutrale Darstellung eines Sachverhalts, einer Diskussion, einer Forschungsrichtung, eines Begriffes, einer Theorie oder einer Disziplin vorzunehmen. Die dafür leitenden Fragen lauten dann: Was ist aus Sicht des jeweiligen Wissenschaftsfeldes tatsächlich grundlegend für ein Thema? Welches sind die zentralen Kernaussagen, Positionen und Ergebnisse bisheriger Theoriebildung und Forschung? Was waren die wichtigsten bisherigen Debatten, Probleme, Kritiken, und was steht nunmehr auf der Agenda? Anderes gehört nicht in einen solchen Beitrag hinein, und entsprechend ist eine gewisse Selbstdisziplinierung der VerfasserInnen notwendig.

Lehrbücher bzw. Beiträge in Lehrbüchern haben eine gewisse Nähe zu dieser Textsorte, und mitunter unterscheidet sich ein *Lehrbuch der Soziologie* tatsächlich kaum von einem *Handbuch Soziologie*. Doch in der Regel sind Lehrbücher stärker didaktisch und auf die Vermittlung von Einstiegswissen ausgerichtet, wo im Handbuch gleichsam der relevante Wissensbestand zu einem Thema strukturiert und verdichtet vorgestellt werden soll (vgl. in vorliegendem Band *Fachwissen trifft Didaktik. Beiträge in Lehrbüchern*). Es geht in Handbuchbeiträgen um Orientierungshilfen im Dickicht eines Wissensgebietes, sicher auch für Neuankömmlinge, aber als Nachschlagewerk wohl ebenso häufig für KollegInnen, die sich selbst darin bereits ihre Wege bahnen.

Die erläuterte Grundkonzeption spiegelt sich in der gängigen Gliederung von Handbuchbeiträgen, die meist wie folgt aussehen wird: Nach einer Einleitung und Einführung in das Thema des Beitrages wird zunächst die historische und disziplinäre Genese und Wissenschaftsgeschichte des Gegenstandes erläutert. Diese Geschichte, die häufig als Wechselspiel von Positionen und Gegenpositionen sowie als zunehmend komplexe Befassung mit einem Thema formuliert wird, mündet dann in eine Darstellung des gegenwärtigen Diskussionsstandes, der verschiedenen konkurrierenden, einander ausschließenden oder miteinander korrespondierenden Aspekte bzw. Positionen. Sowohl bei der Darstellung der disziplingeschichtlichen Entwicklung wie auch bei der Vorstellung der heutigen Landschaft eines Themas geht es um eine knappe, aber dennoch genaue und unterscheidungsstarke Charakterisierung der jeweiligen Elemente, zu denen auch kritische Einwände zu Argumenten, Theorien, Begriffen und Methoden gehören. Kritik meint hier jedoch nicht die Hervorhebung der persönlichen Position und Einschätzung der VerfasserInnen, eher im Gegenteil: Es geht um die Zurückhaltung eigener Vorurteile, expliziter Vorlieben und selbst erarbeiteter Forschungsergebnisse zugunsten der Darstellung dessen, was in einem Gebiet an wechselseitiger Kritik zwischen Positionen, Schulen und Traditionen in Grundargumenten ausgetauscht wird. Das schließt gewiss nicht aus, auch Eigenes zu erwähnen, wenn dem begründet eine wichtige Rolle im behandelten Feld zugestanden werden kann. Unbeliebt sind jedoch Eitelkeiten, die das Eigene in ein wichtigeres Licht rücken als ihm gebührt. Handbuchbeiträge sind keine Foren der Selbstdarstellung. Denn jeder Handbuchbeitrag wird danach beurteilt werden, wie sachlich und informiert er seinen Gegenstand behandelt. Dabei sind Polemiken und Einseitigkeiten, vor allem auch Verliebtheiten in die Selbstdarstellung das Erste, was mögliche RezensentInnen als Angriffspunkt erkennen werden. Alles in allem geht es um die großen Linien, Neben- und Seitenlinien von Diskussionsverläufen entlang dessen, was in einem Themenfeld bereits als wichtiger Beitrag etabliert ist. Abgerundet werden Handbuchbeiträge häufig durch Hinweise auf aktuell anhebende Entwicklungen, auf mögliche neue Strukturierungen eines Themenfeldes, auf offene, ungelöste Fragen. Handbuchbeiträge funktionieren als eine Art aktuelle Straßenkarte und Verteilerkasten, als Navigationshilfen und Führungen durch ein Wissensgebiet.

Wenn man die skizzierte Gliederung eines Beitrages vor Augen hat, dann kann sie natürlich sehr unterschiedlich in Wort, Text und Bild umgesetzt werden. Deswegen schwanken Handbuchbeiträge wohl innerhalb eines Spektrums von eher buchhalterischen Bilanzen einerseits und in großen Schritten oder groben Schnitten durchs Terrain brausenden Erläuterungen andererseits. Gelungen ist ein Beitrag am ehesten dann, wenn er es schafft, die genaue und vollständige Darstellung mit einer Geschichte, einem Spannungsbogen zu verknüpfen. Der sollte deutlich machen, wie, warum, wohin sich der behandelte Gegenstand entwickelt hat und entwickeln wird, also Neugier wecken und zeigen, dass es im jeweiligen Gegenstandsbereich weiterhin wichtige, aufregende, hilfreiche Entwicklungen und Erkenntnisse zu erwarten gilt – ein Stil also, der die Leidenschaft für ein Thema mit transportiert.

Von Beiträgen in Handbüchern wird wohl selten hohe Originalität und kein eigener Beitrag zu einem Themenbereich erwartet, sondern eine kundige, solide, lesbare, klar strukturierte, informative, zugängliche und umfassende Aufbereitung der wichtigsten Aspekte eines Themas, *so wie es bereits existiert.* Auf zuviel Differenziertheit und allzu spezifischen Fachjargon (der denjenigen, die sich ja erst kundig machen wollen, gar nicht vertraut sein kann) sollte dabei zugunsten der Lesbarkeit verzichtet werden. Denn die tatsächliche Differenziertheit und Vielfalt der Argumente in einem Feld zu erarbeiten, ist immer noch Aufgabe der RezipientInnen. Andererseits muss auch der Eindruck von Unkenntnis vermieden werden, wenn die Ernsthaftigkeit der Darstellung nicht gefährdet werden soll. Deswegen kommt dem Zusammenklang von Form, Stil und (wenn nötig auch mal holzschnittartigem) Inhalt eine große Bedeutung zu.

Wer solche Beiträge verfasst, muss damit rechnen, dass die HerausgeberInnen oder auch KollegInnen, die in den Prozess der Handbucherstellung einbezogen sind, den Beitrag vor der Publikation lesen, kommentieren, Korrekturvorschläge anbringen usw., und natürlich auch bereit sein, deren Hinweise einzuarbeiten. Gerade die HerausgeberInnen nehmen eine hervorgehobene Stellung ein. Denn Handbücher werden von ihnen konzipiert und strukturiert, und zwar nicht nur im Hinblick auf die zu bearbeitenden Themen, sondern auch bezüglich des Aufbaus einzelner Beiträge. Dabei sind sie selbst nicht in allen Teilbereichen ExpertInnen – hier, bei dieser Einbringung des spezifischen Wissens liegt die Hauptverantwortung der Schreibenden. In einem zweiten Schritt wählen die HerausgeberInnen mögliche AutorInnen. Und dann werden sie die eingereichten Beiträge bei Bedarf genau kommentieren – schließlich liegt ihre Verantwortung darin, den Zusammenhang und häufig auch die formale und stilistische Ähnlichkeit der Beiträge sicherzustellen. Deswegen geben sie häufig Gliederungshinweise, verlangen Nachbesserungen, machen Streichvorschläge da, wo man die inhaltlichen Grenzen anderer Beiträge überschreitet.

Beiträge in Handbüchern weisen WissenschaftlerInnen als (gefragte) ExpertInnen für ein Feld aus. Entsprechende Anfragen erfolgen deswegen in der Regel erst nach einigen Jahren des wissenschaftlichen Arbeitens, wenn man sich über eigene Beiträge in einem Forschungsgebiet positioniert hat, letztlich wohl eher nach einer Promotion als davor. Nicht selten werden Handbücher mehrere Auflagen erleben und man bittet die jeweiligen VerfasserInnen der Beiträge in mehr oder weniger großen Abständen um Aktualisierungen. Auf dem Rankingmarkt der Wissenschaften signalisieren Handbuchbeiträge die anerkannte wissenschaftliche Kompetenz zum behandelten Thema. Insoweit haben Sie eine nicht zu unterschätzende Anzeigefunktion dafür, dass eine Person als ernsthafte und sachkundige Wissenschaftlerin/ ernsthafter und sachkundiger Wissenschaftler wahrgenommen wird. Alles in allem sind Handbuchbeiträge eine wichtige, aber eher sporadische Angelegenheit in der wissenschaftlichen Karriere. Man kann und sollte sich nicht darauf verlegen, nur Handbuchbeiträge zu verfassen. In der Praxis wird sich dieses Problem auch kaum stellen, setzt doch die Einladung zu einem Handbuchbeitrag im Regelfall voraus, dass man sich auf spezifischen Gebieten bereits das Wissen erarbeitet hat, das einen zur potenziellen Autorin/zum potenziellen Autor des Beitrages werden lässt. Der mit dem Verfassen verbundene Arbeitsaufwand sollte gleichwohl nicht unterschätzt werden. Sicherlich hängt es von der momentanen Vertiefung in einen Themenbereich ab, wie viel Zusatzarbeit erforderlich wird. Und in guten Fällen wird der in Promotionen verfasste Bericht über den Forschungstand zu einem Thema, einer Theorie oder einem Begriff eine solide Ausgangsbasis für das Verfassen eines entsprechenden Beitrages bilden. Dennoch sind auch dann häufig ergänzende Literaturrecherchen notwendig. Wie lange das Verfassen eines entsprechenden Beitrages dauert oder dauern sollte, lässt sich kaum in Arbeitsstunden ausdrücken. Dazu sind Recherchestile und Schreibleistungen zu unterschiedlich. Bevor man einen entsprechenden Artikel zusagt, sollte man je nach eigenem Arbeitstempo sowie verfügbaren Bibliotheksressourcen den voraussichtlichen Zeitbedarf abschätzen – und dann noch drei Wochen drauflegen.

VerfasserInnen von Handbuchartikeln übernehmen alles in allem eine ziemliche Verantwortung. Denn bezogen auf spezifische Gegenstandsbereiche wird es häufig nur ein Handbuch oder allenfalls sehr wenig Konkurrenz geben. Deswegen wirken Handbuchbeiträge gleichsam doppelt: Nicht nur geben sie die Struktur ihres Themenfeldes wieder, oft schaffen sie überhaupt erst eine solche Strukturierung, die dann in der nachfolgenden Rezeption als die tatsächliche Gliederung eines Gebietes akzeptiert werden wird – oder einen heftigen Widerstreit auslöst. Die Einladung, einen Beitrag für ein Handbuch zu verfassen, adelt deswegen in gewisser Weise die Kompetenz der Angesprochenen. Sie enthält einen Vertrauensvorschuss auf Zeit. Man sollte dies durchaus ernst nehmen und sich deswegen die Mühe machen, Beiträge im Rückgriff auf Originalliteratur und deren Kenntnis zu verfassen, also keinesfalls kurzerhand vorliegende Sekundärliteratur noch einmal verdichten und einen Text zum „Schnäppchenpreis" abliefern. Denn dabei schleichen sich häufig, ganz wie beim Kinderspiel der *Stillen Post* Verzerrungen ein, die jedoch nicht für fröhliches Jauchzen der Anderen sorgen, sondern eher deren hämisches Grinsen hervorrufen. Auch wer sich in seinem Schreiben schlecht den Vorgaben von HerausgeberInnen und den engen Grenzen der Darstellung eines bestehenden Wissens unterzuordnen vermag, sollte überlegen, ob sie oder er tatsächlich Zeit damit verbringen möchte. Aber auch dann bleibt vielleicht die Möglichkeit, einige Jahre nach der Promotion auf die ebenfalls mühevolle Herausgeberseite zu wechseln, also anderen vorzugeben, worüber sie bitte schreiben sollten.

Literatur

Baur, Nina et al. (Hrsg.) (2008): Handbuch Soziologie. Wiesbaden: VS Verlag für Sozialwissenschaften

Kammler, Clemens/Parr, Rolf/Schneider, Ulrich Johannes (Hrsg.) (2008): Foucault-Handbuch. Leben – Werk – Wirkung. Stuttgart et al.: Metzler

Keller, Reiner et al. (Hrsg.) (2005/2008): Handbuch Sozialwissenschaftliche Diskursforschung. 2 Bände. 2. Auflage. Wiesbaden: VS Verlag für Sozialwissenschaften

Schützeichel, Rainer (Hrsg.) (2007): Handbuch Wissenssoziologie und Wissensforschung. Konstanz: UVK Verlagsgesellschaft

Tippelt, Rudolf/Schmidt, Bernhard (Hrsg.) (2005): Handbuch Bildungsforschung. 2. Auflage. Wiesbaden: VS Verlag für Sozialwissenschaften

3.5 Fachwissen trifft Didaktik. Beiträge in Lehrbüchern

Werner Sesselmeier und Marlene Haupt[1]

Beiträge in und für Lehrbücher stehen normalerweise nicht im Veröffentlichungsfokus von Promovierenden. Gleichwohl bieten sie in einer Zeit, in der an vielen Universitäten Schreibkurse zur Vorbereitung auf die Publikation von Fachaufsätzen in Journals angeboten werden, eine interessante Erweiterung des Veröffentlichungsspektrums. Da die Textsorte Lehrbuch an Studierende gerichtet ist, stellt sie zudem eine Herausforderung an die sprachliche und didaktische Aufbereitung. Aus diesem Grunde soll im Folgenden zunächst auf zwei Fragen eingegangen werden: Wodurch unterscheidet sich ein Lehrbuchartikel von einem Fachaufsatz? Wie sind Lehrbuchbeiträge aufgebaut?

Anschließend wird dargelegt, welche Rolle Promovierende beim Erstellen von Lehrbuchbeiträgen übernehmen, was sie dabei fachlich und persönlich lernen können und welchen Herausforderungen sie sich beim Verfassen gegenübersehen.

Wodurch unterscheidet sich ein Lehrbuchartikel von einem Fachaufsatz?

Lehrbuchartikel werden für die Lehre geschrieben und weisen daher Besonderheiten gegenüber allgemeinen Fachtexten auf. Sie sind an Studierende und somit an eine spezielle Lesergruppe gerichtet, die mit Hilfe eines Lehrbuchs den Einstieg in ein Fach oder eine Disziplin bekommen soll. Lehrbücher sollten daher sowohl für den Einsatz in Lehrveranstaltungen als auch zum Selbststudium geeignet sein.

Ein Lehrbuchartikel erfordert eine klare und verständliche Darstellung, häufig auch eine vereinfachende Aufbereitung von komplexen wissenschaftlichen Fragestellungen und Erkenntnissen. Die AutorInnen müssen daher sowohl das jeweilige Wissenschaftsgebiet gut kennen, als auch in der Lage sein, die Inhalte nachvollziehbar zu vermitteln.

---

[1] Lehrbuchartikel sind normalerweise keine Publikationen, die DoktorandInnen in Eigenregie erstellen, sondern vielmehr Texte, die sie unter Anleitung von ProfessorInnen verfassen. Dabei können beide Seiten voneinander profitieren – und natürlich ebenso der Lehrbuchartikel. Aus diesen Gründen bietet es sich an, dass auch dieser Text von Doktorandin und Professor gemeinsam geschrieben wird.

Die spezielle Form des Lehrbuchartikels orientiert sich in seiner Struktur und seinen Inhalten an den grundlegenden Fragestellungen, Theorien, Methoden, Modellen, Fachbegriffen und Erkenntnissen des Faches. So ist es nicht üblich, dass Lehrbücher neueste wissenschaftliche Ergebnisse und Erkenntnisse erarbeiten, sondern das bestehende Wissen und die vorherrschende Lehrmeinung darlegen. Zuweilen ist es in diesem Zusammenhang notwendig, zwei parallel bestehende Auffassungen zu referieren und die eigene Präferenz hinter der Darstellung zurück stehen zu lassen.

Artikel in Lehrbüchern bilden somit die Grundlage für das entsprechende Fach und ermöglichen es den Studierenden, detaillierte Fachzusammenhänge und Fachartikel zu verstehen (vgl. in vorliegendem Band *Wer's genau wissen will. Lexikonartikel*; *Orientierungshilfen im Dickicht des Wissens. Beiträge in Handbüchern*). Dieser Idee folgend und den neuen Studienstrukturen entsprechend, können Lehrbücher sowohl für Bachelor- als auch für Master-Studiengänge geschrieben werden.

Wie sind Lehrbuchbeiträge aufgebaut?

Unabhängig vom wissenschaftlichen Niveau der Lehrbuchartikel müssen Lehrstoff und Lehrmaterialien inhaltlich richtig sowie didaktisch durchdacht und verständlich aufbereitet werden:

Aufbau und Inhalt von Lehrbuchkapiteln sind nicht nur von der üblichen Argumentationslogik geprägt, sondern häufig auch durch die explizite Ausführung von Lernzielen, Hervorhebung von Schlag- und Schlüsselwörtern sowie durch das Angebot von Übungsaufgaben mit ausführlichen Lösungen zur Lernzielkontrolle. In erster Linie soll die herrschende Lehrmeinung dargestellt werden, während kontrovers diskutierte Fragen im Rahmen von Exkursen und Einschüben aufgezeigt werden können. Damit wird zum einen der rote Faden des Beitrags oder Buches deutlich, und zum anderen ergibt sich die Möglichkeit, aktuelle Diskussionen oder Beispiele anzuführen, ohne dass sie die Argumentationskette stören.

Zu Beginn des Schreibprozesses sollte daher die Frage nach den zentralen Inhalten des Wissenschaftsfeldes und den Lernzielen, die es jeweils zu vermitteln gilt, stehen. Wenn das „Was" damit bereits feststeht, schließt sich die Frage nach dem „Wie" an. Damit gilt es festzulegen, wie ein Artikel aufgebaut sein muss und welche Inhalte er vermitteln sollte, um die formulierten Lernziele zu erreichen. Außerdem sollte die Möglichkeit der Lernzielkontrolle ebenfalls bereits geplant sein. Diese kann durch Wiederholungs- und Anwendungsfragen sowie durch Übungsaufgaben erfolgen.

Zur übersichtlichen Gestaltung und zusätzlichen Strukturierung des Textes eignet sich die visuelle Aufbereitung von Inhalten, indem auf grafische Darstellungen wie Checkboxen, Rahmen etc. zurückgegriffen wird.

Auf den Praxisbezug ist beim Verfassen eines Lehrbuchs besonderer Wert zu legen, sodass die Theorie anhand von zahlreichen Beispielen und Fallstudien anschaulich erläutert wird. Häufig erfolgt mit methodischen Anhängen oder Exkursen die Wiederholung von notwendigem, oft vorausgesetztem Wissen, um Verständnislücken zu schließen und Defizite zu reduzieren.

Wichtige Persönlichkeiten, die das Fach im Laufe seiner Entwicklung geprägt haben, sollten in einem Lehrbuch den Studierenden nähergebracht werden, sofern dies für das Verständnis des Gebiets hilfreich ist. Ebenso können aktuell führende WissenschaftlerInnen des Fachgebietes genannt werden. Hinweise auf weiterführende Literatur und Internetquellen runden einen Lehrbuchartikel ab, dienen dort jedoch nicht zum Beleg der vermittelten Inhalte, sondern sollen gezielte Hinweise für die Vertiefung des präsentierten Stoffes bieten. Hier gilt es, sowohl die Perspektive der Studierenden einzunehmen, als auch die Anforderungen des Faches abzuschätzen, um eine sinnvolle Auswahl der in Frage kommenden Literatur zu treffen.

Was ist die Rolle der Promovierenden beim Verfassen von Lehrbuchartikeln, was können sie dabei lernen, und welchen Herausforderungen sehen sie sich dabei gegenüber?

Meist werden Lehrbuchbeiträge von Hochschullehrenden verfasst, Promovierende bzw. AutorInnen auf Mitarbeiterebene arbeiten häufig mit, sind aber in selteneren Fällen eigenständige AutorInnen ganzer Abschnitte. Entsprechend ist es nicht selten der Fall, dass die geleistete Arbeit in der Publikation nicht unter dem eigenen Namen erscheint.

Warum lohnt es sich dennoch, sich um einen Beitrag in einem Lehrbuch zu bemühen? Die Herausforderungen, die die Textsorte an die AutorInnen stellt, sind für Promovierende eine gute Erfahrung und kommen ihnen sowohl für die schriftliche Darstellung komplexer Zusammenhänge in anderen Publikationskontexten als auch für die Aufbereitung von Lehrstoff für eigene Lehrveranstaltungen zugute. Zunächst lernen DoktorandInnen, Sachverhalte, die sie als Basiswissen einstufen, didaktisch aufbereitet zu erklären und passende Beispiele zu entwickeln. Dabei können noch relativ kurz zurückliegende Erfahrungen als NutzerInnen von Lehrbüchern eingebracht werden.

Es kann durch das Verfassen eines Lehrbuchbeitrags sowohl die Wiederholung und Festigung des eigenen Fachwissens als auch die Einarbeitung in Fachgebiete erfolgen, die bisher nicht zum eigenen Schwerpunkt gehörten. Hinzu kommt die Auseinandersetzung mit aktuellen Diskussionen und Kontroversen zu einem Thema.

Damit kann auch im Rahmen eines Lehrbuchartikels die Breite von Diskussionen und Unterschiedlichkeit von Argumenten aufgezeigt werden.

Promovierende lernen durch die Mitarbeit an einem Lehrbuch auch den Umgang mit und die Umsetzung von Vorgaben des Verlags und der HerausgeberInnen. Diese beziehen sich nicht nur auf die grafische Gestaltung und die Formatierung eines Textes, sondern betreffen häufig auch die zu wählende Sprache. Da an einem Lehrbuch meist mehrere AutorInnen arbeiten, ist es umso entscheidender, die einzelnen Artikel durch genaue Absprachen zu einem homogenen Ganzen zusammenzufügen, sodass beim späteren Lesen des Buches die unterschiedliche Autorenschaft möglichst nicht zu erkennen ist. Dieses Ziel ist in allen Schritten der Arbeit an einem Lehrbuch zu berücksichtigen: von der Planung der Beiträge über das Schreiben bis zur Korrektur der Texte.

Zusätzlichen Aufwand kann die Notwendigkeit bedeuten, sich in spezielle Programme zur Grafikerstellung oder Satzprogramme wie *LaTeX* einzuarbeiten. Dies kann aber zugleich als Ausbau der Medienkompetenz und somit als Gewinn betrachtet werden.

Alles in allem dokumentieren DoktorandInnen mit der Publikation eines Lehrbuchartikels ihre Fähigkeit, unterschiedliche wissenschaftliche Texte zu verfassen, sodass die Mitwirkung eher als vorteilhaft zu sehen ist. Hinzukommt, dass Lehrbücher eine wesentlich stärkere Verbreitung erfahren als Monografien oder Sammelbände. Während insbesondere Dissertationen eher selten eine Auflage von 200 Stück überschreiten, bewegen sich die Auflagen von Lehrbüchern meist im vierstelligen Bereich. Zudem ist die Leserreichweite bei Lehrbüchern um einiges höher als bei Monografien und Sammelbänden. Schließlich gibt es noch einen weiteren Unterschied zwischen diesen beiden Kategorien wissenschaftlicher Publikationen: Mit Lehrbüchern kann man etwas Geld – ca. 5 bis 10 % des Nettoverkaufspreises – verdienen, während man für Monografien und Sammelbände in der Regel einen Druckkostenzuschuss von rund 10 € je Seite zahlen muss (vgl. in vorliegendem Band *Das kann teuer werden. Die finanzielle Seite des Publizierens*). Auch manche Journals verlangen eine Veröffentlichungsgebühr. Es gibt somit einige Gründe, sich den Lehrbuchmarkt genauer anzusehen und Kontakte zu Verlagen zu knüpfen.

Fazit

Wenn man Ihnen als DoktorandIn die Mitarbeit an einem Lehrbuch anbietet, sollten Sie den Aufwand an Arbeit und Zeit gegen die Erfahrungen, die Ihnen diese Arbeit bietet, abwägen. Fühlen Sie sich in dem Thema bereits sicher oder müssten Sie sich zunächst in einen ganz neuen Bereich einarbeiten? Bedeutet das Einarbeiten in neue Programme einen Gewinn für Ihre eigentliche wissenschaftliche Arbeit oder stellt es primär eine Mehrarbeit dar? Befinden Sie sich in einer Phase Ihrer Promotion, in der es ratsam ist, weitere Aufträge anzunehmen bzw. sich mit einer weiteren Textsorte wissenschaftlich zu qualifizieren oder sollten Sie das Angebot ablehnen, da es Sie eventuell von der Dissertationsschrift ablenkt?

Ein wichtiger Gesichtspunkt ist zudem die Außenwirkung, die Sie mit Ihrer Mitarbeit erwarten können. Wird Ihr Name im Zusammenhang mit der von Ihnen erbrachten Arbeit stehen? Können Sie im Idealfall mit einem Zugewinn an wissenschaftlichem Prestige rechnen? Der wissenschaftliche Alltag lehrt, dass nicht zuletzt auch soziale Gesichtspunkte zu berücksichtigen sind, denn es wird den meisten DoktorandInnen schwer fallen, das Angebot des Betreuers oder der Betreuerin zu einem Beitrag abzulehnen. Dennoch sollten die oben genannten Gesichtspunkte gründlich abgewogen werden.

Ergänzende Literatur

Die beste Anregung für LehrbuchautorInnen sollten die Lehrbücher von anderen sein, aus denen man positive wie negative Beispiele erfahren kann.

3.6 Reden und Schreiben. Beiträge in Tagungsbänden

Christian Geulen

Tagungen sind diejenigen akademischen Ereignisse, in deren Rahmen die meisten NachwuchswissenschaftlerInnen ihre Projekte zum ersten Mal einer kritischen Öffentlichkeit außerhalb der eigenen Hochschule vorstellen. Wer dabei mit dem eigenen Projekt und mit den mündlichen Beiträgen einen positiven Eindruck hinterlässt, dem kann sich anschließend die Gelegenheit bieten, von den VeranstalterInnen der Tagung um eine schriftliche Ausarbeitung für die Tagungsdokumentation gebeten zu werden.[1] Die Möglichkeiten, eine Tagung öffentlich zu dokumentieren, reichen vom selbsterstellten Reader bis zur Publikation eines Sammelbandes in einem renommierten Verlag.

Viel hängt von der Nähe bzw. Ferne des je eigenen Projekts zum übergreifenden Thema der Tagung ab. Gerade im Falle von NachwuchswissenschaftlerInnen kann die Einladung zu einer Tagung verschiedene Gründe haben: Der eigene Betreuer/Die eigene Betreuerin wünscht, dass man akademische Erfahrungen sammelt, der eigentliche Spezialist/die eigentliche Spezialistin zum Thema konnte nicht kommen und man hat den Lückenfüller zu spielen, oder aber die Tagung hat ein so breites Thema, dass die Einladung eher zufällig als inhaltlich begründet ist. Es gibt aber auch Tagungen, deren Thematik so eng am eigenen Projekt liegt, dass schon die bloße Teilnahme ein Gewinn für dieses Projekt sein kann. Dann ergibt sich nicht selten die Gelegenheit, genau die Gelehrten persönlich kennenzulernen, die man bislang vor allem aus der intensiven Lektüre ihrer Werke kannte – was bisweilen höchst aufschlussreich, bisweilen auch ernüchternd sein kann. Zudem hat man die Gelegenheit, das eigene Projekt und seine primären Thesen im Kreise dieser SpezialistInnen zu diskutieren. Auch wenn diese Diskussion kritischer verläuft als erwartet, ist sie fast immer von Vorteil, weil man mindestens darin bestätigt wird, dass die eigene Arbeit durchaus eine Relevanz besitzt, von anderen interessiert aufgegriffen und vielleicht sogar heftig diskutiert wird.

Erst wenn man nach der Tagung tatsächlich gebeten wird, den eigenen Beitrag in schriftlicher Form für eine Publikation der Tagungsergebnisse auszuarbeiten,

---

[1] Die folgenden Hinweise beziehen sich ausschließlich auf geistes-, sozial- und kulturwissenschaftliche Fächer. Die Tagungs- und Tagungsband-Kultur in den Naturwissenschaften kann erheblich von dem hier Beschriebenen abweichen.

können Probleme auftauchen: Denn erst jetzt stellt sich heraus, wie nah oder fern das Tagungsthema dem eigenen Projekt *wirklich* war. Und genau hier stehen einige Entscheidungen an, die schwer fallen, wenn man seine Arbeit bislang nur dem eigenen Betreuer/der eigenen Betreuerin gegenüber rechtfertigen musste. Die folgenden Fragen werden unter anderem auftauchen:

Wie viel Arbeitszeit investiere ich in diesen Beitrag, der mich trotz aller inhaltlichen Nähe vom eigenen (Qualifikations-) Projekt ablenkt?

Hier kommt es am dringendsten auf die Nähe oder Ferne zwischen dem eigenen Projekt und dem Tagungsthema an. In einem Tagungsband, der sich dezidert meinem Thema widmet und voraussichtlich kurz vor oder kurz nach der Fertigstellung meines eigenen Projekts erscheint, sollte ich nach Möglichkeit vertreten sein. Denn damit gehöre ich automatisch in die Gruppe der SpezialistInnen und werde, auch unabhängig vom Ausgang des eigenen Projekts, als solche oder solcher wahrgenommen. Dafür lohnt es sich, Arbeitszeit zu investieren, selbst wenn es die Fertigstellung des eigenen Projekts ein Stück hinauszögert.

Aber: Eine Tagung, deren Thema mein eigenes Projekt im Grunde nur am Rande berührt und zudem vielleicht noch an eher abseitiger Stelle publiziert werden soll, kann zwar immer noch als Tagung eine wichtige Erfahrung sein, doch sollte man es sich gut überlegen, ob sich ein möglicher Beitrag – der geschrieben, korrigiert, gegengelesen, erneut korrigiert und schließlich formatiert sein will – wirklich lohnt. Wenngleich das Prinzip *publish or perish* sich auch hierzulande immer mehr durchsetzt: Ein abseitiger Beitrag, den niemand (also niemand Wichtiges, der sich im eigenen Thema auskennt) wahrnimmt, kann unter Umständen sehr viel mehr kosten als nutzen. Für eine zusätzliche Zeile im eigenen Lebenslauf sollte man nicht jeden Preis zahlen, und selbst bei einer expliziten Einladung „nein" sagen zu können, ist bisweilen auch etwas wert.

Wie viel von meinen Ergebnissen, Daten und Thesen gebe ich hier schon Preis, bevor das eigene Projekt irgendwann selber publiziert wird? Oder kürzer: Wie viel darf und will ich schon verraten?

Dies ist eine schwierige Frage, die sich kaum generell beantworten lässt. Tagungsbandbeiträge, die im Grunde schon die Hauptthesen des späteren Buches vorwegnehmen, findet man häufig. Vorteil: Es besteht die Möglichkeit, dass dadurch die Nachfrage geweckt wird, das Buch also, in den Kernaussagen schon bekannt, um so klarer mit dem eigenen Namen und als eine angekündigte Leistung wahrgenommen wird. Nachteil: Es besteht ebenso die Möglichkeit, dass die Nachfrage gebremst wird, das Publikum somit den Aufsatz als das Ganze wahrnimmt und kein Interesse mehr an der eigentlichen Arbeit zeigt. Zudem könnte der Tagungsbeitrag zumindest bei einigen auf besonders scharfe Kritik oder Einwände stoßen, auf die man im späteren Buch dann reagieren muss, was das ursprüngliche Konzept bisweilen in echte Gefahr bringen kann. Ebenso könnten die Thesen von anderen aufgegriffen und schneller weiterentwickelt werden als im eigenen Buchprojekt vorgesehen.

Aus all dem lassen sich ein paar Grundregeln ableiten: Zunächst sollte man zu seinen Thesen stehen, auch wenn sie noch nicht vollkommen abgesichert sind, und man sollte ruhig den Mut haben, sie auch vorab schon zu publizieren. Allerdings sollte dies in eingeschränktem Maße erfolgen, also etwa in Form einer singulären Fallstudie oder im Durchspielen nur eines Teils der Thesen. Genau das entspricht auch der Funktion von Tagungen und Tagungsbänden: nämlich ein Themenfeld *experimentell* zu umreißen und zu durchstreifen mit Blick auf mögliche, größere Studien.

Als gelungen kann das Verhältnis von Tagungsbeitrag und eigenem Projekt dann gelten, wenn beim Publikum der Tagung oder des Tagungsbandes Neugier auf Thema und Thesen erzeugt wird, doch erst das Buch selbst diese Neugier wirklich befriedigt. In jedem Fall sollte man das eigene folgende Buch in einer Fußnote des Tagungsbeitrags ankündigen.

Wie sehr muss ich mich dem „Regime" der TagungsveranstalterInnen bzw. TagungsbandherausgeberInnen beugen?

Hier kommt das Thema der akademischen Kultur ins Spiel. Es gibt Tagungen, die aus wenig intellektuellen Motiven heraus entstehen: weil noch Drittmittel übrig sind, die man nicht zurückgeben möchte, weil die VeranstalterInnen selber noch ihren Lebenslauf um den Punkt „Tagungsorganisationserfahrung" ergänzen wollen oder weil sich jemand die eigenen Thesen durch junge SpezialistInnen bestätigen lassen will. Es gibt aber ebenso Tagungen, hinter denen wirklich eine Idee steckt, die von den VeranstalterInnen umsichtig und gründlich vorbereitet wurden und die ein bestimmtes Ziel verfolgen. Das Schlimmste für diese bemühten TagungsorganisatorInnen und späteren TagungsbandherausgeberInnen sind TeilnehmerInnen und BeiträgerInnen, die sich weder an das Konzept noch an die inhaltlichen oder formalen Vereinbarungen halten. Generell gilt: Tagungen und Tagungsbände sind nur dann sinnvoll, wenn sich die TeilnehmerInnen und BeiträgerInnen an das Konzept halten, also bereit sind, sich auf eine Idee, die nicht von ihnen stammt, einzulassen und diese zu diskutieren. Das bedeutet nicht, unkritisch zu sein. Aber wenn Kritik geübt wird, dann explizit, offen und immanent mit Blick auf die eigentliche Tagungsidee. Leider gibt es immer wieder solche, denen das Konzept nicht zusagt, die aber dennoch zur Tagung kommen und auch unbedingt in den Tagungsband wollen, um dann aber schlicht ihre eigenen Ideen zu präsentieren – ohne jeglichen Bezug zum Tagungsthema. Dies ist intellektuell unredlich, zudem unhöflich und sollte vermieden werden! Wenn man zu einer Tagung geht und zum Tagungsband einen Beitrag liefert, sollte man sich auf das Konzept der Tagung einlassen und sich sowohl mündlich wie schriftlich explizit auf dieses Konzept beziehen (vgl. in vorliegendem Band *Ein Thema – viele Blickwinkel. Herausgeben von Sammelbänden*).

Nun kann es – insbesondere NachwuchswissenschaftlerInnen – aber auch passieren, dass die schmeichelnde Einladung, einen Beitrag für den Tagungsband zu schreiben, an Bedingungen geknüpft wird. Die formalen Bedingungen sind dabei grundsätzlich zu akzeptieren. Wenn die HerausgeberInnen ein Style Sheet versenden, das den formalen Aufbau des Textes vorgibt, dann sollte man sich daran halten. Auch Vorschläge zum Titel oder zu Untertiteln sollte man wohlwollend betrachten und ihnen zustimmen, wenn sie das eigene Thema nicht völlig verzerren. Schwieriger sieht es bei Eingriffen in den Text aus. Absatzumstellungen etwa, die dazu dienen, den Aufbau aller Texte im Band ein wenig anzugleichen, sollten auf keinen Fall direkt abgelehnt werden. Was Sprache und Stil angeht, so kommt es darauf an, ob RedakteurInnen des Textes (in der Regel die HerausgeberInnen) die wesentlichen Aussagen verstanden haben und sie nur deutlicher machen wollen – dem sollte man dann trotz möglicher Komplexitätsreduktionen weitgehend folgen. Eingriffe der HerausgeberInnen dienen in der Regel dem Gesamtband und man sollte bis zum Schluss nicht vergessen, dass es sich in der Tat um ein Kollektivprojekt handelt, das auch nur als Ganzes Erfolg hat – oder eben nicht.

Man darf sich aber auch nicht völlig verbiegen. Wenn der geschriebene Text in etwa das wiedergibt und nur ausführt, was schon der Tagungsvortrag präsentierte, dann ist eine nachträgliche Aufforderung, den Text auch *inhaltlich* umzuschreiben, nicht mehr legitim, denn für diese Kritik war die Tagung da. Darauf kann man dann auch freundlich, aber bestimmt hinweisen – und muss zur Not den schon geschriebenen Beitrag zurückziehen. Vieles lässt sich via E-Mail-Kontakt klären. Als generelle Regel kann gelten: Veränderungswünsche sind genau so weit zu beachten und zu akzeptieren, solange sie keinen Einfluss auf die eigene Thesenbildung nehmen. Tun sie dies aber, dann muss man sich selbst fragen, wer Recht hat und ob man die mit einer Umschreibung verbundene Arbeitszeit investieren kann und will. Schließlich: Man erspart sich von vornherein viel Ärger, wenn man sich an die vorgeschlagene Länge hält. Nachträgliche Kürzungen können zu einem regelrechten Krieg zwischen HerausgeberIn und AutorIn ausarten. Das muss nicht sein. Hier wie bei allen Sammelbänden gilt: lieber ein bisschen kürzer als verlangt, auf keinen Fall aber deutlich länger!

Wie viel von dem, was ich in dem Tagungsbandbeitrag publiziere, darf ich später noch als Teil meiner Qualifikationsarbeit verwenden?

Hierfür gibt es klare Regeln: Alle empirischen Daten, Fakten und Zusammenhänge ebenso wie die eigenen Hauptthesen können in wissenschaftlichen Publikationen mehrfach verwendet und publiziert werden. Sie können also erst in einem Tagungsbeitrag und auch erneut in der Dissertation auftauchen. Allerdings sind auch in dem Zusammenhang einige Regeln/Punkte/Grundsätze zu beachten: Die Dissertation sollte deutlich machen, dass nur das hier insgesamt Präsentierte die eigenen Thesen wirklich belegt, während der Tagungsbeitrag demgegenüber als ein Vorabexperiment gelten muss (s. o.). Mit anderen Worten: Die GutachterInnen müssen aus der Dissertation deutlich mehr lernen als aus dem vorab publizierten Tagungsbeitrag. Außerdem sollten *keine wörtlichen* Passagen des bereits publizierten Aufsatzes in der größeren Qualifikationsarbeit auftauchen (wie überhaupt wörtliche Übernahmen aus eigenen Publikationen in eigenen neuen Arbeiten vermieden werden sollten). Stattdessen kann man an entsprechender Stelle auf den eigenen Tagungsbeitrag in einer Fußnote verweisen.

Mit diesen Hinweisen ist das Thema „Beiträge in Tagungsbänden" alles andere als erschöpft. Vielleicht aber erleichtern sie ein wenig die Entscheidung im Vorfeld oder im Prozess der eigenen – gegebenenfalls ersten – Tagungsteilnahme. Die möglicherweise wichtigste Regel lautet: Je besser (je interessanter, wichtiger, für das eigene Projekt gewinnbringender) die Tagung – desto leichter fällt, in jeder Hinsicht, auch die Erstellung eines Beitrags für den Tagungsband. Und ebenso gilt umgekehrt: je schlechter die Tagung…

Ergänzende Literatur

Echterhoff, Gerald/Heinen, Sandra/Neumann, Birgit (2007): Wissenschaftliche „Zusatzqualifikationen": Aufsatzpublikation, Vortrag, Tagungsorganisation. In: Nünning, Ansgar/Sommer, Roy (Hrsg.): Handbuch Promotion. Forschung – Förderung – Finanzierung. Stuttgart et al.: Metzler: 196–204.

3.7 Sammelsurium statt Innovation? Eine Apologie für Festschriften und Sammelbände

Jörg Seiler

Neben Lexikonartikeln rangieren Beiträge in Festschriften und Sammelbänden im unteren Beliebtheitsbereich auf der Skala für wissenschaftliche Publikationen. Besondere Meriten, so scheint es, kann man hier nicht erwerben. Entsprechende Aufsätze gelten landläufig als beliebig. Man könnte besser auf sie verzichten, um so der überbordenden Wissenschaftsproduktion zu wehren. Wissenschaft ist tatsächlich keine Massenware. Bereits publizierte Thesen und Ergebnisse bedürfen nicht einer nochmaligen Darstellung. Quantität beschädigt hier immer die Qualität. Doch ist der schlechte Ruf von Sammelbänden und Festschriften selbstverschuldet. Beiden fehlt allzu oft die theoretische Fundierung, die als roter Faden die einzelnen Beiträge hermeneutisch plausibilisieren kann. Der entsprechenden Bemühung haben sich die HerausgeberInnen solcher Werke zu stellen. Wenn dies geleistet ist, kann sie auch gegenüber anerkannten WissenschaftlerInnen durchgesetzt werden. Wer einen Beitrag für eine Festschrift oder einen Sammelband abliefert, unterstellt sich aus seiner individuellen und spezialisierten Forschungsperspektive heraus diesem sanften und notwendigen „Diktat" der HerausgeberInnen. Der eigene, liebgewonnene Forschungsgegenstand kann dadurch, gleichsam von außen, einen Innovationsschub erhalten.

Beiträge in Sammelbänden

Sammelbände stehen unter einem spezifischen thematischen Fokus, welcher von den HerausgeberInnen vorgegeben wird. Hier ist die Überschneidung mit Tagungsbänden sehr groß, da nur in seltenen Fällen entsprechende Publikationen ohne eine vorbereitende Tagung initiiert werden (vgl. in vorliegendem Band *Reden und Schreiben. Beiträge in Tagungsbänden*). Entsprechende BeiträgerInnen werden in der Regel von den HerausgeberInnen persönlich angefragt oder über ein *call for papers* gefunden. Der thematisch vorgegebene Rahmen sollte auf jeden Fall beachtet werden. Hier geht es um die thematisch, theoretisch oder methodisch vertiefte Reflexion auf ein relevantes Forschungsfeld oder um die erste Bestandsaufnahme zu einem bislang vernachlässigten oder noch gänzlich unerschlossenen Thema. Aus der eigenen Forschungsperspektive heraus soll hierzu Stellung bezogen werden, um das Generalthema in seiner Vielschichtigkeit und Relevanz zu ergründen. Damit Sammelbände nicht nur ein Sammelsurium verschiedener Beiträge liefern, ist eine genaue theoretische und thematische Grundlegung bereits bei der Planung unerlässlich. Sie spiegelt sich in einem resümierenden oder einleitenden Beitrag der HerausgeberInnen wider, der den Zusammenhang der einzelnen Artikel zu erläutern und zu begründen hat. In diesem muss die Relevanz der Ergebnisse für weitergehende Forschungen formuliert sein. Obgleich dies noch immer unüblich ist: Es erweist sich gerade für Sammelbände als sehr hilfreich, wenn ein Register beigegeben ist, das den RezipientInnen das Aufspüren von Querverbindungen zwischen den einzelnen Beiträgen ermöglicht. Da der rote Faden und Querverweise innerhalb eines Sammelbandes für die Qualität so entscheidend sind, sei hier auf die Aufgaben der HerausgeberInnen verwiesen, auf die in einem eigenen Artikel eingegangen wird (vgl. in vorliegendem Band *Ein Thema – viele Blickwinkel. Herausgeben von Sammelbänden*).

Die Idee und die Fragwürdigkeit von Festschriften

Als das „Jubiläum" in der abendländisch-christlichen Welt eingeführt wurde – wir schreiben das Jahr 1300 – schien alles so einfach: Alle 100 Jahre sollte die Christenheit in besonderer Weise die Heilsereignisse feiern dürfen und hierzu umfangreiche Gnadengeschenke aus dem reichen Kirchenschatz, der im Himmel deponiert war und von der Kirche treuhändlerisch verwaltet wurde, erlangen können. Ganz so uneigennützig war jedoch jener Jubeljahrrhythmus, den Papst Bonifaz VIII. auslobte, nicht. Für den Stellvertreter Christi galt es, im politischen Kampf die christlichen Massen an Rom zu binden. Bald schon erkannte man an der päpstlichen Kurie die politische und wirtschaftliche Attraktivität des neu geschaffenen Gnadeninstrumentariums. Hier werden Traditionen fixiert, das (politische) Selbstverständnis formuliert und Handlungsperspektiven für die Zukunft normiert. Was lag also näher, als die Fristen auf 50, wenig später auf 25 Jahre zu verkürzen? Von daher nimmt es nicht Wunder, wenn Jubiläen immer auch etwas Anrüchiges anhaftet. Eine gewisse Skepsis ist also angebracht, wenn man Äußerungen und Inszenierungen im Rahmen von Jubiläen rezipiert. Kritische Distanz ist hier nicht nur erwünscht, sondern auch gefordert, sollen Festschriften – verstanden als schriftlich fixierte Formen der Erinnerungs- und Jubiläumskultur – nicht zu „obszönen Veranstaltungen" (Kamper 2001: 16) degenerieren.

Die Gattung Festschrift trat seit der Mitte des 19. Jahrhunderts ihren Siegeszug an. Einen rasanten Anstieg erlebte diese Publikationsform seit dem ausgehenden 19. Jahrhundert. Bibliothekskataloge werfen unter dem Stichwort „Festschrift" für das 20. Jahrhundert etwa 80.000 Titel allein für den deutschsprachigen Raum aus. Jährlich erscheinen hier also etwa 800 Festschriften – Tendenz steigend.

Tendenz steigend? Mittlerweile ist es längst Usus geworden, wenn zu Ehrende sich der Publikation einer Festschrift zu entziehen versuchen. „Bitte keine Festschrift!" – so lautet die Standardformulierung, die sich in den einleitenden Bemerkungen der HerausgeberInnen von Festschriften immer wieder als Reaktion des/der zu Ehrenden auf das entsprechende Projekt findet. Die Festschriftabstinenz hatte der Verein zur Verhinderung von Festschriften im Umfeld des Romanistischen Seminars der Universität Freiburg zu Beginn der 1990er Jahre zum politischen Programm erhoben. Dauerhafter Erfolg war dieser Vereinigung nicht beschieden. Auch im Umfeld der InitiatorInnen dieses Programms wurden letztlich Festschriften verfasst.

Was sind Festschriften?

Festschriften sind anlassgebundene Publikationen mit wissenschaftlichem Anspruch, die der Würdigung einer zu ehrenden Person oder einer Institution dienen. Sie entspringen demnach weniger den primären Forschungsinteressen jener, die einen Beitrag für eine Festschrift oder diese vollständig verfassen, als vielmehr den Planungen und Vorgaben der um diese Ehrung bemühten Person(en). Grundsätzlich sind zwei Arten von Festschriften zu unterscheiden: solche, die einer Person gewidmet sind, und solche, die sich um die Geschichte einer Institution bemühen. In der Regel wird man es im Wissenschaftsbetrieb mit ersteren zu tun haben, sofern man sich nicht auf Unternehmens- oder Wissenschaftsgeschichte spezialisiert hat. Denn die akademische Ehrung in Form einer Festschrift wird früher oder später den meisten akademischen LehrerInnen zuteil, bei denen man selbst studiert hat.

Bei institutionsgebundenen Festschriften, die nicht selten von einer einzelnen Person verfasst sein können, ist normalerweise die Institution die Auftraggeberin, die ein – durchaus beliebiges – Gründungsjubiläum feiert. Sie stellt auch die Finanzmittel zur Publikation zur Verfügung. Unter „Institution" sind etwa Firmen, Behörden oder Kommunen zu verstehen. In den letzten Jahrzehnten hat es sich eingebürgert, auch krumme Jubiläen wie etwa das 30- oder das 40-jährige Bestehen einer Institution mit einer Festschrift zu feiern. Kritische Distanz und Auseinandersetzung sind hier oftmals nicht gefragt, sieht man von der Aufarbeitung der NS-Zeit einmal ab. Die Gefahr einer Hofgeschichtsschreibung ist hier also real. Per se sind solche Festschriften stark geschichtswissenschaftlich ausgerichtet. Es geht um die Darlegung, wie und wann sich wo und aus welchem Grund eine bestimmte Institution angesiedelt hat oder gegründet wurde. Die leitende Kultur derselben und deren Wandlungen werden ebenso beschrieben wie die Entwicklung der Institution in ihrer zeitgeschichtlichen Bedingtheit. Am Ende stehen oft Erwägungen über die derzeitige Ausrichtung und die zukünftigen Aufgaben der Institution.

Personengebundene Festschriften

Personengebundene Festschriften sind demgegenüber immer durch ein Autorenkollektiv geprägt. Lange Zeit war es üblich, einer verdienten Person zu ihrem 70. Geburtstag eine Festschrift zu widmen. Dieser Brauch ist längst obsolet geworden. Auch hier hat eine inflationäre Entwicklung eingesetzt, so dass bereits 50-Jährige mit einer Festschrift bedacht werden. Das muss nicht schlecht sein. Nimmt man nämlich Festschriften in ihrem Anspruch ernst, eine „resümierende Anerkennung und entschiedene, in der Sache begründete Kritik, konstruktive Weiterführung und engagierte Debatte" über die Forschungsergebnisse des/der zu Ehrenden zu sein und mit einer nie endenden Neugier die „Suche nach Verbindungen und Anschlussmöglichkeiten, Mustern und Differenzen" mit anderen Forschungsperspektiven weiterzuführen (Pörksen 2008: 14), so erfüllen Festschriften ihren Zweck, den Status quo einer Forschungsthese zu beschreiben, deren Tragfähigkeit zu reflektieren und anhand eigener Forschungsgegenstände zu erweitern. Idealerweise werden sich die Geehrten in diese Diskussionen einschalten.

Bei Festschriften sollte es also darum gehen, das Innovationspotenzial einer Forschungsleistung zu überprüfen und in einem weiteren Kontext zu verorten. Wie sind langfristig die Themen und Thesen der Geehrten angekommen? Welche Perspektiven eröffnen sie? Die Auseinandersetzung hierüber geschieht immer durch Personen, die durch eine spannungsreiche Nähe und Distanz zu den Geehrten gekennzeichnet sind. In der Regel handelt es sich um SchülerInnen und/oder um langjährige wissenschaftliche WegbegleiterInnen der Geehrten, die sich zu Wort melden. Im einen Fall darf man, selbst flügge geworden, freundlich vom wissenschaftlichen Elternhaus Abschied nehmen und das eigene Weitergedachthaben unter Beweis stellen. Im anderen Fall wird man die wissenschaftliche Grenzziehung durch freundliche Koalitionsangebote löchrig machen. Das macht Festschriften, sofern sie gelungen sind, auch sprachlich interessant. Polemik ist hier selbst bei grundsätzlicher Kritik nicht angebracht.

Das Wohlwollen, das man den Geehrten entgegenbringt, schlägt sich nicht nur in der – bitte nicht zu häufigen – Zitation der Geehrten nieder, sondern auch in einem eher essayistischen denn wissenschaftskryptischen Sprachgebrauch. Dies gilt vor allem für den einleitenden Beitrag, in dem die HerausgeberInnen – in der Regel handelt es sich hierbei um die (wodurch auch immer) legitimierten NachfolgerInnen – das Lebenswerk und die Bedeutung der Geehrten würdigen. Hier geht es darum, den roten Faden einer Forschungsleistung herauszuarbeiten und pointiert zu formulieren. Einige in ihrer Relevanz jedoch zu veranschaulichende Anekdoten oder Eigenwilligkeiten dürfen hier durchaus angesprochen werden, natürlich nur in jenem Maße, das man aufgrund der Kenntnis der geehrten Person verantworten kann. In einer Festschrift sollte, auch dies liegt in der Verantwortung der HerausgeberInnen, eine Bibliografie des/der Geehrten nicht fehlen. Nicht selten wird auch eine *tabula gratulatoria* beigefügt. Hier verewigen sich all jene WissenschaftlerInnen, die der/dem Geehrten in irgendeiner Weise zu Dank verpflichtet sind oder zu ihr/ihm in einer wissenschaftlichen Verbindung stehen. Solch eine Gratulationsliste ermöglicht auch jenen, die keinen Beitrag in der Festschrift schreiben konnten, ihre Anerkennung auszusprechen.

Damit wären wir bei einer wichtigen Dimension von Festschriften. Natürlich geht es primär wissenschaftsgeschichtlich um die Würdigung und Bewertung einer Forschungsleistung. Doch haben Festschriften auch eine soziale Funktion. Hier werden Netzwerke und Schüler-Lehrer-Verhältnisse transparent. Wer gehört in den Stall des/der Geehrten? Wer fühlt sich ihm/ihr verbunden oder möchte eine entsprechende Verbindung in die Scientific Community hinein sichtbar dargestellt sehen? Welche Netzwerke hat der/die Geehrte im Laufe des Lebens aufgebaut? Die Wertigkeit des Lehrer-Schüler-Verhältnisses wird an den beteiligten Personen sichtbar. Da es keine Regeln hierfür gibt, ist es aussagekräftig, wer die Festschrift herausgeben darf und welche Personen hier publizieren, also als (autorisierte?) SchülerInnen der/des Geehrten angesehen werden. Umgekehrt gilt natürlich auch: Wer in einer Festschrift überraschenderweise als BeiträgerIn fehlt, wird ebenso als fehlend wahrgenommen, wie vermerkt werden wird, wer überhaupt keine Festschrift erhält. Doch Vorsicht! Allzu weitreichende Rückschlüsse verbieten sich von selbst. Denn entsprechende Kontexte sind nicht selten willkürlich und zufällig. Die wissenschaftliche Perspektive sollte stets die wissenschaftspolitische prägen und nicht umgekehrt. Zur Abfassung eines Festschriftbeitrags wird man in der Regel durch die HerausgeberInnen aufgefordert. Dem sollte man sich ohne gravierenden Grund nicht entziehen. Dies ist weniger eine Frage der netzwerkbedingten wissenschaftspolitischen Klugheit, sondern vielmehr der Referenz, die man einem akademischen Lehrer/einer akademischen Lehrerin erweisen möchte. Je höher die Reputation des/der Geehrten ist, umso weniger kann man sich eines Beitrags enthalten.

Was muss ein Beitrag für eine Festschrift leisten? Er sollte aus der eigenen wissenschaftlichen Kenntnis heraus eine konstruktive Auseinandersetzung mit den Forschungspositionen und -interessen des/der Geehrten bieten. Wichtig ist, dass hier nicht einfach Bekanntes aufgefrischt wird oder mittelmäßige Beiträge, die ehedem in der Schublade lagen, aktiviert werden. Oftmals werden Festschriftbeiträge unter Zeitdruck geschrieben. Daher rührt nicht selten die mangelhafte Innovationsweite solcher Aufsätze. Hierauf sollte man sich jedoch nicht einlassen. Denn das hinlänglich Bekannte ein weiteres Mal zu lesen, beleidigt die zu Ehrenden, beschädigt die VerfasserInnen und beschämt die RezipientInnen. In Festschriften sollte der Wissenschaftsdiskurs, ähnlich wie in Fachzeitschriften, thematisch fokussiert weitergeführt werden. Man darf hierbei durchaus von eigenen Forschungsfeldern, in denen man sich eine gewisse Kompetenz angeeignet hat, ausgehen. Diese sollten jedoch einen theoretischen oder thematischen Zuschnitt aus der Perspektive des/der Geehrten haben.

Die grundlegende Bedeutung der Konzeption

Das eingangs erwähnte Unbehagen an Festschriften und Sammelbänden ist durch die allzu oft mangelhafte konzeptionelle Vorbereitung dieser Publikationsformen verschuldet. Festschriften und Sammelbände bedürfen einer klaren und stringenten Konzeption, die notfalls gegen die Vorlieben der BeiträgerInnen durchzuhalten ist. Diese Konzeption muss sich am aktuellen Forschungsdiskurs orientieren und diesen voranzubringen suchen. Nur dann kann dem zu Recht formulierten Vorwurf der Heterogenität gewehrt werden. Hier sind klare Vorgaben durch die HerausgeberInnen zu machen. Die stringente Konzeption stellt das Rückgrat eines Sammelbandes oder einer Festschrift dar. Beide Publikationsformen bedürfen daher einer längeren Vorlauf- und Bearbeitungszeit.

Literatur

Kamper, Dietmar (2001): In Paradoxien und Parataxen. In: Die Tageszeitung (taz) vom 17.10.2001: 16

Pörksen, Bernhard/Loosen, Wiebke/Scholl, Armin (2008): Kleine Apologie der Festschrift. In: dies. (Hrsg.): Paradoxien des Journalismus. Theorie – Empirie – Praxis. Festschrift für Siegfried Weischenberg. Wiesbaden: VS Verlag für Sozialwissenschaften: 13–15

Ergänzende Literatur

Cölfen, Hermann/Voßkamp, Patrick (Hrsg.) (2008): K(l)eine Festschrift. Ulrich Schmitz zum 60. Geburtstag. Duisburg: Universitätsverlag Rhein-Ruhr

Keazor, Henry (2002): Rezension von: Baader, Hannah/Müller-Hofstede, Ulrike/Patz, Kristine (Hrsg.) (2001): Ars et Scriptura. Festschrift für Rudolf Preimesberger zum 65. Geburtstag. Berlin: Gebr. Mann Verlag. In: sehepunkte 2. Nr. 10 [15.10.2002] (http://www.sehepunkte.de/2002/10/3517.html; 28.08.2009)

Internationale Jahresbibliographie der Festschriften (2002). München et al.: Saur

Leistner, Otto (1984–1989): Internationale Bibliographie der Festschriften von den Anfängen bis 1979 mit Sachregister. 2., erweiterte Auflage. Osnabrück: Biblio Verlag

3.8 An alle!
Über populärwissenschaftliche Texte

Christian Geulen

Für viele WissenschaftlerInnen ist der Begriff Populärwissenschaft ein Schimpfwort. Zu Recht. Wer sich durch Studium und eigene Forschung in einem bestimmten Feld auskennt und sich dann „Experten"-Interviews, Magazin-Artikel oder TV-Sendungen zum Thema ansieht, wird sich in 90 % der Fälle nach einigen Minuten enttäuscht oder gar wütend abwenden. Das liegt daran, dass Populärwissenschaft heute eben nicht mehr die Vermittlung und Verbreitung von Wissenschaft oder wissenschaftlichen Erkenntnissen meint, sondern ein eigenes, gesondertes Feld darstellt. Ein echter Populärwissenschaftler/Eine echte Populärwissenschaftlerin ist in erster Linie populär und erst in zweiter oder gar dritter Linie WissenschaftlerIn. Die Kompetenz liegt vor allem darin, Wissen öffentlichkeitswirksam, TV-gerecht oder Radio-konform aufzubereiten – er oder sie hat häufig aber kaum eigene Sachkompetenz. Denn auch medienpräsente „ExpertInnen" mit eigenem Lehrstuhl oder zumindest akademischer Stelle werden zu einem bestimmten Thema weniger aufgrund ihrer Sachkompetenz immer wieder gefragt, sondern aufgrund ihrer Medienkompetenz, weshalb nicht wenige WissenschaftlerInnen durch zu viel Zeitungs- oder TV-Präsenz in der wissenschaftlichen Community nicht mehr recht ernst genommen werden. Zugleich bleiben die JournalistInnen aber bei ihrem gewohnten Habitus, diese Personen – trotz allem Interesse an ihrer Meinung – als etwas obskure, weltfremde ExpertInnen mit Spezialwissen zu behandeln. Bisweilen kann daraus die tragische Existenz eines allseits bekannten, aber von niemandem mehr wirklich respektierten Kommentators werden.

Diese Form von Populärwissenschaft gibt es seit dem Aufkommen der Massenpresse im letzten Drittel des 19. Jahrhunderts (vgl. Daum 2002). Hier entstand zum ersten Mal eine populärwissenschaftliche Literatur, die nicht mehr Vermittlung von Wissenschaft war, sondern ein eigenes Berufs- und Arbeitsfeld ausmachte, dessen primäre Funktion seitdem darin besteht, zwischen Öffentlichkeit und Wissenschaft Irritationen zu erzeugen. Bei aller Kritik sollte diese Funktion nicht unterschätzt werden. Denn diese wechselseitige Irritation ist heute fast der einzige Weg, über den Wissenschaft und Öffentlichkeit überhaupt noch miteinander kommunizieren. Wer also eine öffentlichkeitswirksame Wissenschaft oder auch, was vielleicht ebenso wichtig ist, eine Wissenschaft will, die auf Bedürfnisse und Probleme der Öffentlichkeit reagiert, kommt um das Populäre nicht herum. Und wenn die Wissenschaft die Vermittlung ihrer Ergebnisse eben nicht jener eigenen Profession von Medien- und VermittlungsexpertInnen überlassen will, bleibt ihr nichts anderes übrig, als sich selber in der Praxis der Popularisierung zu schulen.

Wahrscheinlich stände es um die allgemeine Bildung in diesem Land sehr viel besser, wenn jeder Wissenschaftler und jede Wissenschaftlerin die Möglichkeit hätte, eigene Forschungsergebnisse zweimal herauszubringen: einmal als Fachbuch für die eigenen KollegInnen und einmal in einer populären Variante, die unter Verzicht auf akademischen Fußnotenapparat und Spezialdiskussionen die Ergebnisse in verständlicher Form präsentiert. Seit einiger Zeit gibt es Buchreihen, die ungefähr nach diesem Prinzip funktionieren. Eingeführt wurde das vom Münchener Beck-Verlag mit seiner Reihe *Beck-Wissen,* und viele andere Verlage haben das Prinzip variierend nachgeahmt. Der Erfolg dieser Reihen zeigt, dass es durchaus eine Nachfrage nach popularisierter Wissenschaft (und eben nicht nur nach Populärwissenschaft) gibt.

Dieses Beispiel illustriert einen wichtigen Aspekt: Wer an die Abfassung eines die eigene wissenschaftliche Arbeit popularisierenden Textes denkt, sollte sich darüber im Klaren sein, dass er oder sie vor der schwierigen Aufgabe einer *didaktischen Reduzierung* steht. Tausende von Lehramtsstudierenden können davon berichten, wie schwer es ist, gerade gelernt zu haben, wie man sich ein Thema wissenschaftlich erarbeitet, um es dann für eine 7. Klasse „herunterzubrechen". Nun hat die Schuldidaktik für dieses Problem umfassende und bisweilen sogar übertriebene Tricks und Mechanismen entwickelt, die aber für die direkte Kommunikation zwischen der Wissenschaft und einer anonymen Öffentlichkeit nicht zur Verfügung stehen. Dennoch ist es sinnvoll, das Problem der Popularisierung als eine Sache der Didaktik zu denken. Das bedeutet: Es geht darum, das am eigenen Thema und an den eigenen Forschungsergebnissen herauszustellen, was *lebensweltliche Relevanz* hat.

Die Naturwissenschaften haben es hier deshalb einfach, weil sie fast immer auf jenes andere Feld verweisen können, nach dessen Bedürfnissen ihre eigene Forschung sowieso zu einem Großteil ausgerichtet ist: die Technik. So wird ein Forschungsprojekt über linksdrehende Milchsäuren oder Traktoren-Design trotz aller Obskurität des eigentlichen Themas auf breite Anwendungsfelder verweisen können, um seinen Sinn zu erklären und seine Ergebnisse zu popularisieren. Das ist bei Forschungen zur Getreidepreisentwicklung in Südwest-Deutschland am Anfang des 19. Jahrhunderts oder zum Ontologie-Begriff in Edmund Husserls Transzendentalphänomenologie nicht so einfach. Dennoch können alle vier Themen eine Relevanz jenseits der Anwendung und des simplen Nutzens haben, eine lebensweltliche Relevanz: für ein besseres Verständnis der Welt, in der wir leben. Sinnvolle Popularisierung muss sich auf die Herausarbeitung eben dieser Relevanz verstehen.

Der sicherste Weg dorthin ist die Frage, was einen selbst dazu gebracht hat, sich mit diesem oder jenem Thema genauer zu beschäftigen. Wer sich das ernsthaft fragt, wird hinter den pragmatischen Aspekten (Promotionsangebot, finanzierte Mitarbeit in einem Projekt etc.) auf Reste eines ursprünglichen persönlichen Interesses stoßen, auch wenn diese inzwischen vom akademischen Diskurs verschüttet sein mögen. Dabei reicht es aber nicht aus, dass man dieses oder jenes Thema ganz „spannend" fand (sowieso ein im akademischen Jargon derzeit überstrapaziertes Wort). Wichtiger ist die Frage, *warum* man es spannend fand. (Ganz abgesehen vom Popularisierungsinteresse ist dies im Übrigen für alle, die eine größere wissenschaftliche Arbeit schreiben, eine Frage, die zwischenzeitlich mal verdrängt werden darf, aber spätestens kurz vor Abschluss noch einmal ernsthaft zu stellen ist – wer etwa im Rigorosum oder in der Disputation auf die Relevanzfrage keine Antwort weiß, steht schon etwas dumm da.) Entscheidend ist, dass jenes persönliche Interesse oder die persönliche Faszination, die von einem Thema einmal ausging, eben nie nur persönlich war und ist, sondern einen gelebten Erfahrungsraum widerspiegelt, dem noch eine Menge anderer Personen sowie Zeiten, Strukturen und Umstände zugehören. Wer mit Blick darauf sein eigenes Erkenntnisinteresse zumindest zum Teil als das unausgesprochene Erkenntnisinteresse einer bestimmten Situation, eines größeren Kontexts oder einer überindividuellen Problemlage erkennt, ist auf dem besten Weg, die lebensweltliche Relevanz seines Themas formulieren zu können.

In diesem Sinne ist Popularisierung eben nicht ein bloßes „Herunterbrechen" von komplex und schwierig zu simpel und einfach, sondern im Gegenteil: zunächst eine zusätzliche Abstraktionsleistung, eine Explikation und Verobjektivierung des eigenen Erkenntnisinteresses. Erst von hier aus erschließen sich auch die Neuordnungen des Stoffs, die neue Schwerpunktsetzung und die neue Gliederung der Ergebnispräsentation, die eine sinnvolle und erfolgreiche Popularisierung erfordert. Und jetzt sollte man sich auch wirklich nicht scheuen, die Wissenschaft – mit ihren Regeln, Diskussionskontexten und eigenen Relevanzhierarchien – weitgehend zu ignorieren und das selbst Erkannte nur nach Maßgabe jener lebensweltlichen Relevanz zu präsentieren. Das gilt für ein populärwissenschaftliches Buch ebenso wie für einen Zeitungsartikel oder ein Interview, das man JournalistInnen gibt. Denn wer meint, am wissenschaftlichen Diskurs festhalten zu wollen und zu können, etwa um einen wissenschaftlichen Standard zu halten, wird schnell erleben, dass die eigenen Inhalte von der Zeitungsredakteurin oder vom Radiojournalisten bis zur Unkenntlichkeit entstellt werden. Man kann es in diesen Fällen zwar schaffen, auf den eigenen Formulierungen zu bestehen, muss dann aber damit rechnen, nicht noch einmal um seine Meinung gebeten zu werden. Demgegenüber auf dem beschriebenen Weg eine eigene Populärsprache zu finden, die man den Medien anbieten kann, garantiert sehr viel eher den Erhalt der Inhalte und einen direkten Draht zu einer größeren nicht wissenschaftlichen Öffentlichkeit.

Zu einer solchen bewussten, didaktischen Transformation seiner Forschung in verstehbare Inhalte und Thesen gehört neben der fast immer nötigen Umstellung der Argumentation natürlich auch die Befreiung der eigenen Sprache vom wissenschaftlichen Duktus. Methodologische Erörterungen etwa, die Darstellung der wissenschaftlichen Forschungslage oder akademischer Debatten sind auf ein Minimum zu reduzieren oder ganz wegzulassen. Jede Stipendienkommission und jeder Promotionsausschuss erwartet die klare Benennung einer Forschungslücke, die man zu schließen gedenkt – die Öffentlichkeit nicht. Für sie muss das Projekt auf seinen Inhalten und Thesen allein stehen und aus ihnen heraus interessant sein. Noch einmal: Es geht um lebensweltliche Relevanz.

So gesehen ist die didaktische Popularisierung des eigenen Themas auch ein guter Test dafür, ob und wie viel Bedeutung jenseits der wissenschaftlichen Forschungslücke in ihm steckt. Das gleiche gilt für die sprachliche Übersetzung der eigenen Thesen: Sind sie von der Fachsprache abhängig oder lassen sie sich auch losgelöst davon plausibilisieren? Für eine wissenschaftliche Qualifikationsarbeit können fachsprachlich abhängige Thesen höchst wertvoll sein, popularisierungsfähig sind sie aber nur, wenn sie auch ohne die Fachsprache erläutert werden können. Hier kommt es natürlich auch auf die individuellen sprachlichen Fähigkeiten an. Und dabei darf man sich etwa von JournalistInnen, deren Job das populäre Schreiben ist, ruhig ein wenig belehren lassen. Wenn also etwa ein eingereichter Zeitungsartikel auf viele sprachliche Veränderungswünsche stößt, sollte man nicht beleidigt sein, sondern sich die Kritik wohlwollend ansehen und nur dort Widerspruch einlegen, wo Inhalte entstellt werden, um dann selber Alternativformulierungen vorzuschlagen.

Wie aber findet man überhaupt Möglichkeiten und Wege, das eigene Thema jenseits des fachwissenschaftlichen Publikums zu präsentieren? Wenn die eigenen wissenschaftlichen Publikationen oder Vorträge aus Sicht von JournalistInnen interessant erscheinen, kann es durchaus passieren, dass man (auch ohne binnenwissenschaftlichen Ruhm) angesprochen und um ein Interview, einen Artikel oder ähnliches gebeten wird. Hier ist natürlich auch viel Zufall im Spiel. Um das eigene populäre Schreiben zu trainieren, zu testen und einen Einstieg zu finden, ist es aber auch sinnvoll, von sich aus Texte populäreren Medien anzubieten. Dabei sollte man nicht mit einem zehnseitigen Artikel über das eigene Thema beginnen, sondern etwa den Umweg über Buchrezensionen einschlagen, die man bei Zeitungen oder – als Einstieg vielleicht besser – bei halbwegs bekannten Internetjournalen einreicht (vgl. in vorliegendem Band *Ein Einstieg in das wissenschaftliche Publizieren. Rezensionen*) Hat man einiges online publiziert, steigt die Chance, auch die Printmedien zu überzeugen. Auch Besprechungsangebote mit Blick auf Bücher, die erst noch erscheinen werden und genau ins eigene Interessengebiet fallen, sind möglich. Allerdings muss man sich darüber bewusst sein, dass man mit diesem Bemühen in Konkurrenz zu Hunderten freischaffender Schreiberlinge tritt, die sich alle auf diesen oder ähnlichen Wegen im Business der Popularisierung zu etablieren versuchen.

Doch einen Vorteil hat man hier als DoktorandIn: mit Blick auf das eigene Thema und seinen engeren oder auch weiteren Umkreis darf man sich in der Tat als „ExpertIn" verkaufen und eine einzigartige Kompetenz anbieten. Erfolgreich ausspielen kann diesen Vorteil aber nur, wer bereit und in der Lage ist, auch eine eigene Form der Popularisierung dieses Spezialwissens zu entwickeln. Gute Populärwissenschaft, wenn es sie denn gibt, kann nur von der Wissenschaft selbst kommen.

Literatur

Daum, Andreas W. (2002): Wissenschaftspopularisierung im 19. Jahrhundert. Bürgerliche Kultur, naturwissenschaftliche Bildung und die deutsche Öffentlichkeit, 1848–1914. 2. Auflage. München: Oldenbourg

Ergänzende Literatur

Luhmann, Niklas (2009): Die Realität der Massenmedien. 4. Auflage. Wiesbaden: VS Verlag für Sozialwissenschaften

Niederhauser, Jürg (1997): Das Schreiben populärwissenschaftlicher Texte als Transfer wissenschaftlicher Texte. In: Jakobs, Eva-Maria/Knorr, Dagmar (Hrsg.): Schreiben in den Wissenschaften. Frankfurt a. M. et al.: Peter Lang: 107–122

Rüskamp, Wulf (2008): Journalistisches Schreiben. In: Nünning, Vera (Hrsg.): Schlüsselkompetenzen. Qualifikationen für Studium und Beruf. Stuttgart et al.: Metzler: 247–262

Trepte, Sabine/Burkhardt, Steffen/Weidner, Wiebke (2008): Wissenschaft in den Medien präsentieren. Ein Ratgeber für die Scientific Community. Frankfurt a. M.: Campus

4 Andere Fächer – andere Sitten. Artikel in Fachzeitschriften

Das Publizieren von Artikeln in Fachzeitschriften ist in allen Disziplinen von hoher Bedeutung, daher wird dieser Textsorte im vorliegenden Band ein eigenes Kapitel gewidmet und die Auseinandersetzung mit der Textsorte genutzt, um die Gepflogenheiten der einzelnen wissenschaftlichen Disziplinen darzustellen. Diese unterscheiden sich in vielerlei Hinsicht, etwa bezüglich des Aufbaus und der Standardisierung von Artikeln, deren Sprache und Gestaltung.

Wie Sie den einzelnen Beiträgen entnehmen können, gibt es im Bereich der Fachartikel Aspekte, die in allen Disziplinen von großer Relevanz sind, während andere jeweils nur fachspezifisch eine hohe Bedeutung (gewonnen) haben. In den folgenden Beiträgen steht u. a. die Wahl der richtigen Fachzeitschrift, in welcher der eigene Artikel platziert werden soll, im Blickpunkt. Dabei spielt nicht nur die passende inhaltliche Ausrichtung eine Rolle, sondern auch das Renommee der Zeitschrift und ihre Zugänglichkeit für Promovierende als AutorInnen. Der *journal impact factor* (JIF) dient zur Messung des Stellenwerts von Zeitschriften, wobei die Bedeutung, die dem JIF zugeschrieben wird, wiederum zwischen den Disziplinen variiert. Den nachfolgenden Beiträgen ist zu entnehmen, wie Sie die Wertigkeit einer Zeitschrift für Ihr Fach identifizieren können.

Anders als bei den meisten wissenschaftlichen Textsorten wird für die Veröffentlichung von Artikeln in Fachzeitschriften ein – unterschiedlich ausgeprägtes – Auswahlverfahren angewendet, das Transparenz und Qualitätssicherung gewährleisten soll. Die Redaktionen von Fachzeitschriften übermitteln die eingereichten Artikel an GutachterInnen, die in so genannten *peer-review*-Verfahren über die Annahme oder Ablehnung entscheiden. „Peer review steht für die Begutachtung und Bewertung von Publikationen und Forschungsanträgen, das heißt wissenschaftlicher Wissensbehauptung durch die dazu allein kompetenten Kollegen (peers)" (Weingart 2001: 284 f.). Welches Verfahren sich in Ihrem wissenschaftlichen Bereich etabliert hat, können Sie auf den folgenden Seiten nachlesen.

Die AutorInnen greifen diese und andere grundlegende Aspekte, die für die Publikation in Zeitschriften für das jeweilige Fach von Bedeutung sind, auf und setzen dabei verschiedene Schwerpunkte:

So werden nachfolgend in den Beiträgen aus den Bildungswissenschaften sowie den Geistes- und Kulturwissenschaften zahlreiche praktische Hinweise für die optimale Vorbereitung der Einreichung eines Artikels formuliert, um die Chance auf Annahme zu erhöhen. Im bildungswissenschaftlichen Beitrag gewährt der Autor zudem einen Blick hinter die Kulissen einer Zeitschriftenredaktion, und in dem Artikel aus den Geistes- und Kulturwissenschaften wird der Fokus auch auf rechtliche Aspekte gelegt, die bei Veröffentlichungen zu beachten sind.

Die Bedeutung des Publizierens im Allgemeinen und von Fachartikeln im Speziellen wird im sozialwissenschaftlichen Beitrag im Kontext der wissenschaftlichen Karriere (-planung) diskutiert. Dort wird zudem erörtert, wie die Auswahl der zu publizierenden Inhalte gewählt und auf verschiedene Leserschaften zugeschnitten werden kann.

Die Autorin aus den Natur- und Umweltwissenschaften geht verstärkt auf die Bedeutung der kumulativen Promotion und somit der Publikation im Zuge der Promotion ein. Auch wirft sie einen Blick auf das Thema der Ko- und Letztautorschaft, da der Reihenfolge der AutorInnen in diesen Fächern eine besondere Rolle zukommt.

Im Beitrag aus der Informatik wird betont, dass in diesem Fach großer Wert auf die perfekte Gestaltung eines Beitrags gelegt wird. Des Weiteren können dort wertvolle Hinweise zum Einsatz von Medien und die Skizzierung eines Ablaufsplans für das gesamte Vorgehen bei einer Publikation (in Koautorschaft) nachgelesen werden.

Die Koautorschaft ist ebenfalls ein Schwerpunkt, der im Beitrag für die Wirtschaftswissenschaften diskutiert wird, denn dort sind Promovierende in geringerem Maße AlleinautorInnen von Fachartikeln. Zudem unterbreitet der Autor Vorschläge für eine Publikationsstrategie und das Verfassen wissenschaftlicher Texte.

Aus der Perspektive des Faches Psychologie werden ebenfalls wichtige Überlegungen zur Vorbereitung einer Publikation erörtert; ein Fragenkatalog soll den Promovierenden bei der inhaltlichen Konzeption helfen. Der Autor gibt praktische Hinweise zur Einreichung und wichtige Tipps zum wissenschaftlichen Schreiben, die auch auf andere Textsorten übertragen werden können.

Die dargelegten Informationen sind nicht nur für (Nachwuchs-) WissenschaftlerInnen des jeweiligen Fachs, sondern ebenso für die anderer Disziplinen von Interesse. Da einzelne Tipps und Überlegungen übertragen und für die Entwicklung einer eigenen Publikationsstrategie genutzt werden können, möchten wir Sie explizit zu einem Blick über den Tellerrand der eigenen Disziplin einladen. Selbst wenn bestimmte Aspekte nicht zwingend zu Ihrem Fach gehören, kann ihre Berücksichtigung Sie individuell weiterbringen.

Literatur

Weingart, Peter (2001): Die Stunde der Wahrheit? Zum Verhältnis der Wissenschaft zu Politik, Wirtschaft und Medien in der Wissensgesellschaft. Weilerswist: Velbrück Wissenschaft

4.1 Wer schreibt, der bleibt.
Artikel in den Erziehungswissenschaften

Friedrich Rost

Ziel aller wissenschaftlichen Publikationen ist es, – anknüpfend an den *state of the art* der (Sub-) Disziplin – einen (mehr oder weniger) eigenständigen Beitrag zum Fortschritt derselben zu leisten, und zwar durch Erkenntnisgewinn. Dieser Endzweck ist nur erreichbar, wenn andere von Ihrem Erkenntnisgewinn erfahren. Ziel ist demnach die Publikation und damit die möglichst effiziente Verbreitung durch die Dissemination neuen Wissens. Das Ergebnis dieses Prozesses wird wissenssoziologisch mit dem Wort „Resonanz" belegt. Das meint eine möglichst breite (positive) Rezeption dieser Publikation, worauf die Reputation des Autors/der Autorin/der Autorengruppe steigen kann. Mit der Reputation wachsen ebenso die Chancen auf Kommunikation und Kooperation und damit für Promovierende auch auf spätere Arbeitsmarkt- und Karrierechancen (vgl. Thiel/Rost 2001; vgl. in vorliegendem Band *Richtig wichtig. Artikel in den Sozialwissenschaften*).

Promovierende sind im Zwiespalt, ob sie zu ihrem Thema schon vorher Teile ihrer Arbeit veröffentlichen sollen bzw. dürfen. Einerseits plagen sie eventuell Sorgen, ob durch die Publikation einzelner Theorie- oder Datenaspekte andere auf die Idee gebracht werden könnten, zu dem Gegenstand eine gleichgeartete Arbeit zu publizieren oder dass Ansatz und Argumentation, methodischer Zugriff bzw. die Auswertung und Interpretation der Daten schon vor Abschluss der Dissertation kritisiert werden könnten. Andererseits zeugt die Veröffentlichung von Teilen zu dem Dissertationsthema von Selbstbewusstsein und dem Wunsch nach fachlicher Kommunikation; zudem wird vielleicht ein *claim* abgesteckt, nach dem Motto: „Ich sitze an diesem Thema und werde demnächst zu diesem Gegenstand promovieren. Meine Arbeit ist schon weit fortgeschritten, deshalb hast du keine Chance."

Wiederum andere tragen sich mit der Absicht, nach Erscheinen ihrer Dissertation für diese Werbung zu machen, indem sie Teile der Arbeit in Fachzeitschriften publizieren. Jener Personenkreis weiß nicht, dass die renommiertesten Zeitschriften ausschließlich Originalarbeiten veröffentlichen, d. h., eingereichte Fachzeitschriftenaufsätze dürfen nicht, auch nicht in Teilen, vorher an anderer Stelle publiziert worden sein. Deshalb rate ich, so dies möglich ist, das Veröffentlichen der Dissertation eventuell etwas hinauszuzögern (mit dem Nachteil, dass der akademische Titel von den Promovierten noch nicht verwendet werden darf), um vorher in einer (oder mehreren) guten Fachzeitschrift Teile der Arbeit bekannt zu machen.

Das fördert den Bekanntheitsgrad der Dissertation und natürlich auch den der Verfasserin bzw. des Verfassers.

Wichtiger als die im vorigen Abschnitt stehende Aussage ist allerdings der rechtliche Aspekt, ob Teile vorher überhaupt an anderer Stelle veröffentlicht sein dürfen: Solches ist nur vor Ort zu klären, indem die jeweils Anwendung findende Promotionsordnung der Hochschule aufmerksam zur Kenntnis genommen wird. So sehen im Übrigen manche Promotionsordnungen als Alternative zur monografischen Doktorarbeit auch eine kumulative Promotion vor, wobei die Serie von Beiträgen allerdings in sehr hochwertigen, z. T. internationalen Zeitschriften *(peer review*, SSCI, siehe unten) zu erfolgen hat. Sammelwerksbeiträge, obwohl sie fachdisziplinär eine große Rolle spielen (vgl. Botte 2008), werden in der Regel nicht als Promotionsteile anerkannt, weil jene selten einem *peer review* unterzogen werden und bisher auch nicht in Zitationsindices ausgewertet werden. Kumulative Promotionen können Promovierende in den Erziehungswissenschaften meines Erachtens aber einer schwierigen Situation aussetzen:

1) In den Erziehungswissenschaften gibt es derzeit nur drei deutschsprachige Zeitschriften, deren Beiträge im *Social Sciences Citation Index* (SSCI) ausgewertet werden. Um als Zeitschrift in den SSCI aufgenommen zu werden, ist eine Kernbedingung die Durchführung eines anonymen Begutachtungsverfahrens *(peer review)*. Ein solches Qualität sicherndes Verfahren propagieren mittlerweile mehr als drei erziehungswissenschaftliche Zeitschriften in ihren Selbstauskünften, aber die Verfahren sind doch recht unterschiedlich gestaltet (dazu weiter unten mehr).
2) Die Wartezeiten bei solch renommierten Zeitschriften sind sowohl hinsichtlich der Begutachtung als auch hinsichtlich des Drucks der Beiträge nach deren Annahme lang. (Einen Ausweg aus dieser Wartemisere stellt *Online first* dar, wo angenommene und redaktionell bearbeitete Beiträge seitenidentisch mit der späteren Printausgabe via Internet schon von Servern ((wie www.springerlink. com) abgerufen werden können. Solche Beiträge gelten ab Zugänglichmachung via Internet als veröffentlicht.)
3) Angesichts des gestiegenen Publikationsdrucks der gesamten Scientific Community können sich die renommierten Zeitschriften die besten Aufsätze sichern und prahlen teilweise mit übertrieben hohen Ablehnungsquoten (was nicht unbedingt mit mangelnder Qualität der abgelehnten Manuskripte, sondern viel eher mit dem begrenzten Platzangebot in den Heften zusammenhängt, siehe weiter unten). Für Promovierende heißt dies nicht nur, dass sie sich der Konkurrenz mit anderen WettbewerberInnen aussetzen, sondern – wenn sie kumulativ promovieren wollen – ein hohes Risiko eingehen, da es meist ProfessorInnen und Habilitierte sind, die als GutachterInnen fungieren. Die

wenigen jüngeren GutachterInnen sind erwiesenermaßen sogar kritischer als die sogenannten *old boys* (vgl. Fröhlich o. J. [2002]).
4) Darüber hinaus gibt es bei manchen Zeitschriften Beschränkungen dergestalt, dass man beispielsweise nur einen Beitrag pro Jahrgang in ihr veröffentlichen kann. Dadurch könnte sich das Promotionsverfahren über Gebühr in die Länge ziehen.
5) Einen Ausweg stellen – bei entsprechend guten eigenen Sprachkenntnissen bzw. mittels professioneller fachwissenschaftlicher Übersetzung – Veröffentlichungen in internationalen erziehungswissenschaftlichen Zeitschriften dar. Manchmal ist dies sogar ausdrücklich durch die Promotionsordnung gefordert.

Die Bedeutung des Publizierens in Fachzeitschriften und Sammelbänden

Hinsichtlich der Dokumenttypen Sammelwerksbeitrag und Zeitschriftenaufsatz ist erst 2008 durch ein Projekt des Deutschen Instituts für internationale pädagogische Forschung (DIPF) herausgefunden worden, dass in den Erziehungswissenschaften fast die Hälfte aller Veröffentlichungen (46,5 %) in Sammelwerken erscheint und nur ein Drittel in Form von Zeitschriftenaufsätzen (33,4 %, Botte 2008: Folie 12). Dies ist für das DIPF insofern eine neue Erkenntnis gewesen, als die vom DIPF koordinierte Referenzdatenbank *FIS Bildung* (www.fis-bildung.de) bisher die inhaltliche Erschließung der Sammelwerksbeiträge nicht in dem gebotenen Maß vorgenommen hat. Aufgrund der Ergebnisse der genannten bibliometrischen Analyse (vgl. Botte 2008) soll künftig die inhaltliche Auswertung von Sammelwerksbeiträgen für *FIS Bildung* forciert werden, wobei die bisher schon gute Auswertung von Zeitschriftenaufsätzen nicht zurückgefahren werden soll. Im verallgemeinerbaren Umkehrschluss heißt dies, dass derzeit noch die Visibilität aufgrund der Aufnahme in Datenbanken bei einer Veröffentlichung in Zeitschriften in jedem Fall größer ist; und dies nicht nur in den Erziehungswissenschaften, sondern in allen Disziplinen – und zwar weil die Titelaufnahme in Bibliotheken auf Bücher als bibliothekarische Einheiten beschränkt ist. Monografien kommen in den Erziehungswissenschaften im Übrigen in der bibliometrischen Analyse des DIPF auf einen Anteil von 15,3 %.

Mögliche Kriterien für die Suche nach einer geeigneten Zeitschrift

Die Profile der zahlreichen pädagogischen und erziehungswissenschaftlichen Zeitschriften unterscheiden sich in vielerlei Hinsicht:

1) Sie unterscheiden sich hinsichtlich ihrer Zielgruppe(n). Da gibt es welche, die sich vor allem an die Scientific Community einer Disziplin oder Subdisziplin richten, und solche, die ihre Klientel eher in bestimmten praktischen Arbeitsfeldern verorten. Manche gehören auch in die Gruppe der Mitgliedszeitschriften, wie z. b. die *Erziehungswissenschaft* der Deutschen Gesellschaft für Erziehungswissenschaft (DGfE) oder die sehr auflagenstarke *Erziehung und Wissenschaft* der Gewerkschaft Erziehung und Wissenschaft (GEW). In solchen Zeitschriften sind Inhalte z. T. auch an die gesellschaftlichen, weltanschaulichen oder anderweitig interessenfixierten Positionen des herausgebenden Vereins oder Verbandes gebunden.
2) Sie unterscheiden sich im inhaltlichen Profil, z. B. hinsichtlich der Themenschwerpunkte, hinsichtlich der nationalen/internationalen sowie hinsichtlich der disziplinären bzw. interdisziplinären Perspektive.
3) Sie unterscheiden sich in ihren Binnengliederungen und den dort vorfindbaren Textsorten. Manche akzeptieren ausschließlich auf eigener Forschung oder Theoriearbeit basierende Abhandlungen, *review*-Artikel und Rezensionen; andere veröffentlichen auch andere Textsorten, wie Essays, (Tagungs- oder Praxis-) Berichte, (Kurz-) Informationen und (Kommissions-) Mitteilungen, Diskussionen etc.
4) Sie unterscheiden sich formal hinsichtlich der zugelassenen Veröffentlichungssprachen, der Auflagenhöhe bzw. der Verbreitung (z. B. Anzahl der Onlinedownloads), des Erscheinungsmodus (monatlich bis jährlich), des Umfangs in Seitenzahlen (von ca. 100 bis 1.200 Seiten pro Jahr), im Format (Oktav bis DIN A4), im Druck (ein- oder mehrfarbig) und Layout (ein- oder mehrspaltig), der maximalen Länge der Beiträge, der Aufnahme in bibliografische Referenzdatenbanken (z. B. *FIS Bildung*) oder in Zitationsdatenbanken (z. B. SSCI oder SCOPUS).
5) Sie unterscheiden sich hinsichtlich der Auswahlverfahren der Beiträge. In manchen Zeitschriften kommt man aufgrund von Mitgliedschaften, Beziehungen, Einladungen zu Wort; in anderen nur über ein positiv verlaufenes *peer-review*-Verfahren, wovon es allerdings unterschiedliche Varianten gibt (siehe weiter unten).
6) Sie unterscheiden sich in der Qualität (vgl. Harvey/Green 2000) *und* Qualitätssicherung (vgl. F. Rost 2009), angefangen mit der Schriftleitung, dem Herausgeberkreis, dem Beirat und der Redaktion bis hin zu dem Begutachtungsverfahren.
7) Sie unterscheiden sich im Renommee bei den Fachleuten oder der Scientific Community. Das DIPF hat aufgrund einer Sekundäranalyse „einen empirisch belegbaren Korpus von [deutschsprachigen] pädagogischen Fachzeitschriften [herausgefunden], die als besonders relevant für die Wissenschaft gelten können" (Botte 2008: Folie 15): Die derzeitige Reihenfolge im Ansehen (nach

den Auswertungen des DIPF von exemplarischen Bibliografien, einer DGfE-Umfrage von 2003/04, der Auswahl im Datenreport Erziehungswissenschaft 2004 und dem ERIH-Ranking) beginnt mit: (1) *Zeitschrift für Pädagogik*, (2) *Zeitschrift für Erziehungswissenschaft*, (3) *Neue Sammlung* [Letzteres hat ihr Erscheinen Ende 2005 eingestellt; F. R.], (4) *Zeitschrift für Soziologie der Erziehung und Sozialisation*, (5) *Pädagogische Rundschau*, (6) *Unterrichtswissenschaft. Zeitschrift für Lernforschung*, (7) *Bildung und Erziehung*, (8) *Die Deutsche Schule*, (9) *Empirische Pädagogik*, (10) *Erziehungswissenschaft*, (11) *Pädagogik*, (12) *Vierteljahrsschrift für wissenschaftliche Pädagogik*. – Diese zwölf Zeitschriften sind in allen vier Befragungen genannt worden. 13 weitere deutschsprachige pädagogische/erziehungswissenschaftliche Zeitschriften wurden zumindest in drei von vier der vom DIPF verwendeten Quellen genannt.

8) Sie unterscheiden sich in ihrem Einfluss auf weitere wissenschaftliche Arbeiten. So wie für Einzelarbeiten (Monografien, Aufsätze) über Zitationsanalysen versucht wird, die Rezeption und den Einfluss auf weitere wissenschaftliche Arbeiten zu analysieren, so wird auch über den sogenannten *journal-impact*-Faktor (JIF) versucht, den Einfluss von Fachzeitschriften zu messen (zur Berechnung des JIF siehe die Ausführungen weiter unten). Hier haben nicht-englischsprachige Zeitschriften bisher generell das Nachsehen, weil der Produzent Thomson Reuters mit seinem *Web of Science* zwar 65 % der international relevanten Zeitschriften abdeckt, aber nur 27 % der wissenschaftlichen Literatur weltweit (vgl. Moed 2005, zit. nach Botte 2008: Folie 3). Der JIF 2008 der *Zeitschrift für Erziehungswissenschaft* (ZfE) liegt im Juli 2009 bei 0.545, der der *Zeitschrift für Pädagogik* (Z.f.Päd.) zum gleichen Zeitpunkt bei 0.277 (der 5-Jahres-*impact*-Faktor der Z.f.Päd. bei 0.302; ein solcher ist für die ZfE noch nicht berechenbar, weil sie erst 2007 in den SSCI aufgenommen wurde). Aus den oben genannten Gründen versucht das Projekt *European Educational Research Quality Indicators* (EERQI) (Laufzeit: 01.04.2008 bis 31.03.2011) auf europäischer Ebene eigene Zitationsanalysen durchzuführen, die der Sprachenvielfalt Europas Rechnung tragen. Ergebnisse liegen derzeit noch nicht vor.

Aus diesen zahlreichen Variablen lassen sich Kriterien für die Auswahl der erziehungswissenschaftlichen Zeitschrift generieren, bei der man versuchen könnte, einen eigenen Beitrag unterzubringen. Dabei rate ich einerseits, auf die Qualität des eigenen Beitrags zu achten, sich aber andererseits strategisch sehr genau zu überlegen, ob man eher eine auflagenstarke Zeitschrift wählt (welche das sind, lässt sich am besten über die Media-Daten für die Anzeigen ermitteln, so z. B. über „STAMM – Leitfaden durch Presse und Werbung") oder eine besonders hochwertige Zeitschrift der (Sub-) Disziplin.

Die messbare Wertigkeit von Zeitschriften

Selbst wenn sich manche um Objektivierungen hinsichtlich der Wertigkeit von Publikationen bemühen, ist zu bedenken, dass die *impact*-Faktoren von Zeitschriften dadurch errechnet werden, dass die Anzahl der Zitierungen von Aufsätzen eines bestimmten Zeitraums aus dieser Zeitschrift dividiert wird durch die Anzahl der in diesem Zeitraum dort veröffentlichten Aufsätze. Wenngleich beim JIF mittlerweile zwischen Selbst- und Fremdzitaten unterschieden wird, so wird die Art der Rezeption nicht berücksichtigt: „Die Zitierung einer Arbeit bietet [...] keine Gewähr dafür, daß die Arbeit wirklich rezipiert wurde, und sie sagt ohne weitere qualitative Analyse auch nichts über den Stellenwert in einer Arbeit und über die Funktionen der Zitierung für den Autor. Nur qualitative Auswertungen können Gründe und Funktionen von Zitierungen aufdecken [...]" (Montada et al. 1995: 188; vgl. auch Krampen/Montada/Wahner 2002; Krampen/Becker/Montada 2008; zur Problematik der Zitatenanalyse allgemein und ihrer Fehlerquellen: vgl. Rittberger o. J. [2001]; zur Problematik in der Erziehungswissenschaft: vgl. Brachmann 2003).

Sie sehen, derartiges ist bei der Argumentation mit solchen Maßstäben wie dem JIF zu bedenken. Gleiches gilt aber auch für die Umfragen bei *peers*. Die Benennungen von Zeitschriften, die für das eigene Fachgebiet relevant sind, erscheinen mir höchst subjektiv: Erst einmal werden die *peers* bei solchen Umfragen Zeitschriften nennen, die sie kennen (was eine Wertschätzung nicht ausschließt) und womöglich mehr angeben, als sie selbst regelmäßig lesen. Während man in den 1960er und 1970er Jahren aus *current-awareness*-Gründen in der Regel ein bis drei Zeitschriften abonniert hatte und tatsächlich auch in ihnen las, halten heute nur noch wenige ein eigenes Privatabonnement. *Current awareness* im Hinblick auf die Erziehungswissenschaft scheint bei der Publikationsvielfalt nicht mehr möglich; Literatur wird, so welche benötigt wird, ad hoc thematisch recherchiert, wobei die OPACs der Bibliotheken und die Onlinedatenbanken der *hosts* bequem und hilfreich sind. Die Downloadzahlen steigen und Zeitschriften, die in diesem Segment noch nicht mitspielen (wie die Z.f.Päd.), haben eventuell Nachteile bei den Zitationen oder der Wertschätzung, wenn bequemere ZeitgenossInnen sich die Aufsätze nicht in der Bibliothek kopieren.

Welche Auswahlverfahren kommen in der Erziehungswissenschaft zum Einsatz?

In den deutschsprachigen erziehungswissenschaftlichen Zeitschriften gibt es *peer review* noch nicht sehr lange. Selbstverständlich wurde bei renommierten Zeitschriften durch die herausgebenden Personen schon lange auf Qualität geachtet, weil man mehr Manuskriptangebote bekam, als gedruckt werden konnten. Oftmals entschieden auch mehr als eine Person über die Annahme oder Ablehnung, was gegen willkürliche Entscheidungen spricht. Über die Entscheidungsverfahren wurden die anbietenden Personen meist im Unklaren gelassen. Selten bekamen sie ehrliche Auskunft über die Ablehnungsgründe und manchmal wurden Manuskriptangebote aufstrebender WissenschaftlerInnen oder von Beschäftigten konkurrierender Institutionen immer wieder abgelehnt, sodass der Eindruck entstehen konnte, dass den Beziehungen zu den herausgebenden Personen ein erhebliches Gewicht zukam. Diesem wollte die ZfE ab 1998 durch ein konsequentes Doppelblindverfahren mit anschließender Entscheidung durch eine vierköpfige Schriftleitung begegnen. Seitdem sind auch andere Zeitschriften zu stärker prozess- und regelorientierten Entscheidungsfindungen übergegangen. Vereinzelte Hinweise sind den Berichten der Schriftleitung bzw. der Veröffentlichung von Gutachterlisten, meist zu Beginn eines Jahres oder anlässlich eines Jubiläums (vgl. z. B. Tenorth/Oelkers 2004), zu entnehmen.

Beim *peer-review*-Verfahren unterscheidet man das Einfach-, das Doppel- und das Dreifachblindverfahren:

- Beim Einfachblindverfahren kennt die gutachtende Person den Namen der verfassenden Person bzw. Gruppe, nicht aber umgekehrt. Der Name der einreichenden Person oder Gruppe kann die Begutachtung beeinflussen. Deshalb wird heute oftmals das Doppelblindverfahren angewendet.
- Beim Doppelblindverfahren ist wechselseitige Anonymität verfahrensformal eingerichtet: Der zu begutachtende Text wird weitgehend anonymisiert, d. h., auch Hinweise auf die Institution, auf Projektleiter, -namen oder -ziffern sowie auffällige Eigenzitate, von denen auf die Verfasserschaft rückgeschlossen werden könnte, werden für die Begutachtung aus dem Manuskript getilgt. Dieses Verfahren kann aber auch seine Tücken haben, weil zumindest die redaktionelle Geschäftsführung bzw. Schriftleitung die Namen beider Seiten kennt und bei der Bewertung der teilweise recht unterschiedlichen Expertisen zu dem Manuskript abwägen muss, ob das Manuskript – meist nach Überarbeitung – angenommen oder aufgrund kritischer Gutachten abgelehnt wird. Da sich auch bei diesem Verfahren die über das Manuskript entscheidenden Personen von den Namen der einreichenden wie der gutachterlich tätigen Menschen in ihrer Entscheidung beeinflussen lassen könnten, gibt es mit dem Dreifachblindverfahren ein noch aufwendigeres Verfahren.
- Beim Dreifachblindverfahren werden auch denjenigen, die die allerletzte Entscheidung über Annahme oder Ablehnung treffen, die Identitäten der einreichenden wie der gutachtenden Personen vorenthalten, z. B. durch eine Geschäftsstelle, die die Aufträge erteilt und deren Ergebnisse nach festgelegten Regeln übermittelt. Selbst bei diesem Verfahren kann der subjektive Faktor nicht völlig ausgeschlossen werden, weil in diesem Fall die Menschen in der

Geschäftsstelle – über die Auswahl der gutachtenden Personen bzw. über die Gewichtung der Ergebnisse der Begutachtung – steuernden Einfluss auf die EntscheidungsträgerInnen nehmen können.

Damit diese Ausführungen noch transparenter werden, möchte ich kurz die konkrete Vorgehensweise bei der ZfE beschreiben: Gingen zwischen 2004 und 2007 jeweils zwischen 60 und 70 Manuskripte ein, so gab es 2008 und 2009 einen Sprung auf jeweils knapp 80 Manuskripte, was sicherlich mit der Aufnahme der ZfE in den SSCI zu tun hat. Wenn Manuskripte die Redaktion erreichen, so gibt es immer einige, die nichtwissenschaftlich verfasst oder weit unter Niveau sind und keiner ehrenamtlich gutachtenden Person zugemutet werden können. Dies waren in den letzten Jahren zwischen fünf und 13 Manuskripte pro Jahr – worunter sich auch Manuskripte befanden, die nicht den Status von Originalarbeiten hatten (siehe weiter oben). Über den Ausschluss von der Begutachtung entscheidet bei der ZfE nicht die Redaktion, sondern es bestimmen, nach Identifikation solcher Manuskripte durch die Redaktion, mindestens zwei Personen der Schriftleitung. Bei der ersten redaktionellen Durchsicht wird auch gleich festgestellt, ob der Text anonymisiert ist bzw. ob weitere Anonymisierungen vorgenommen werden müssen. Jedes Manuskript bekommt eine fortlaufende Nummer, der Eingang wird bestätigt und die einreichende Person bzw. Gruppe muss ausdrücklich erklären, dass es sich um eine Originalarbeit handelt. Nun sucht die Redaktion fünf bis acht mögliche gutachtende AkademikerInnen aus (darunter mindestens ein Mitglied der ZfE-Herausgeberschaft oder des ZfE-Beirats), von denen aufgrund ihres Arbeitsgebietes angenommen werden kann, dass sie von dem im Manuskript abgehandelten Gegenstand und/oder dem methodischen Ansatz etwas verstehen, also ExpertInnen auf diesem Gebiet sind. So sind im Laufe der letzten zehn Jahre über 400 Personen ehrenamtlich gutachtend für die ZfE tätig gewesen (und viele mehrfach!). Von den für ein Gutachten vorgeschlagenen Personen wählt die Schriftleitung mindestens drei Namen aus. Nun schreibt die Redaktion erst einmal zwei, in Eilfällen auch drei GutachterInnen gleichzeitig an, wobei von diesen Personen niemand erfährt, wer die anderen GutachterInnen sind. Beigefügt werden das anonymisierte Manuskript sowie der ZfE-Gutachterbogen. Terminlich wird erst einmal eine Frist von 15 Tagen eingeräumt. Liegen zwei substanzielle Gutachten zu einer Manuskriptnummer vor, werden die Gutachten und der anonymisierte Text an die Personen der Schriftleitung weitergeleitet, denen wiederum zehn Tage Zeit für die Supervision von Gutachten und Text gegeben wird. Auszüge aus den Gutachten und die Kommentare aus dem Kreis der Schriftleitung werden in einer Matrix aufbereitet, die dem geschäftsführenden Schriftleiter oder der Schriftleiterin zur abschließenden Entscheidungsfindung (und später in der alljährlichen Herausgeberkonferenz zur Rechenschaftslegung) dient. Die Entscheidungsgrade lauten: Annahme (meist mit dem Wunsch nach kleinen Veränderungen aufgrund von Gutachtenhinweisen), Annahme nach (gründlicher) Überarbeitung, Annahme mit Auflagen (die sich aus den Gutachten ergeben und die auch kontrolliert werden), Ablehnung mit der Möglichkeit der Wiedereinreichung zur erneuten Begutachtung (nach Möglichkeit durch dieselben gutachtenden Personen) und Ablehnung (Wiedereinreichung bei der ZfE ausgeschlossen).

Liegt die Entscheidung vor, so wird die einreichende Person bzw. Gruppe von der Redaktion schriftlich über das gutachterliche Ergebnis und die Entscheidung der Schriftleitung unterrichtet, wobei Auszüge aus den Gutachten und Stellungnahmen der Schriftleitung zitiert oder beigefügt werden. Im Jahr 2008 wurden von 79 Manuskripten acht Manuskripte nicht in die Begutachtung gegeben, 18 nach Begutachtung abgelehnt und bei weiteren 14 wurde die Möglichkeit der Wiedereinreichung zugelassen. Das wäre im ersten Moment eine Ablehnungsquote von 50 %. Allerdings sind von den 14 viele im zweiten Anlauf nach Überarbeitung und erneuter Begutachtung angenommen worden, sodass die tatsächliche Ablehnungsquote bei der ZfE niedriger liegt. Das Begutachtungsverfahren der ZfE ist zwar sehr aufwendig, aber die Rückmeldungen, selbst solche bei abgelehnten Texten, sind meist doch so, dass ich nach zwölf Jahren sagen kann, dass sich der immense Aufwand lohnt. Selbstverständlich gibt es immer wieder Verbesserungsmöglichkeiten, so im Hinblick auf den Gutachtenbogen oder die bisher fehlende Schulung von gutachtenden Personen. Derzeit läuft auf freiwilliger, anonymer Basis eine Sekundäranalyse der Begutachtungen im Rahmen des EERQI-Projektes, von der sich auch die ZfE Hinweise für weitere Verbesserungen erhofft.

Im *peer review* geht es um die vertikale Schichtung von Wissen, die disziplinäre Scheidung von bekanntem und innovativem, unsicherem und sicherem Wissen (vgl. Kiel/Rost 2002). Der begrenzte Umfang eines Zeitschriftenjahrgangs soll mit den bestmöglichen Inhalten gefüllt werden. Darüber hinaus geht es um die Etablierung und Verbesserung eines Auswahlverfahrens, das die Qualität von Aufsätzen steigert und die Offenheit der Kommunikation auch für den wissenschaftlichen Nachwuchs sichert (vgl. Hirschauer 2004; Hirschauer 2007). Dies scheint in den Erziehungswissenschaften gelungen, insbesondere wenn man an die vielen Preise denkt, die junge AutorInnen für Aufsätze errungen haben, die seit 1998 in der ZfE erschienen sind.

Was ist bei Einreichungen zu beachten?

Die meisten Zeitschriften veröffentlichen zumindest einmal im Jahrgang und/oder auf ihrer Homepage Hinweise, die bei der Einreichung von Beiträgen tunlichst beachtet werden sollten. Wie umfangreich der Beitrag sein darf, wie er formatiert sein sollte und wie Abbildungen und Tabellen beizufügen sind, findet man auch in solchen Manuskriptregeln im Heft bzw. im Internet. Je mehr Sie sich an diese

Vorgaben halten, umso deutlicher wird für die Schriftleitung und die gutachtenden Personen, dass Sie sich diese Zeitschrift mit Bedacht für Ihren eingereichten Beitrag ausgesucht haben und nicht wahllos agieren. Schreiben Sie für die Zielgruppe dieser Zeitschrift einen qualitativ hochwertigen Beitrag in verständlicher Sprache und gutem Stil (vgl. Langer/Schulz-von Thun/Tausch 2006; F. Rost 2008; Sommer 2006), wobei Sie eine Fragestellung zielgerecht und methodisch sauber bearbeiten sollten (vgl. D. H. Rost 2009). Sorgen Sie für Anschlussfähigkeit, indem Sie den zum engeren Thema gehörigen Forschungsstand korrekt aufarbeiten, und befleißigen Sie sich einer fachsprachlichen Ausdrucksweise, ohne das Verständnis absichtsvoll zu erschweren. Sprache ist und bleibt das wichtigste Verständigungs- und Tradierungselement von Wissenschaft (vgl. Thiel/Rost 2001). Deshalb ist primäres Qualitätskriterium die theoretische bzw. methodische Angemessenheit (vgl. in vorliegendem Band *Diener vieler Herren. Kriterien des wissenschaftlichen Schreibens*). Durch die Beachtung der ethischen Grundsätze guter wissenschaftlicher Praxis, durch das Prinzip der Dialogizität und die kritische (Selbst-) Prüfung von Texten sollten Sie Anflüge von „Imponiergehabe" vermeiden.

> „Erst und nur dann, wenn die klaren Gedanken eine ebensolche sprachliche Fixierung gefunden haben, ist das je neue Abgleiten in die […] Dunkelheit und damit Unwissenschaftlichkeit verhindert." (Ehrlich 1998: 857 f.)

Literatur

Botte, Alexander (2008): Innovative bibliometrische Verfahren zur kontinuierlichen Beobachtung der sozialwissenschaftlichen Forschungsproduktion. Eine anwendungsorientierte Studie zur Verbesserung der Transparenz und Evaluierbarkeit des erziehungswissenschaftlichen Publikationsaufkommens. Bisher unveröffentlichte Powerpoint-Folien des Vortrags vom 19.03.2008 auf dem DGfE-Kongress in Dresden. Frankfurt a. M.: DIPF

Brachmann, Jens (2003): Gezählte Kompetenz. Zur Zitationsanalyse in der Erziehungswissenschaft. In: Zeitschrift für Erziehungswissenschaft 6: 432–448

Ehlich, Konrad (1998): 89. Kritik der Wissenschaftssprachen. In: Hoffmann, Lothar/Kalverkämper, Hartwig/Wiegand, Herbert Ernst (Hrsg.): Fachsprachen. Ein internationales Handbuch zur Fachsprachenforschung und Terminologiewissenschaft. An international handbook of special-language and terminology research. Band 1. Berlin: de Gruyter (Handbücher zur Sprach- und Kommunikationswissenschaft, Band 14.1): 856–866

Fröhlich, Gerhard (o. J. [2002]): Anonyme Kritik. Peer Review auf dem Prüfstand der Wissenschaftsforschung (http://eprints.rclis.org/8499/1/AnonymeKritikPeerReview.pdf; 03.09.2009)

Harvey, Lee/Green, Diana (2000): Qualität definieren. In: Zeitschrift für Pädagogik 41. Beiheft. Weinheim: Beltz: 17–39

Hirschauer, Stefan (2004): Peer Review Verfahren auf dem Prüfstand. Zum Soziologiedefizit der Wissenschaftsevaluation. In: Zeitschrift für Soziologie 33. 1: 62–83

Hirschauer, Stefan (2007): Wissen und Macht. Warum Sachkonflikte und Lernprozesse weh tun müssen. In: Forschung & Lehre 14. 6: 328–329

Kiel, Ewald/Rost, Friedrich (2002): Einführung in die Wissensorganisation. Grundlegende Probleme und Begriffe. Würzburg: Ergon-Verlag

Krampen, Günter/Becker, Ralf/Montada, Leo (2008): Indirekte Kommunikation durch Zitierungen und Referenzen in der Psychologie. Eine exemplarische Inhaltsanalyse von Literaturangaben und Zitierungsarten. In: Psychologische Rundschau 59. 1: 33–44

Krampen, Günter/Montada, Leo/Wahner, Ute (2002): Repräsentativität und Validität von Zitationsindices für die Wissenschaftsevaluation in der Psychologie. In: Krampen, Günter/Montada, Leo (Hrsg.): Wissenschaftsforschung in der Psychologie. Göttingen et al.: Hogrefe Verlag für Psychologie: 63–71

Langer, Inghard/Schulz-von Thun, Friedemann/Tausch, Reinhard (2006): Sich verständlich ausdrücken. 8. Auflage. München: Reinhardt

Montada, Leo et al. (1995): Die internationale Rezeption der deutschsprachigen Psychologie. In: Psychologische Rundschau 46: 186–199

Rittberger, Marc (o. J. [2001]): Bibliometrie – Zitatenanalyse (www.inf-wiss.uni-konstanz. de/CURR/summer01/ia/informetrie.pdf; 03.09.2009)

Rost, Detlef H. (2009): Interpretation und Bewertung pädagogisch-psychologischer Studien. Eine Einführung. 2., überarbeitete und erweiterte Auflage. Weinheim et al.: Beltz

Rost, Friedrich (2008): Lern- und Arbeitstechniken für das Studium. 5., aktualisierte und erweiterte Auflage. Wiesbaden: VS Verlag für Sozialwissenschaften

Rost, Friedrich (2009): Letztlich zählt nur die Qualität. Statement zur Problematik wissenschaftlicher Online-Publikationen. In: Erziehungswissenschaft. Mitteilungen der Deutschen Gesellschaft für Erziehungswissenschaft 38: 75–77

Sommer, Roy (2006): Schreibkompetenzen. Erfolgreich wissenschaftlich schreiben. Stuttgart: Klett Lernen und Wissen

Tenorth, Heinz-Elmar/Oelkers, Jürgen (2004): 50 Jahre „Zeitschrift für Pädagogik". In: Zeitschrift für Pädagogik 50: 791–797

Thiel, Felicitas/Rost, Friedrich (2001): Wissenschaftssprache und Wissenschaftsstil. In: Hug, Theo (Hrsg.): Einführung in die Wissenschaftstheorie und Wissenschaftsforschung. Band 4: Wie kommt Wissenschaft zu Wissen? Baltmannsweiler: Schneider-Verlag Hohengehren: 117–134

4.2 Zeitschrift ist nicht gleich Zeitschrift. Artikel in den Geistes- und Kulturwissenschaften

Hajo Diekmannshenke

Zu den grundsätzlichen Erfahrungen während des Arbeitens an und des Schreibens der Dissertation gehört es, dass einem immer wieder Fragestellungen und Gedanken begegnen, die zwar in einem gewissen Zusammenhang zu Thema und Fragestellung der Arbeit stehen, jedoch eher Randaspekte behandeln und nicht dem roten Faden des Hauptgedankens folgen. Denn je intensiver man sich gerade in die Thematik einer wissenschaftlichen Qualifikationsschrift einarbeitet, umso mehr Aspekte und damit auch weitere neue Fragen werden auftauchen. Allerdings stellt sich dann zwangsläufig die Frage, was schließlich Eingang in die Arbeit findet und was letztlich den Rahmen sprengen oder den logischen Fortgang der Darstellung stören würde und deshalb ausgesondert werden muss. Dass ein solches Aussortieren oft schwerfällt – denn schließlich steckt hinter jeder Erkenntnis eine Menge Arbeit – liegt auf der Hand. Eine Möglichkeit, solche Nebengedanken doch noch in der Dissertation unterzubringen, sind Exkurse, also eine „Erörterung in Form einer Abschweifung" (Duden 1993/95: 1004), wie das Duden-Großwörterbuch diese Textform definiert. Diese Definition macht aber auch deutlich, dass solche „Abschweifungen" allenfalls Ausnahmen darstellen sollten und wenn überhaupt, dann nur in geringer Zahl vorkommen dürfen.

Eine andere, sinnvollere Möglichkeit, mit den Nebenerträgen der eigenen Forschung umzugehen[1], bietet dagegen die Publikation als eigenständiger Aufsatz in einer Fachzeitschrift. Mit Blick auf eine mögliche weitere wissenschaftliche Laufbahn empfiehlt sich diese Vorgehensweise umso mehr, als Publikationen in renommierten Fachzeitschriften stets ein wichtiges Kriterium für die Beurteilung von wissenschaftlichen Leistungen darstellen (vgl. in vorliegendem Band *Richtig wichtig. Artikel in den Sozialwissenschaften*). Zudem erlaubt es eine (in der Regel) erste Präsentation eigener Forschung in der Fachwelt. Genau aus diesem Grund sollte eine solche Publikation aber auch sehr sorgfältig erwogen werden, um nicht

---

[1] Wichtig ist auch ein Blick in die jeweils gültige Promotionsordnung, in der festgelegt ist, ob Teile der Dissertation vorher (auszugsweise) veröffentlicht werden dürfen oder nicht.

gleich einen „Fehlstart" hinzulegen, noch bevor die Dissertation das Licht der wissenschaftlichen Welt erblickt hat.[2]

Geistes- und kulturwissenschaftliche vs. naturwissenschaftliche Fachzeitschriften

Fachzeitschriften stellen neben Kongressen und Tagungen vermutlich die wichtigste öffentliche Plattform der wissenschaftlichen Gemeinschaft dar. Umso wichtiger ist es deshalb, die dort üblichen Gepflogenheiten zu kennen und in den eigenen Publikationen entsprechend zu berücksichtigen. An dieser Stelle kann nicht auf die gesamte Breite der geistes- und kulturwissenschaftlichen Fachzeitschriften und deren Spezifika eingegangen werden. Trotz des gemeinsamen Daches der Geistes- und Kulturwissenschaften unterscheiden sich die einzelnen Fachwissenschaften deutlich untereinander und zeigen weniger Gemeinsamkeiten als z. B. die Naturwissenschaften (bei allen Differenzen, die es dort selbstverständlich auch gibt). Dies gilt besonders in Bezug auf die jeweilige Fachmethodiken und – mit Blick auf die Fachzeitschriften – auf die Konventionen bezüglich der Gestaltung wissenschaftlicher Arbeiten wie z. B. Zitation, Verwendung von Fuß- oder Endnoten, Aufbau des Literaturverzeichnisses und dergleichen mehr. Aufgrund dieser Vielfalt konzentrieren sich die weiteren Ausführungen auf linguistische Fachzeitschriften, um anhand konkreter Fragen Hilfestellungen für ein Publizieren in geistes- und kulturwissenschaftlichen Fachzeitschriften geben zu können.

Neben Monografien und Veröffentlichungen in Sammelbänden gelten solche in Fachzeitschriften als wichtigster „Ausweis" des eigenen wissenschaftlichen Publizierens. Wegen der deutlich geringeren Zeitspanne zwischen Forschung und Publikation der Ergebnisse (im Vergleich zu Monografien und Sammelbänden) markieren sie zudem den aktuellen Forschungs- und Diskussionsstand in der jeweiligen Fachwissenschaft. Dies gilt sowohl für natur- als auch für geisteswissenschaftliche Disziplinen. Als schwierig erweist sich jedoch die Frage, wie die Qualität der jeweiligen Zeitschrift und der darin publizierten Beiträge ermittelt werden kann. In dieser Hinsicht kann zwischen Natur- und Geisteswissenschaften ein deutlicher Unterschied in Bezug auf die Beurteilung dieser Publikationstätigkeit festgestellt werden. In den Naturwissenschaften spielt der sogenannte *journal impact factor*

---

[2] Grundsätzlich gelten für Aufsätze in Fachzeitschriften die gleichen qualitativen Anforderungen wie für andere wissenschaftliche Publikationen, deshalb soll in diesem Beitrag nicht weiter darauf eingegangen werden; vgl. hierzu die entsprechenden Aufsätze in diesem Band sowie ganz allgemein Jakobs/Knorr (1997) oder Kruse/Jakobs/Ruhmann (1999). Speziell zum Schreiben in wissenschaftlichen Fachzeitschriften siehe auch Murray (2005), wobei allerdings die Unterschiede zwischen der anglo-amerikanischen und der deutschen Wissenschaftsgemeinschaft berücksichtigt werden müssen. Der Aufsatzpublikation widmen auch Echterhoff/Heinen/Neumann (2007) einen eigenen Abschnitt.

eine herausragende Rolle bei der Beurteilung der Qualität wissenschaftlicher Publikationen. Unter *journal impact factor* versteht man die Zahl der Zitierungen eines bestimmten Artikels in einer wissenschaftlichen Zeitschrift im Laufe von zwei Jahren bezogen auf die Zahl aller zitierbaren Dokumente. Je höher der *journal impact factor*, umso höher das Renommee der jeweiligen Zeitschrift und folglich auch des jeweiligen Beitrags darin, so jedenfalls die Logik dieses Verfahrens. Dieses scheinbar objektive Kriterium ist jedoch keineswegs unumstritten, wie kritische Stellungnahmen immer wieder belegen, so z. B. im Wissenschaftsmagazin des Österreichischen Rundfunks (ORF) (vgl. Czepel o. J.) oder Christoph Drösser in der *ZEIT* (vgl. Drösser 2009) am Beispiel des angeblichen Mathematikers und Physikers Mohamed El Naschie („Der Felix Krull der Mathematik"), der seine Fachartikel vor allem in einer von ihm selbst herausgegebenen Zeitschrift platzierte und diese dann auch besonders gern selbst wieder zitierte, mit markanten Auswirkungen auf den jeweiligen *journal impact factor* und das zwischenzeitliche Renommee des Autors. Nicht nur solche Fälle belegen, wie schwierig die Bewertung einer wissenschaftlichen Leistung anhand „objektiver" Kriterien ist. Anders als in den Naturwissenschaften und der Medizin, in denen alle renommierten Zeitschriften sich dem *journal-impact-factor*-System angeschlossen haben, ist dies in den Geisteswissenschaften keineswegs durchgängig der Fall. Hier spielt vielmehr das Ansehen, das einzelne Publikationsorgane innerhalb der Wissenschaftsgemeinschaft besitzen, eine entscheidende Rolle bei der Bewertung der Publikationstätigkeit.

Die „richtige" Zeitschrift

Trotz des schwierigen Stands, den Fachzeitschriften unter wirtschaftlichen Aspekten haben, gibt es in allen Disziplinen eine Vielzahl teils konkurrierender teils auch einander ergänzender Zeitschriften. Sucht man z. B. nach linguistischen Zeitschriften, so findet man schnell eine ganze Reihe:

Aptum
Deutsche Sprache (DS)
Germanistische Linguistik
Linguistik-Online
Linguistische Berichte
Muttersprache
Osnabrücker Beiträge zur Sprachtheorie (OBST)
Der Sprachdienst
Sprache und Literatur in Wissenschaft und Unterricht (SuL)
Sprachreport
Gesprächsforschung

Zeitschrift für Angewandte Linguistik (ZfAL)
Zeitschrift für Dialektologie und Linguistik
Zeitschrift für Germanistische Linguistik (ZGL)
Zeitschrift für Literaturwissenschaft und Linguistik (LiLi)
Zeitschrift für Sprachwissenschaft (ZfS)

Jede dieser Zeitschriften hat ihr eigenes Profil und ihre eigene theoretisch-methodische Ausrichtung. Vor der Einreichung eines Manuskripts sollte man sich also fragen, welche der vorhandenen Zeitschriften überhaupt für eine Publikation infrage kommt. Ein Einreichen nach dem bekannten Gießkannenprinzip empfiehlt sich nicht, da es den Beteiligten nur unnötige Arbeit bereitet, denn schließlich werden alle Beiträge einer kritischen Sichtung unterzogen. Außerdem kann man sich Enttäuschungen ersparen, wenn eine Ablehnung erfolgt (und das vielleicht nur, weil der eingereichte Beitrag nicht zum Profil der Zeitschrift passt). Diese Frage, welche Zeitschrift denn geeignet wäre, soll deshalb am Beispiel der unterschiedlichen Akzentsetzungen der linguistischen Zeitschriften verdeutlicht werden.

Zwei der genannten Zeitschriften, die *Zeitschrift für Angewandte Linguistik* (ZfAL) und die *Zeitschrift für Sprachwissenschaft* (ZS), sind Publikationsorgane der beiden großen sprachwissenschaftlichen Fachorganisationen in der Bundesrepublik Deutschland. So ist die ZfAL die Zeitschrift der Gesellschaft für Angewandte Linguistik (GAL) und die ZS die der Deutschen Gesellschaft für Sprachwissenschaft (DGfS). Zwar gibt es eine Reihe von Gemeinsamkeiten beim Vergleich der beiden Gesellschaften, was sich vor allem darin zeigt, dass viele LinguistInnen in der Bundesrepublik Deutschland Mitglied in beiden Gesellschaften sind, aber auch einige bedeutsame Unterschiede, die sich in den Zeitschriften widerspiegeln. Während die DGfS stärker sprachtheoretisch ausgerichtet ist (z. B. werden Fragen der Sprachtypologie oder auch der Allgemeinen Sprachwissenschaft thematisiert), liegt der Fokus bei der GAL auf Fragen der sogenannten Angewandten Linguistik (z. B. geht es um Unternehmenskommunikation oder Probleme des Fremdsprachenerwerbs). Ein Blick in verschiedene Hefte der jeweiligen Zeitschrift oder auf die Homepage von Zeitschrift und Gesellschaft (oder auch auf die Themen der jeweiligen Jahrestagungen beider Gesellschaften) kann sehr hilfreich sein, um diese Unterschiede zu erkennen. Als Zeitschriften ihrer Fachorganisationen kommt ihnen zudem die Aufgabe zu, die verschiedenen Forschungsfelder eben dieser Gesellschaften in der wissenschaftlichen Öffentlichkeit zu präsentieren, was dazu führt, dass die entsprechenden Einzelausgaben thematisch vergleichsweise weit gefasst sind.

Während die beiden genannten Zeitschriften das Spektrum der jeweiligen Gesellschaft präsentieren, sind andere thematisch stark fokussiert, was mitunter im Titel oder Untertitel deutlich wird. So stehen in der *Zeitschrift für Dialektologie und Linguistik* Themen der Dialektologie im Vordergrund, bei der *Gesprächsforschung* selbstverständlich solche aus dem Umfeld der Gesprächsforschung, während *Aptum* sich als Zeitschrift für die sprachwissenschaftliche Auseinandersetzung mit Fragen zur Sprachkritik versteht.

Muttersprache und *Der Sprachdienst* werden von der Gesellschaft für deutsche Sprache (GfdS) herausgegeben. Während GAL und DGfS praktisch ausschließlich auf FachwissenschaftlerInnen ausgerichtet sind, ist die Zielgruppe der GfdS deutlich weiter gefasst. Neben FachwissenschaftlerInnen gehören im weitesten Sinne alle an Sprache Interessierten (also LehrerInnen, JournalistInnen, aber auch LiteraturwissenschaftlerInnen oder in fachwissenschaftlicher Sicht Laien jeglicher Art, die sich für die deutsche Sprache interessieren) zu den Adressierten der beiden Publikationen, die denn auch unterschiedliche Schwerpunkte setzen. Die *Muttersprache* muss als fachwissenschaftliche Zeitschrift angesehen werden, auch wenn nicht ausschließlich FachwissenschaftlerInnen diese lesen. *Der Sprachdienst* hingegen richtet seine Beiträge deutlich stärker an ein weniger fachwissenschaftlich ausgebildetes Publikum. Dies schlägt sich nicht nur in möglichen Themen nieder, die in diesem Fall populärer gehalten sind, sondern auch im Stil der Beiträge. In diesem Fall zählt weniger ein fachwissenschaftlicher Stil, der den Prinzipien der Klarheit und der argumentativen Logik verpflichtet ist, sondern ein eher explizierender Stil, bei dem die Prinzipien der Verständlichkeit und Nachvollziehbarkeit im Vordergrund stehen, wobei nicht bei allen RezipientInnen entsprechende Fachkenntnisse vorausgesetzt werden (dürfen) (vgl. in vorliegendem Band *Diener vieler Herren. Kriterien des wissenschaftlichen Schreibens*). Demzufolge bleibt auch abzuwägen, was in einer solchen Zeitschrift sinnvollerweise erläutert wird, in einer rein fachwissenschaftlich ausgerichteten Zeitschrift hingegen überflüssig wäre. Eine ähnlich breit angelegte Zielrichtung verfolgt auch der *Sprachreport*, herausgegeben vom Institut für deutsche Sprache (IdS) in Mannheim, einer fachwissenschaftlichen Institution im außeruniversitären Bereich.

Manche Titel vermitteln auf den ersten Blick mitunter sogar falsche Vorstellungen. So bilden sprachtheoretische Fragen keinesfalls den Schwerpunkt in den *Osnabrücker Beiträgen zur Sprachtheorie* (OBST). Vielmehr sind die einzelnen Hefte thematisch ausgerichtet und werden von einzelnen HerausgeberInnen betreut, die in aller Regel auch die einzelnen BeiträgerInnen für ein entsprechendes Heft anwerben. In dieser Hinsicht ähneln die Hefte eher Sammelbänden als typischen Fachzeitschriften mit thematisch verschiedenen Einzelaufsätzen. Ähnliches gilt auch für die *Germanistische Linguistik*. Und die *Zeitschrift für Literaturwissenschaft und Linguistik* (LiLi) präsentiert in ihren Themenheften meistens Themen entweder aus der Literaturwissenschaft, die den Großteil bilden, oder aus der Linguistik.

Vor dem Einreichen des Beitrags

Wenn die Entscheidung für eine (geeignete) Zeitschrift gefallen ist, sollte man sich einige Fragen stellen, bevor das Manuskript an die jeweilige Redaktionsadresse geschickt bzw. per E-Mail übermittelt wird. Auch diese Fragen können vor unnötiger Arbeit und vor Enttäuschungen schützen.

Stellt nicht die Dissertation die erste Publikation dar, mit der man sich in der wissenschaftlichen Fachgemeinschaft präsentiert, so ist es umso wichtiger, dass der erste öffentliche Auftritt den Anforderungen an eine wissenschaftliche Publikation genügt. Dies gilt nicht nur in Hinblick auf Formalia (denn das sollte selbstverständlich sein), sondern vor allem in inhaltlicher Hinsicht. Wird im Beitrag der aktuelle Forschungsstand (einschließlich der relevanten Forschungsliteratur) angemessen verarbeitet und reflektiert? Findet sich mindestens ein Gedanke, der die wissenschaftliche Diskussion weiterbringt? Hält das methodische Vorgehen kritischen Nachfragen stand?

Es ist nicht verwunderlich, wenn gerade am Beginn einer wissenschaftlichen Karriere solche Fragen nicht immer sicher zu beantworten sind. In diesem Fall kann es sinnvoll sein, kompetenten Rat einzuholen. Erster/Erste AnsprechpartnerIn könnte in diesem Fall der Betreuer/die Betreuerin der Dissertation sein, vor allem da sich ein solcher Beitrag vermutlich im Bereich der Thematik der Dissertation bewegen dürfte. Ebenso könnte es sinnvoll sein, andere FachwissenschaftlerInnen um Rat zu bitten.

Hinweise zum Einreichen des Beitrags

Wenn die Frage, ob es sinnvoll ist, den Beitrag einzureichen, positiv beantwortet ist, gibt es noch eine Reihe weiterer Punkte zu berücksichtigen:

Um sicher zu gehen, dass man bei der ausgewählten Zeitschrift auch an der „richtigen Adresse" ist, sollte man vorher eine erste Anfrage an die Redaktion richten (Anschrift und dergleichen mehr finden sich in der Zeitschrift selbst und auf deren Homepage). Dabei ist es sinnvoll, mehr als nur einen möglichen Titel des geplanten Aufsatzes anzugeben. Besonders die leitende Fragestellung, Methodik der Untersuchung, evtl. Darstellung des zugrunde liegenden Korpus und Ergebnisse der Untersuchung sollten genannt und auch angemessen skizziert werden. Ein gelungener Titel mag bei manchen Zeitungen und Zeitschriften oft wichtiger sein als der Inhalt, dies gilt aber in keinem Fall für wissenschaftliche Publikationen. Oft lohnt es sich auch, ein Abstract zu verfassen, da es bei vielen Zeitschriften sowieso üblich ist, ein solches Abstract dem jeweiligen Aufsatz voranzustellen. Aufgabe eines solchen Abstracts ist es, Interessierten einen knappen Überblick darüber zu geben, worum es sich im Aufsatz handelt. Da der Autor/die Autorin in der Wissenschaftsgemeinschaft noch nicht bekannt sein dürfte, sind außerdem Hinweise zur Person, zum Studium, vor allem aber zur Dissertation und zur jeweiligen Betreuerin/zum jeweiligen Betreuer der Promotion sinnvoll und für die Redaktion hilfreich.

Erleichtert wird vor allem die Arbeit der Redaktion, wenn die Formatierungs- und sonstigen Publikationshinweise bereits bei der Abfassung des Beitrags berücksichtigt werden. Auch diese finden sich im aktuellen Heft und auf der Homepage. Schwierigkeiten bereiten bei der Anfertigung der Druckvorlage (dabei spielt es keine Rolle, ob diese von der Redaktion oder vom Verlag erstellt wird) vor allem Abbildungen, Grafiken, Fotos, Tabellen oder auch Transkripte. Gerade in diesen Fällen führen Veränderungen bei der Formatierung leicht zu Problemen, z. B. dass Grafiken auseinander gerissen werden, Zeilen und Spalten in Tabellen verrutschen oder die Zuordnungen einzelner *turns* in Gesprächstranskripten nicht mehr stimmen. Wenn zudem der Beitrag nur in elektronischer Form übermittelt wird, können solche Fehler bereits bei der Übernahme bzw. beim Öffnen der Datei entstehen und sind deshalb dann nur schwer zu entdecken. Zwar erhalten AutorInnen in aller Regel vor der endgültigen Drucklegung einen letzten Fahnenabzug zur Kontrolle, jedoch bereiten Fehler, die erst dann entdeckt werden, zusätzliche Arbeit und verzögern das Erscheinen. Deshalb empfiehlt es sich, entsprechende Sicherheitsmaßnahmen zu treffen. Grundsätzlich sollte der Beitrag mit allen Grafiken, Abbildungen und dergleichen noch einmal in Papierform oder zumindest als Datei im PDF-Format vorliegen, um diese zur Kontrolle heranziehen zu können. Außerdem sollten Abbildungen, Grafiken, Tabellen usw. als separate Dateien in möglichst hochauflösenden Formaten zur Verfügung gestellt werden. Dies ist nicht unbedingt für die zu begutachtende erste Fassung notwendig, wird aber von vielen Verlagen für den späteren Druck erwartet, um so die entsprechenden Qualitätsverluste, die beim Druck auftreten können, auszugleichen. Nicht immer entspricht nämlich der Ausdruck, der am heimischen Computer vorgenommen wird und im Manuskript zufriedenstellend ausfällt, dem Ergebnis in der abschließenden Veröffentlichung. Zusätzlich können eventuell notwendige Bearbeitungen leichter an separaten Dateien vorgenommen werden als bei in den Text eingebundenen Abbildungen (vgl. in vorliegendem Band *Wie und womit? Programme zur Erstellung und Verarbeitung von Texten*).

Ein letzter wichtiger Punkt betrifft eventuelle Abdruckrechte. Besonders für Fotos, Videos und ähnliche Formate gelten vergleichsweise strenge Gesetzesvorschriften, um einem entsprechenden Missbrauch vorzubeugen. Die Verlage verlangen deshalb häufig den Nachweis einer Abdruckerlaubnis oder weisen die AutorInnen auf geltende Bildrechte hin. Zwar kann der Abdruck eines Bildes oder einer Grafik bei Angabe der Quelle auch als Bildzitat im Sinne sonstiger Zitate innerhalb einer wissenschaftlichen Publikation zum Zwecke der Wissenschaft verstanden werden, allerdings ist diese Frage bzw. Interpretation bis heute nicht eindeutig geklärt.[3] Es empfiehlt sich deshalb, sich rechtzeitig um die jeweiligen Rechte zu kümmern und die Redaktion darüber zu informieren (vgl. in vorliegendem Band *Argumentation – nicht Illustration. Das Bild im Text*).

Das Begutachtungsverfahren

Grundsätzlich werden eingereichte Beiträge einem Begutachtungsverfahren unterzogen. Da dieses je nach Zeitschrift unterschiedlich aussehen kann (allerdings wird im Impressum oder an anderer Stelle erläutert, wie ein solches Verfahren abläuft), soll hier nur auf ein Verfahren eingegangen werden, welches aber weit verbreitet ist und in vielen Disziplinen als Referenzverfahren betrachtet wird. Bei diesem Verfahren wird jeder eingereichte Beitrag einem sogenannten Doppelblindverfahren unterzogen. „Doppel blind" bedeutet dabei, dass weder die GutachterInnen die VerfasserInnen der Beiträge kennen, noch dass die VerfasserInnen wissen, wer die GutachterInnen sind. Dadurch soll sichergestellt werden, dass ein größtmögliches Maß an Objektivität bei der Begutachtung erreicht wird. Allerdings darf nicht übersehen werden, dass dieses Verfahren in der Praxis nicht ganz unproblematisch ist. Da die GutachterInnen (normalerweise werden Beiträge von mindestens zwei GutachterInnen unabhängig voneinander beurteilt) sinnvollerweise ausgewiesene FachwissenschaftlerInnen sind, kennen sie sich in ihrer Szene aus, d. h. es sind leicht Rückschlüsse auf den Verfasser/die Verfasserin möglich. Konsequent angewendet bedeutet „blind" auch, dass nicht nur die Namen der VerfasserInnen getilgt sind, sondern dass auch aus dem Text nicht hervorgehen darf, um wen es sich handelt. Dies kann in Einzelfällen dazu führen, dass Textpassagen, Fußnoten oder Literaturhinweise unter Umständen unkenntlich gemacht werden müssen, was durchaus negative Auswirkungen auf den Text haben kann.

Die GutachterInnen entscheiden nicht nur über Ablehnung oder Annahme des Manuskripts, es ist durchaus üblich, dass die Annahme an Überarbeitungsauflagen geknüpft ist. Gerade am Beginn einer wissenschaftlichen Karriere sollten solche Auflagen, die in aller Regel eher Hinweise als Korrekturen sind, genutzt werden, um die Qualität des eigenen Beitrags zu erhöhen.

Fazit

Die Veröffentlichung eines Aufsatzes in einer Fachzeitschrift kann den Start in eine wissenschaftliche Karriere befördern. Allerdings sollte ein solcher Schritt

---

[3] Die Rechtslage zu Bildzitaten ist vergleichsweise kompliziert und zudem in den einzelnen Staaten sehr unterschiedlich geregelt.

wohl erwogen sein, um nicht stattdessen einen „Fehlstart" zu verursachen, denn ein abgelehntes Manuskript ist sicher alles andere als ein Motivationsfaktor für die weitere Arbeit an der Promotion, eine Zeitverschwendung jedoch allemal. Und nicht jeder Gedanke ist es wert, unbedingt in gedruckter Form zu erscheinen. Erst wenn es sich um einen (in einem gewissen Maße) bedeutsamen Beitrag zur Wissenschaftsdiskussion handelt, sollte man diesen Schritt ernsthaft erwägen.

Literatur

Czepel, Robert (o. J.): „Kann wissenschaftliche Qualität gemessen werden?" (http://science.orf.at/science/news/58648; 14.08.2009)

Drösser, Christoph (2009): Der Felix Krull der Mathematik. In: Die ZEIT vom 08.01.2009: 30

Duden (1993/95): Das große Wörterbuch der deutschen Sprache in 8 Bänden. 2., völlig neu bearbeitete und erweiterte Auflage. Mannheim et al.: Dudenverlag

Echterhoff, Gerald/Heinen, Sandra/Neumann, Birgit (2007): Wissenschaftliche ‚Zusatzqualifikationen' Aufsatzpublikation, Vortrag, Tagungsorganisation. In: Nünning, Ansgar/Sommer, Roy (Hrsg.): Handbuch Promotion. Forschung – Förderung – Finanzierung. Stuttgart et al.: Metzler: 196–204

Jakobs, Eva-Maria/Knorr, Dagmar (Hrsg.) (1997): Schreiben in den Wissenschaften. Frankfurt a. M. et al.: Peter Lang

Kruse, Otto/Jakobs, Eva-Maria/Ruhmann, Gabriele (Hrsg.) (1999): Schlüsselkompetenz Schreiben. Konzepte, Methoden, Projekte für Schreibberatung und Schreibdidaktik an der Hochschule. Neuwied et al.: Luchterhand

Murray, Rowena (2005): Writing for Academic Journals. Maidenhead: Open University Press

4.3 Richtig wichtig. Artikel in den Sozialwissenschaften

Jürgen Maier

Publish or perish – mit dieser Weisheit antworten etablierte WissenschaftlerInnen gerne, wenn angehende AkademikerInnen sie um Rat bitten, wie man die eigene Hochschulkarriere am besten vorantreibt. Dieser Ratschlag ist nicht falsch, aber er bedarf doch einiger Präzisierungen. Diese sollen im Folgenden diskutiert werden – natürlich immer bezogen auf den Bereich der Sozialwissenschaften, der sich im Wesentlichen aus den Disziplinen Soziologie und Politikwissenschaft zusammensetzt.

Vorausgeschickt sei bereits an dieser Stelle: Es gibt zwar viele Aspekte, die man für die erfolgreiche Publikation von Forschungsergebnissen beachten sollte, aber selbst wenn man diesen Hinweisen, wie bei der Zubereitung von Speisen aus einem Kochbuch folgt, stellt sich dadurch nicht zwangsläufig ein Erfolg ein. Einen Ruf auf eine Professur erhält man eben nicht nur, weil man viele qualitativ hochwertige Publikationen vorzuweisen hat, es müssen in aller Regel noch eine Reihe anderer Leistungen hinzukommen: möglichst breite Erfahrungen in der Lehre, die aber für die Stelle, auf die man sich beworben hat, wiederum möglichst passgenau sein sollten; Drittmittelprojekte (die eingeworbenen Mittel sollten natürlich möglichst hoch sein, klar dem Bewerber/der Bewerberin zugeordnet werden können und nach Möglichkeit aus den Fördertöpfen der Deutschen Forschungsgemeinschaft stammen); Erfahrungen in der akademischen Selbstverwaltung; Auslandsaufenthalte; Vertretungsprofessuren. Zudem bedarf es trotz aller Professionalität von Berufungsverfahren ein bisschen des Glücks – das Bewerberfeld sollte nicht zu stark sein, die Berufungskommission muss einem gewogen sein, der Probevortrag muss ankommen, in der sich daran anschließenden Diskussion sowie dem nichtöffentlichen Teil sollte man nicht patzen, die GutachterInnen sollten einen am besten *unisono* für den geeignetsten Bewerber/die geeignetste Bewerberin halten und die Kommission muss dieses Urteil ebenso wie die verschiedenen universitären Gremien einschließlich dem Ministerium teilen (falls dies nicht der Fall ist, kann man immer noch darauf hoffen, dass besser platzierte BewerberInnen den Ruf ablehnen und man zu einem späteren Zeitpunkt zum Zug kommt).

Trotz all dieser Hindernisse gilt: Publikationserfolge sind auch in den Sozialwissenschaften ein wichtiger Schlüssel zu einer Universitätskarriere. Dies gilt insbesondere für die Publikation in Fachzeitschriften, denen im Vergleich zu

Monografien und Beiträgen in Editionen aus Sicht der WissenschaftlerInnen der größte Stellenwert beigemessen wird (vgl. Faas/Schmitt-Beck 2008: 170). Dies spiegelt sich nicht nur in einem sich verändernden Publikationsverhalten wider – immer häufiger versuchen gerade junge WissenschaftlerInnen, einen Beitrag in einer Zeitschrift zu platzieren – sondern auch in den Beurteilungskriterien von Berufungskommissionen. In diesen Gremien wird die Entscheidung, wer berufen wird, in hohem Maße an der Zahl der Zeitschriftenpublikationen festgemacht. Zudem steigern viele Zeitschriftenartikel die Wahrscheinlichkeit eines frühen Rufs (vgl. Plümper/Schimmelpfennig 2007: 109–112). Die Publikationskultur in den Sozialwissenschaften verändert sich also stark und DoktorandInnen, die mit einer Karriere in der Wissenschaft liebäugeln, sollten sich möglichst frühzeitig darauf einstellen.

Warum publizieren?

Bevor es aber darum geht, wie man möglichst erfolgreich publiziert, stellt sich zunächst einmal ganz generell die Frage, warum man überhaupt publizieren sollte. Argumentiert man aus einer ganz bestimmten wissenschaftstheoretischen Position heraus, gibt es hierfür eine ganze Reihe von guten Gründen – unabhängig davon, ob es nun um Buchpublikationen, um Sammelbandbeiträge oder um Veröffentlichungen in Fachzeitschriften geht. Publikationen tragen aus dieser Sicht dazu bei, unser Wissen über die Welt zu vergrößern. Dies muss nicht zwangsläufig bedeuten, dass man in Publikationen immer etwas Neues zu berichten hat. Auch die Replikation von bereits bekannten Befunden (allerdings auf der Basis neuer Daten) kann wertvoll sein. Publikationen machen zudem Forschung transparent. Dritte denken über unsere Ergebnisse nach, versuchen, sie zu replizieren oder hinsichtlich ihrer analytischen, logischen oder empirischen Belastbarkeit zu überprüfen. Möglicherweise führen die eigenen Forschungsergebnisse sogar dazu, dass die Welt aus einem anderen Blickwinkel gesehen wird und bestimmte Annahmen, die bislang als richtig gegolten haben, überdacht oder verworfen werden. Schließlich können wissenschaftliche Erkenntnisse auch individuelles Verhalten beeinflussen. Dies ist gerade in den Sozialwissenschaften nicht unwahrscheinlich – man denke nur an den Sektor der Politikberatung, in dem die politische Elite mit Handlungsempfehlungen versorgt wird, die wiederum auf mit sozialwissenschaftlichen Theorien und Methoden erzeugte Befunde zurückgehen. Andere Disziplinen haben es hier deutlich schwerer, mit ihren Forschungsergebnissen das Verhalten von Menschen zu verändern.

Was publizieren?

Sieht man einmal von der höheren Bedeutung von Publikationen für den Erkenntnisfortschritt ab und begreift Veröffentlichungen als Mittel für das eigene berufliche Fortkommen (in seinem eigenen Interesse ist man gut beraten, diesen Zusammenhang möglichst schnell zu erkennen), stellt sich die Frage nach der Publikationsstrategie. Diese wiederum ist unmittelbar mit der Entscheidung verknüpft, zu welchem Thema man einen Beitrag veröffentlichen möchte. Generell ist dabei zu raten, dass Publikationen nicht nur um ein Thema – etwa das der Dissertation[1] – kreisen. Für die weitere berufliche Karriere ist es notwendig zu dokumentieren, dass man ein gewisses Themenspektrum abdecken kann. Umgekehrt ist es nicht sinnvoll, Beiträge zu jedem beliebigen Thema zu verfassen. Hier läuft man Gefahr, dass Dritte kein Profil erkennen können. Insbesondere beim Verfassen erster Zeitschriftenbeiträge ist es deshalb sinnvoll, ein Thema zu wählen, das den Kern der eigenen Forschungsfelder repräsentiert. Durch die vergleichsweise hohe Sichtbarkeit von Fachzeitschriften im Dickicht des wissenschaftlichen Publikationsdschungels besteht bei einem gelungenen Aufsatz durchaus die Chance, von FachkollegInnen gedanklich mit diesem Thema in Verbindung gebracht zu werden.

Wie publizieren?

Ganz generell ist es bei wissenschaftlichen Publikationen von Vorteil, wenn die Fragestellung klar erkennbar ist. Besonders wichtig ist dies aber bei Zeitschriftenbeiträgen. Eine handwerklich gute Bearbeitung eines Themas ist in aller Regel nicht ausreichend, um das Begutachtungsverfahren, das in Fachzeitschriften üblich ist, erfolgreich zu gestalten. Insbesondere bei renommierten Zeitschriften ist es erforderlich, dass man im Umgang mit dem gewählten Thema ein Höchstmaß an Systematisierungsvermögen und Originalität demonstriert. Zudem benötigt ein Artikel eine Kernaussage oder eine Generalhypothese, die im Laufe des Beitrags untersucht wird.

Gelungene theoretische Beiträge oder Zusammenfassungen des Forschungsstands zeichnen sich dadurch aus, dass der aktuelle Stand der Diskussion von einer neuen Perspektive beleuchtet wird. Dies wird zu einer besonderen Heraus-

---

[1] Grundsätzlich spricht nichts dagegen, Vorstudien oder bestimmte besonders zentrale Aspekte der Dissertation vorab zu veröffentlichen. Gelingt dies an prominenter Stelle, wertet es die Dissertation auf. Allerdings ist der vorherige Blick in die Promotionsordnung ratsam. Immer wieder finden sich hier Regelungen, die eine Vorabpublikation von Teilen der Dissertation untersagen. In jedem Fall sollte aber versucht werden, nach der Promotion einzelne Themen aus der Dissertation auszukoppeln und gesondert zu veröffentlichen.

forderung, wenn die Literatur hierzu breit ist. Insbesondere die Zusammenstellung empirischer Ergebnisse bereitet häufig Schwierigkeiten, da Methoden und Befunde oft disparat sind und sich nicht widerspruchslos ordnen lassen. Generell ist es in diesem Zusammenhang von Bedeutung, trotz aller Detailbefunde den roten Faden nicht zu verlieren. Einflussreiche Zeitschriftenartikel zeichnen sich im Normalfall dadurch aus, dass sie über diesen roten Faden verfügen: ein klare und stets präsente Botschaft, um die sich alles dreht. Ob man diese Botschaft in dem eigenen Artikel gefunden hat, lässt sich prüfen, indem man versucht, diese in einem einzigen Satz auszudrücken. Benötigt man hingegen wortreiche Ausführungen, um einen Sachverhalt zu beschreiben, ist dies ein Signal, dass man sich über die eindeutige Botschaft, die man seinen LeserInnen mitteilen möchte, selbst erst noch klar werden muss.

Die Gliederung empirischer Analysen folgt üblicherweise einem bestimmten Standardmuster: Einleitung, knappe und auf die Fragestellung zugespitzte Diskussion der in diesem Zusammenhang relevanten Literatur, Darstellung der eigenen Forschungshypothesen oder -fragen, Beschreibung des Forschungsdesigns und der verwendeten Daten, Darstellung der empirischen Befunde bei möglichst stringenter Überprüfung der aufgestellten Hypothesen, Diskussion und – unter Rückbezug auf den eingangs diskutierten Forschungsstand – Formulierungen von Schlussfolgerungen. Im Vergleich zu theoretischen Arbeiten ist das vorgegebene Korsett sehr starr. Noch stärker als bei theoretischen Abhandlungen fallen hier deshalb die eigenen Fähigkeiten ins Gewicht, Sachverhalte systematisch und pointiert darzustellen, ohne sie dabei unzulässig zu verkürzen. Zudem steht und fällt ein empirischer Beitrag mit der Qualität der verwendeten Daten, der Fokussierung auf einen bestimmten Aspekt, der in den Daten enthalten ist, und der Angemessenheit der eingesetzten statistischen Verfahren.

Für wen publizieren?

Angemessen bedeutet aber nicht nur, dass die Argumente klar sind und die verwendeten Verfahren zu den gewählten Daten passen. Angemessen bedeutet auch, dass man sich darüber klar wird, welche Leserschaft man anspricht. Gerade in den Sozialwissenschaften kann diese höchst unterschiedlich strukturiert sein: FachkollegInnen, LehrerInnen, PolitikerInnen, PolitikberaterInnen, interessierte BürgerInnen. Nicht alle diese Gruppen greifen auf die gleichen Fachzeitschriften zu. Es gibt Zeitschriften, die in der Regel bestimmte Zielgruppen ansprechen. Welche dies sind, sollte man vorher in Erfahrung bringen und beim Verfassen eines Beitrags im Hinterkopf behalten. Wenn man nicht einschätzen kann, welche Gruppe eine Zeitschrift besonders nutzt, ist es durchaus hilfreich, die letzten Ausgaben durchzublättern und sich über das Niveau der dort abgedruckten Artikel zu informieren – und sich beim Schreiben seines eigenen Beitrags an diesem Niveau zu orientieren. Alternativ hierzu lohnt sich ein Blick in die Beschreibung des Selbstverständnisses der Zeitschrift oder eine Inspektion der HerausgeberInnen und ihrer Arbeitsgebiete (vgl. in vorliegendem Band *Zeitschrift ist nicht gleich Zeitschrift. Artikel in den Geistes- und Kulturwissenschaften*).

Komplizierte Argumentationsfiguren oder komplexe Analysen, bei denen das Maximum an Informationen aus den Daten geholt wird, sind also nicht immer das Mittel der Wahl. Denn nur wenn man seinen LeserInnen die Möglichkeit gibt, Analysen nachzuvollziehen, besteht die Chance, dass der eigene Beitrag als ein Artikel im Gedächtnis bleibt, aus dem man eine inhaltliche Botschaft mitnehmen konnte (bei empirischen Arbeiten können hier übrigens eingängige Visualisierungen der Befunde eine große Hilfe sein). Dass andere die eigene Forschung verstehen, muss stets das Ziel sein. Ob dies gelungen ist, kann man leicht prüfen, wenn man eine Person aus der anvisierten Zielgruppe bittet, den eigenen Beitrag quer zu lesen und hinterher zu berichten, welche Kernaussage sie dem Artikel entnommen hat.

Mit wem publizieren?

Überdacht werden sollte auch die Frage, ob man lieber alleine oder lieber mit FachkollegInnen publiziert. Beides hat Vor- und Nachteile. Der wesentliche Vorteil einer eigenen Publikation ist die eindeutige Zuordnung von wissenschaftlichen Leistungen zu ihrem Urheber/ihrer Urheberin. Diese ist für Außenstehende nicht ersichtlich, wenn mehrere AutorInnen einen Beitrag veröffentlicht haben. Häufig wird aus der Reihenfolge der AutorInnen abgeleitet, wer die meisten Verdienste um den Artikel hat. Diese Schlussfolgerung muss jedoch nicht immer richtig sein.

Einmal abgesehen davon, dass es häufig nicht zur Debatte steht, ob man einen Artikel alleine oder gemeinsam mit anderen schreibt (etwa wenn Ergebnisse eines gemeinsamen Projekts publiziert werden sollen), hat die Arbeit mit anderen eine Reihe von Vorteilen. Erstens werden Aufgaben auf mehrere Schultern verteilt. Dies hilft nicht nur beim Verfassen der Artikel, sondern auch bei möglichen Revisionen. Stellt man es geschickt an, kann man gemeinsam mehr Artikel publizieren als alleine – der eigene wissenschaftliche Output wird also gesteigert. Zweitens können sich die verschiedenen Kompetenzen ergänzen. Drittens wird nach außen hin deutlich, dass man auch im Team arbeiten kann und offensichtlich in der Lage ist, Kompromisse einzugehen. Dies ist wichtig, denn Forschung findet heute oft in mehr oder weniger großen Forschungsgruppen statt, was übrigens auch für den Universitätsalltag gilt, in dem Kooperation zwingend notwendig ist, um die tagtäglichen Herausforderungen von Lehre und Verwaltung zu meistern. Viertens wird dokumentiert, dass man vernetzt und mit wem man vernetzt ist. Insgesamt sind also Gemeinschaftspublikationen von Vorteil. Sie sind auch nichts Verwerfliches. Vor zehn Jahren war rund die Hälfte der politikwissenschaftlichen Zeitschriftenpublikationen das Ergebnis von Teamwork. In den 1950er Jahren wurde nur jeder zehnte Zeitschriftenbeitrag von mehr als einem Autor/einer Autorin verfasst (vgl. Fisher et al. 1998: 849). Der Trend ist also klar. Hin und wieder sollte man aber auch eine Arbeit veröffentlichen, für die man alleine verantwortlich zeichnet. Dadurch kann man belegen, dass man auch durchaus allein in der Lage ist, qualitativ hochwertige Forschung zu betreiben.

Wo publizieren?

Diese Entscheidung ist eine der ersten, die man treffen sollte. Gleichzeitig ist sie eine der schwierigsten, die man zu treffen hat, da sie Einfluss auf eine Reihe der weiter oben diskutierten Aspekte nimmt. Während oder nach Fertigstellung eines Beitrags die Wahl der Zeitschrift zu revidieren, ist zwar zweifellos möglich, macht aber ggf. eine mehr oder weniger umfassende Überarbeitung des Artikels notwendig.

Welche Fachzeitschrift man für seinen Beitrag auswählt, hängt von verschiedenen strategischen Überlegungen ab. Eine erste Eingrenzung des sinnvollerweise in die engere Auswahl zu ziehenden Zeitschriftenspektrums ergibt sich durch das Thema des Manuskripts. Arbeiten zum Wahlverhalten in Deutschland wird man nicht bei einer familiensoziologischen Zeitschrift einreichen – außer es gibt Bezüge, die dies sinnvoll erscheinen lassen.

Eine zweite Entscheidung betrifft die Disziplin, in der man seine Arbeit vorstellen möchte. So etwa ist es gerade an der Schnittstelle von Fachgebieten überlegenswert, welchen Aspekt der eigene Artikel besonders in den Vordergrund stellen wird bzw. wo man mit seiner Forschung zur Kenntnis genommen werden möchte. Wenn man etwa einen Beitrag zur politischen Kommunikation verfasst, ist es wichtig zu wissen, ob man diesen an Politik- oder an KommunikationswissenschaftlerInnen adressiert. Je nachdem, wie die Entscheidung ausfällt, wird man einen anderen Aufhänger für seine Arbeit wählen, andere Theorien heranziehen und – sofern es sich um einen empirischen Beitrag handelt – möglicherweise sogar andere Verfahren verwenden, um seine Daten auszuwerten.

Drittens muss man entscheiden, ob man ein nationales oder ein internationales Publikum ansprechen möchte. Anhand dieses Faktors ergibt sich, ob man in deutscher oder in einer anderen Sprache – in aller Regel ist dies Englisch – publiziert (vgl. in vorliegendem Band *When in Rome do as the Romans do. Successfully publishing in English*). Neben der angestrebten Reichweite (Ab einem bestimmten Punkt in der Karriere ist es von Bedeutung, nicht nur im eigenen Sprachraum, sondern auch im Ausland wahrgenommen zu werden.) spielt bei dieser Entscheidung auch das Thema selbst eine Rolle. Nur in Ausnahmefällen haben Arbeiten mit einem starken nationalen Fokus das Potenzial, auch in anderen Wissenschaftssystemen auf Interesse zu stoßen.

Viertens geht es um das Renommee einer Zeitschrift. Dieses wird häufig an ihrem *journal impact factor* (JIF) festgemacht, der aus verschiedenen Gründen nicht unumstritten ist.[2] Dieser wird errechnet, indem man misst, wie häufig Artikel einer Zeitschrift zweier aufeinanderfolgender Jahrgänge im darauffolgenden Jahr zitiert werden. Dieser Wert muss durch die Gesamtzahl der in den beiden zusammengefassten Jahrgängen erschienenen Artikel in dieser Zeitschrift dividiert werden. Mit anderen Worten: Der JIF informiert über die Häufigkeit, mit der Beiträge zitiert werden, die in einer bestimmten Zeitschrift in einem bestimmten Zeitraum erschienen sind – relativiert zur Anzahl der Artikel, die insgesamt in diesem Zeitraum in der betreffenden Zeitschrift publiziert wurden (also potenziell zitiert werden konnten). Je häufiger Artikel aus dieser Zeitschrift zitiert werden, desto größer ist der JIF. Daher gilt eine Zeitschrift mit einem hohen JIF als einflussreicher als Zeitschriften, die einen niedrigen JIF haben – deren Beiträge also seltener beachtet werden. Gemessen an diesem Wert werden folgende politikwissenschaftliche Zeitschriften als führend angesehen: *Political Analysis* (JIF 2007: 2,54), *American Political Science Review* (2,32), *American Journal of Political Science* (2,03), *Public Opinion Quarterly* (2,03), *Journal of Conflict Resolution* (1,98). In der Soziologie sind im Jahr 2007 folgende Zeitschriften unter den Top 5 zu finden: *American Journal of Sociology* (3,34), *American Sociological Review* (3,28), *British Journal of Sociology* (2,45), *Annual Review of Sociology* (2,40), *Global Networks* (1,89) (vgl. ScienceWatch 2008; ScienceWatch 2009). Die wenigen deutschsprachigen Zeitschriften, die im SSCI erfasst sind, haben einen vergleichsweise niedrigen JIF und sind in solchen Rankings typischerweise auf den hinteren Plätzen zu finden.

Je größer der JIF einer Zeitschrift ist, desto schwieriger ist es im Allgemeinen, einen Beitrag dort zu publizieren. Dies hängt nicht zuletzt damit zusammen, dass in diesen Zeitschritten unter den eingereichten Beiträgen eine besonders rigorose Auswahl vorgenommen wird. Das dabei gewählte Verfahren ist das sogenannte *double-blind peer review*. Beiträge werden anonymisiert eingereicht und an mehrere GutachterInnen verschickt, deren Identität wiederum vor dem Autor/der Autorin geheim gehalten wird. Diese fällen ein Urteil über die Qualität des eingereichten Artikels, empfehlen die Annahme, die Annahme unter der Voraussetzung mehr oder weniger umfassender Veränderungen am Manuskript oder die Ablehnung des

---

[2] Ein Kritikpunkt ist, dass im *Social Science Citation Index* (SSCI), der die Grundlage für die Berechnung von *impact*-Faktoren darstellt, bei Weitem nicht alle Fachzeitschriften erfasst werden. Eine Liste der aktuell im SSCI gelisteten Zeitschriften findet sich unter http://science.thomsonreuters.com/cgi-bin/jrnlst/jlresults.cgi?PC=SS. Eine Aufstellung der nicht im SSCI einbezogenen Fachzeitschriften findet sich unter http://sowi.univie.ac.at/index.php?id=51282.

Beitrags. Die Begründung wird dem Autor/der Autorin zugestellt, sodass dieser/ diese selbst bei Ablehnung des Beitrags Gelegenheit hat, die angeführte Kritik im Manuskript zu verarbeiten, und im Fall einer erneuten Einreichung[3] – üblicherweise wählt man nun eine andere Zeitschrift mit einem niedrigeren JIF – bessere Chancen auf die Annahme des Artikels hat. Wenngleich professionell arbeitende Zeitschriften großen Wert darauf legen, die erste Phase des Begutachtungsprozesses innerhalb von etwa drei Monaten abzuschließen, kann bis zur Publikation eines Beitrags schnell ein Jahr oder mehr vergehen. Hier sind also Durchhaltevermögen und die Fähigkeit gefragt, sich immer wieder selbst zu einer Überarbeitung des Artikels motivieren zu können (vgl. in vorliegendem Band *Und was mache ich jetzt? Der Umgang mit Ablehnung von Beiträgen*).

Nicht weniger anstrengend und zeitraubend kann das Auswahlverfahren bei Zeitschriften sein, die auf die Konsultation von GutachterInnen verzichten und stattdessen in einem Herausgebergremium entscheiden, ob ein Beitrag für die Publikation geeignet ist. Wenngleich der Einfluss dieser Zeitschriften nicht über den JIF bewertet wird und sie deshalb in aller Regel als qualitativ weniger hochwertig eingestuft werden, kann es durchaus sinnvoll sein, hier zu veröffentlichen. Oft haben diese Zeitschriften eine hohe Auflage oder – bedingt durch die Struktur der Leserschaft – ein großes Potenzial, dass die eigene Forschung von den Massenmedien wahrgenommen oder von Multiplikatoren in Schulen oder anderen Bildungseinrichtungen einem breiten Publikum zur Kenntnis gebracht wird. Im politikwissenschaftlichen Bereich gilt dies etwa für die Beilage zur Wochenzeitung *Das Parlament*, *Aus Politik und Zeitgeschichte* sowie für die *Zeitschrift für Parlamentsfragen*.

Neuerdings stehen potenzielle AutorInnen auch vor der Entscheidung, ob sie klassisch in gedruckten Zeitschriften oder lieber in Onlinezeitschriften publizieren wollen. Für die Wahl der Printvariante spricht, dass Artikel, die in gedruckten Zeitschriften erscheinen, im Allgemeinen ein höheres Maß an Reputation zugesprochen bekommen. Dies dürfte sich aber nach einer Studie der Deutschen Forschungsgemeinschaft (2005) in Zukunft verändern. Weiterhin werden gedruckte Zeitschriften von Bibliotheken bestellt und archiviert, so dass der Zugriff dauerhaft gesichert ist. Für die Wahl von Onlineprodukten ist vor allem die weltweite Sichtbarkeit von Artikeln ins Feld zu führen. Wer im Internet nach bestimmten Stichworten sucht, stößt deutlich früher auf einschlägige Texte als bei der klassischen Katalogsuche, die häufig nur einen Zugriff auf den Titel, Zusammenfassungen des Beitrags oder

---

[3] Dies sollte man in jedem Fall tun. Ein abgelehnter Beitrag bedeutet nicht zwangsläufig, dass der Artikel schlecht ist. Oftmals stößt man einfach nur auf GutachterInnen, die mit dem Thema, dem gewählten theoretischen oder methodischen Zugang oder der vorgenommenen Interpretation von empirischen Befunden nichts anfangen können. Selbstverständlich sollte man die von den GutachterInnen geäußerte Kritik ernst nehmen; entmutigen lassen sollte man sich davon aber nicht.

Schlagworte erlaubt[4]. Zudem sind Onlinepublikationen schneller verfügbar als Printprodukte (vgl. in vorliegendem Band *Zur freien Verfügung. Elektronisches Publizieren mit Open Access*). Deshalb stellt eine Reihe von Zeitschriften, die eigentlich in gedruckter Form erscheinen, neuerdings eine Vorabversion ihres neuesten Hefts ins Internet. Um insbesondere die Sichtbarkeit der eigenen Zeitschriftenpublikationen zu erhöhen, ohne auf die Veröffentlichung in gedruckten Zeitschriften zu verzichten, ist es ratsam, seine Artikel auf der eigenen Homepage zum Download anzubieten (vgl. in vorliegendem Band *Andere Wege, ins Gespräch zu kommen. Netzpräsenz als DoktorandIn*). Allerdings müssen hier einige rechtliche Aspekte berücksichtigt werden. Im Zweifelsfall sollte der Verlag angefragt werden, ob er mit einer solchen Maßnahme einverstanden ist.

Publizieren in Fachzeitschriften?

Die Frage, ob Veröffentlichungen in Fachzeitschriften erstrebenswert sind, kann eindeutig mit „ja" beantwortet werden. Schon möglichst früh in ihrer wissenschaftlichen Karriere sollten sich junge ForscherInnen darüber klar werden, dass – neben einer guten Dissertation – Erfolg in dieser Disziplin das ist, was die Scientific Community von ihnen erwartet (und was nachweislich auch von ihr belohnt wird). Um diesen Erfolg möglichst effektiv zu realisieren, hilft es, sich vorher genau zu überlegen, in welcher Zeitschrift man mit wem zu welchem Thema publizieren möchte. Hilfreich ist es ebenfalls, im Kampf um Positionen nicht überstürzt halbfertige Papiere zur Begutachtung einzureichen. Zu groß ist die Wahrscheinlichkeit, abgelehnt zu werden – selbst dann, wenn man dazu aufgefordert wird, den Beitrag massiv zu überarbeiten. Gerade bei den ersten Versuchen, einen Beitrag in einer Fachzeitschrift zu platzieren, empfiehlt es sich, viel Zeit darauf zu verwenden, ein in Sprache, Argumentation und Analyse klares und strukturiertes Manuskript auszuarbeiten. Der Rat von KollegInnen im Vorfeld einer Einreichung kann hier nützlich sein. Ebenso nützlich ist es, seinen Beitrag zunächst einmal auf zwei oder drei Konferenzen zu präsentieren und die Anmerkungen der FachkollegInnen aufzugreifen. Das Verfassen eines Zeitschriftenartikels erfordert also viele Fähigkeiten (von denen viele erlernt werden können) und zahlreiche Vorarbeiten. Dass sich diese Investition lohnt, merkt man spätestens bei dem Gefühl, das sich einstellt, wenn man seinen Beitrag in gedruckter Form in der Hand hält.

---

[4] Allerdings verfügen SozialwissenschaftlerInnen nur über ein sehr begrenztes Wissen über solche Open-Access-Journals und ziehen diese deshalb bei der Frage, in welcher Zeitschrift der eigene Artikel eingereicht werden soll, seltener in Betracht (Swan/Brown 2005).

Literatur

Deutsche Forschungsgemeinschaft (2005): Publikationsstrategien im Wandel? Ergebnisse einer Umfrage zum Publikations- und Rezeptionsverhalten unter besonderer Berücksichtigung von Open Access. Weinheim: Wiley-VCH

Faas, Thorsten/Schmitt-Beck, Rüdiger (2008): Die deutsche Politikwissenschaft und ihre Publikationen: Ist und Soll. Ergebnisse einer Umfrage unter den Mitgliedern der DVPW. In: DVPW-Rundbrief 139: 166–176

Fisher, Bonnie S. et al. (1998): How Many Authors Does It Take To Publish an Article? Trends and Patterns in Political Science. In: Political Science & Politics 31: 847–856

Plümper, Thomas/Schimmelpfennig, Frank (2007): Wer wird Prof – und wann? Berufungsdeterminanten in der deutschen Politikwissenschaft. In: Politische Vierteljahresschrift 48: 97–117

ScienceWatch (2008): Journals Ranked by Impact: Sociology. Stand 06.07.2008 (http://sciencewatch.com/dr/sci/08/jul6-08_1/; 13.10.2009)

ScienceWatch (2009): Journals Ranked by Impact: Political Science. Stand 29.03.2009 (http://sciencewatch.com/dr/sci/09/mar29-09_1/; 13.10.2009)

Swan, Alma/Brown, Sheridan (2005): Open Access Self-Archiving. An Author Study. Truro: Key Perspectives Limited

4.4 Schreiben heißt auch Überzeugen. Artikel in der Psychologie

Mario Gollwitzer

Veröffentlichungen in wissenschaftlichen Fachzeitschriften stellen in der Psychologie bei Weitem die wichtigste, die am höchsten angesehene, aber auch die schwierigste Form dar, die eigenen Erkenntnisse innerhalb der wissenschaftlichen Gemeinschaft zu publizieren und sich damit ein wissenschaftliches Renommee zu verschaffen. Bei Veröffentlichungen in wissenschaftlichen Fachzeitschriften handelt es sich in den meisten Fällen um Artikel, in denen Originalarbeiten beschrieben werden. Solche Originalarbeiten haben stets den gleichen Aufbau. (Im Falle einer Originalarbeit, in der eine einzige Untersuchung beschrieben wird, sind das (1) die theoretische Einleitung, (2) der Methodenteil, (3) der Ergebnisteil und (4) der Diskussionsteil.) Zeitschriftenartikel mit Originalarbeiten sind meist umfangsbegrenzt, wobei diese Begrenzung (die oft in einer maximalen Seitenzahl oder einer maximalen Anzahl Wörter auf den Internetseiten der jeweiligen Zeitschriften angegeben wird) zwischen und innerhalb der Zeitschriften stark variiert. So werden in vielen Zeitschriften (z. B. *Personality and Social Psychology Bulletin*, PSPB) Artikel mit einer Länge von bis zu 10.000 Wörtern akzeptiert. Einige Zeitschriften nehmen nur sehr viel kürzere Artikel an (*Psychological Science*: max. 5.000 Wörter); viele Zeitschriften haben inzwischen Sektoren für längere (*full articles*) und kürzere Artikel (*brief reports*) eingeführt. Ziel der *brief reports* ist es, die Zeit, die zwischen der Einreichung des Artikels und seiner Veröffentlichung verstreicht, so kurz wie möglich zu halten und so neue und bahnbrechende Erkenntnisse möglichst rasch der Öffentlichkeit zugänglich zu machen.

Neben den Originalarbeiten gibt es sogenannte *review*-Artikel, in denen die Forschung zu einem bestimmten thematischen Bereich in Form eines Befundüberblicks zusammengefasst und theoretisch diskutiert wird, wobei der Erkenntnisgewinn eines solchen *review*-Artikels darin besteht, Theorien integrativ zu überprüfen, ihre Weiterentwicklung oder Modifikation anzuregen, ihren Stellenwert für eine bestimmte Teildisziplin zu diskutieren, Widersprüche und Redundanzen mit anderen Theorien sowie Desiderata in einem Bereich zu identifizieren und somit zur theoretischen Ordnung in einem bestimmten Forschungsfeld beizutragen. *Review*-Artikel werden meist von etablierten ForscherInnen verfasst, und einige Zeitschriften (z. B. *Annual Review of Psychology*) laden bestimmte ForscherInnen gezielt zur Einreichung eines *review*-Artikels ein.

Eine dritte wichtige Form wissenschaftlicher Veröffentlichungen in Fachzeitschriften sind Meta-Analysen, in denen die bisherige Forschung zu einem spezifischen Thema (z. B. einem bestimmten Effekt, einer Hypothese, einem Modell) zusammengefasst wird, wobei es sich hier um eine quantitative Aggregation von Effekten handelt, die in Originalstudien gefunden wurden. Meta-Analysen liegt eine eigene Methodik zugrunde; sie unterscheiden sich daher sehr stark von Originalartikeln hinsichtlich ihrer Struktur – beispielsweise darin, dass sie teilweise explorativ angelegt sind. Meta-Analysen werden in den gleichen Zeitschriften publiziert, in denen auch Originalarbeiten veröffentlicht werden.

Das *peer-review*-System

Ein Grund dafür, dass das Publizieren in (psychologischen) Fachzeitschriften so schwierig ist (und auf der anderen Seite aber auch zur Steigerung des wissenschaftlichen Renommees beiträgt), ist, dass der Abdruck eines Artikels eine Hürde passieren muss, nämlich die der Begutachtung. Nur positiv begutachtete Artikel werden zum Druck angenommen. Damit ist das Ziel verbunden, eine Art Qualitätssicherung im Wissenschaftssystem zu installieren: Nur die interessantesten, relevantesten, erkenntnisreichsten und qualitativ hochwertigsten Arbeiten sollen publiziert werden. Das Ziel ist dabei durchaus einsichtig, schließlich ist Forschung aus Steuergeldern finanziert; die Gesellschaft hat also ein nachvollziehbares Interesse an einer Förderung „guter" Forschung. Die schwierigste Frage in diesem Zusammenhang lautet allerdings, wie „gute" vs. „schlechte" Forschung definiert ist, an welchen Kriterien die „Güte" von Forschung festzumachen ist und wie ein faires und akzeptiertes Verfahren zur Sicherung eines hohen Qualitätsstandards von Forschung zu konstruieren ist.

Das Wissenschaftssystem hat ein Verfahren gefunden, bei dem Manuskripte, die bei einer Fachzeitschrift eingereicht werden, von anderen WissenschaftlerInnen begutachtet werden, die sich in dem jeweiligen Bereich auskennen. Die wissenschaftliche Gemeinschaft evaluiert sich also selbst bzw. gegenseitig. Man spricht daher von einem *peer-review*-System.

Das System des *peer review* läuft bei vielen Zeitschriften nach einem sehr ähnlichen Schema ab: Zunächst reicht man seinen Artikel bei einer Zeitschrift, die man hinsichtlich ihrer thematischen Ausrichtung für geeignet hält, ein. Bei größeren Zeitschriften gibt es ein gewähltes Herausgeberteam. Da viele Zeitschriften Organe von Fachgesellschaften sind, sind alle Mitglieder einer Fachgesellschaft berechtigt, HerausgeberInnen vorzuschlagen, zu nominieren oder zu wählen. Einer/Eine der HerausgeberInnen führt die Geschäfte, die anderen arbeiten ihm/ihr zu. Die Einreichung eines Manuskripts bei einer Zeitschrift geschieht inzwischen in den meisten Fällen über ein Onlineportal. Eingegangene Manuskripte werden einem

Mitglied des Herausgeberteams zugeordnet, dem *action editor*; dieser/diese sucht – ggf. nachdem er/sie sich einen ersten Eindruck davon verschafft hat, ob der Artikel grundsätzlich abdruckfähig ist und welcher Bereich hier beforscht wurde – nach geeigneten GutachterInnen (meist zwei bis drei). Diese werden angeschrieben mit der Bitte, die Begutachtung des eingereichten Beitrags zu übernehmen. Zur Orientierung wird die Kurzzusammenfassung (Abstract) des Beitrages mitgeschickt. Die Begutachtung soll innerhalb von drei bis sechs Wochen abgeschlossen sein; die Rückmeldung erfolgt in Form eines offenen Briefes, manchmal ergänzt um quantitative Urteile auf einer Liste von Fragen und Kriterien (z. B. „War die methodische Umsetzung angemessen?"), die aber nur dem *action editor*, nicht den AutorInnen des eingereichten Manuskripts, rückgemeldet werden. Die Gutachten sollen mit einem eindeutigen Vorschlag versehen sein, wie mit dem Manuskript zu verfahren sei. Üblicherweise fallen diese Vorschläge in vier Kategorien: (1) Beitrag ablehnen (*reject*), (2) Beitrag ablehnen, aber den AutorInnen die Möglichkeit einräumen, ihn in einer überarbeiteten Fassung einzureichen (*revise and resubmit*), (3) Beitrag annehmen unter der Maßgabe, dass er noch einmal auf der Basis der Gutachtervorschläge überarbeitet wird (*minor revisions*) und (4) Beitrag so annehmen, wie er ist (*accept*). Die letzte Kategorie wird so gut wie nie gewählt; die anderen Kategorien kommen dagegen weit häufiger vor (vgl. in vorliegendem Band *Und was mache ich jetzt? Umgang mit Ablehnung von Beiträgen*).

Nachdem alle Gutachten eingegangen sind, trifft der *action editor* eine Entscheidung über Ablehnung oder Annahme des Manuskripts. Diese Entscheidung ist bindend. Wird den AutorInnen die Möglichkeit eingeräumt, ihren Beitrag zu überarbeiten und noch einmal bei der Zeitschrift einzureichen, so werden sie meist darauf aufmerksam gemacht, alle Vorschläge und Kritikpunkte der GutachterInnen bei ihrer Überarbeitung aufzugreifen. Dies geschieht in Form eines *revision letters*, der dem überarbeiteten Manuskript beizufügen ist. In diesem Brief beschreiben die AutorInnen, ob und wie sie die Vorschläge und Kommentare der GutachterInnen in der Überarbeitung ihres Beitrags aufgegriffen haben. Die überarbeitete Version des Manuskripts und der *revision letter* werden daraufhin den GutachterInnen zugänglich gemacht mit der Bitte, den Beitrag erneut zu begutachten. Solche Revisionsrunden können sich durchaus wiederholen, aber selbst nach der dritten Revision kann es vorkommen, dass der Beitrag schließlich abgelehnt wird. Erst die finale Annahme eines Manuskripts erlaubt es den AutorInnen, ihren Beitrag in ihrem Lebenslauf oder auf ihrer Homepage als „in Druck" befindlich zu kennzeichnen.

Man kann sich sehr leicht vorstellen, dass dieses System, dessen zentrale Funktion in der Sicherung von wissenschaftlicher Qualität in Veröffentlichungen besteht, in mehrerer Hinsicht suboptimal ist. Wie jedes andere diagnostische Verfahren sollte der *peer-review*-Prozess zentralen diagnostischen Gütekriterien genügen, also valide (d. h. tatsächlich Qualität messen und nicht etwa, ob es sich bei AutorInnen um renommierte Personen handelt), reliabel (d. h. frei von Messfehlern sein, die dann entstehen können, wenn GutachterInnen das Manuskript nicht sorgfältig genug lesen), ökonomisch, fair und nützlich sein, um nur einige dieser Gütekriterien zu nennen. Viele anekdotische Beispiele und sogar systematische Untersuchungen (z. B. Peters/Ceci 1982) zeigen jedoch, dass die diagnostischen Qualitäten des *peer-review*-Prozesses hinter den Erwartungen zurückbleiben. Für NachwuchswissenschaftlerInnen besonders problematisch ist, dass sich ein *peer-review*-Prozess durchaus lange hinziehen kann. Obwohl viele Zeitschriften (etwa durch die Einführung von *brief reports*, die zum Teil nur ein sehr kurzes *review*-Verfahren durchlaufen) versuchen, die Dauer ihrer Begutachtungsverfahren kurz zu halten, kommt es durchaus vor, dass man fünf bis sieben Monate auf seinen *decision letter*, d. h. die Entscheidung der Herausgeberin/des Herausgebers, warten muss.

Die Problematik der unbefriedigenden diagnostischen Eigenschaften des *peer-review*-Prozesses wird noch dadurch verschärft, dass Publikationserfolge im Wissenschaftssystem das zentrale Kriterium für Personalauswahlverfahren (z. B. Berufungen auf Professuren) sind. Entscheidend für die Beurteilung der wissenschaftlichen Expertise von ForscherInnen sind (1) Erfolge bei der Einwerbung von Drittmitteln für die eigene Forschung und (2) Erfolge bei der Publikation der eigenen Forschungsleistungen. Dabei kommt es auf die Anzahl der Publikationen in Fachzeitschriften mit *peer review* an, oft verknüpft mit der Frage, wie angesehen die jeweilige Zeitschrift in der wissenschaftlichen Gemeinschaft ist (z. B. operationalisiert über ihren *impact*-Faktor). Aber natürlich sind das wissenschaftliche Renommee einer Person, ihre Drittmittelerfolge und ihre Publikationserfolge keine unabhängigen Größen; vielmehr bedingen sie sich alle gegenseitig.

Strategien und Hinweise für das wissenschaftliche Publizieren

Das *peer-review*-System ist zwar suboptimal, aber das sind alle Selektionssysteme. Natürlich hat es keine Reliabilität von 1, aber es hat auch keine Reliabilität von 0 (was bedeuten würde, dass die Entscheidung über die Annahme oder Ablehnung eines Artikels perfekt zufällig wäre). Wer das System aus der Perspektive von GutachterInnen kennt, weiß, dass man in vielen Fällen ziemlich gut beurteilen kann, ob ein Artikel etwas taugt oder nicht. Und wer das System aus der Perspektive von AutorInnen kennt, der weiß auch, dass die ersten Manuskripte, die man selbst schreibt, eher abgelehnt werden als diejenigen, die man mit einem größeren Erfahrungshorizont verfasst. Offenbar gibt es also Merkmale eines Artikels, die eine Annahme wahrscheinlicher oder unwahrscheinlicher machen. Und diese Merkmale zu kennen und zu optimieren, stellt einen zentralen Aspekt der wissenschaftlichen Weiterqualifikation dar – vor, während und nach der Promotion.

Einige dieser Merkmale beziehen sich nicht auf den Artikel selbst, sondern auf die „strategische Peripherie" des Publikationsmarktes. Während der Promotionsphase sind dies Merkmale, die am ehesten durch die BetreuerInnen der Doktorarbeit eingeschätzt werden können, da sie Expertise und implizites Wissen über das Wissenschaftssystem voraussetzen. Die wichtigste Frage lautet hier, bei welcher Zeitschrift man die eigene Forschungsarbeit einreichen sollte.

Zeitschriften unterscheiden sich nicht nur hinsichtlich ihrer thematischen Ausrichtung und ihres *impacts*, sondern auch hinsichtlich ihrer Ablehnungsquote und der durchschnittlichen Verfahrensdauer von der Einreichung bis zur Herausgeberentscheidung. Für die Promotionsphase gilt, dass die Verfahrensdauer mindestens so wichtig ist wie der *impact*-Faktor einer Zeitschrift. Da ein Artikel immer nur bei einer einzigen Zeitschrift eingereicht werden kann und nicht bei mehreren Zeitschriften gleichzeitig, sollte man zu Beginn seiner wissenschaftlichen Karriere eher eine Zeitschrift wählen, bei der die Ablehnungswahrscheinlichkeit gering und die Verfahrensdauer kurz ist. Hat man bereits eine solide Basis an Publikationen nach der Promotion, wird der *impact*-Faktor wichtiger als die Verfahrensdauer sein.

Ein weiteres Kriterium für die Auswahl der geeigneten Zeitschrift könnte die Zusammensetzung des Herausgeberteams sein. Es dürfte nicht allzu sehr überraschen, dass zum *action editor* eines Manuskripts diejenigen Mitglieder des Herausgeberteams benannt werden, die dem jeweiligen Forschungsthema inhaltlich nahe stehen. Weiß man schon vorher, dass die Person, die wahrscheinlich *action editor* werden wird, im wissenschaftlichen Clinch mit dem eigenen Betreuer/der eigenen Betreuerin liegt oder gegenüber dessen/deren Arbeiten eher ablehnend eingestellt ist, dürfte dies ein Grund dafür sein, möglicherweise doch eine andere Zeitschrift in Betracht zu ziehen.

Ein Hinweis, den erfolgreiche AutorInnen immer wieder NachwuchswissenschaftlerInnen geben, ist, das eigene Manuskript von anderen Personen – und zwar solchen mit Erfahrung im Publikationsgeschäft – lesen zu lassen und Rückmeldungen zu erbitten. Die ProbeleserInnen müssen dabei nicht unbedingt ExpertInnen auf dem beforschten Gebiet sein, aber sie sollen – genau wie die LeserInnen des potenziellen Artikels und damit auch die GutachterInnen – Antworten auf die folgenden Fragen finden:

1) Weiß man nach der Lektüre der ersten Seite, worum es in dem Artikel geht?
2) Weiß man nach der Lektüre der ersten drei Seiten, worin die Notwendigkeit dieser Forschungsarbeit und der erhoffte Erkenntnisgewinn bestehen?
3) Weiß man nach der Lektüre des Theorieteils, worin die Fragestellung der Arbeit besteht, wie die Hypothesen lauten und wie sie begründet sind?
4) Weiß man nach der Lektüre des Methodenteils, wie die Untersuchung durchgeführt wurde?

5) Weiß man nach der Lektüre des Ergebnisteils, ob die Hypothesen bestätigt wurden oder nicht?
6) Weiß man nach der Lektüre des Diskussionsteils, worin der tatsächliche Erkenntnisgewinn dieser Arbeit besteht?

Nur wenn alle Fragen mit „ja" beantwortet werden, sollte der Artikel überhaupt eingereicht werden.

Man sollte sich als VerfasserIn eines wissenschaftlichen Artikels darüber im Klaren sein, dass das *peer-review*-System suboptimal ist und sich daher bemühen, von seinen Stärken zu profitieren und seine Schwächen zu vermeiden. Dazu gehört auch, sich immer wieder zu verdeutlichen, dass die *peer reviewer* eigentlich Besseres zu tun hätten, als Artikel zu begutachten. Genau wie die prospektiven LeserInnen muss man auch die GutachterInnen davon überzeugen, dass es sich um einen wichtigen und soliden wissenschaftlichen Beitrag handelt. Der Artikel sollte motivierend und trotzdem sachlich geschrieben sein; die Beispiele sollten gut gewählt und allgemein verständlich sein.

Daryl J. Bem (2004) hat das Bild einer Sanduhr gewählt, um deutlich zu machen, an welchen Stellen ein Manuskript „breit", allgemein und unspezifisch und an welchen Stellen es hingegen spezifisch, technisch und detailliert sein sollte. Zu Beginn des Artikels geht es darum, die Fragestellung zu formulieren und die Neugier der LeserInnen zu wecken. Wichtig ist es, den LeserInnen gleich zu Beginn klar zu machen, wieso die Fragestellung relevant ist und welche Implikationen sich aus dieser Forschung ableiten lassen. Ein einleitendes Beispiel, fiktiv oder – noch besser – real, kann zur Veranschaulichung und Verdeutlichung verwendet werden. Auf keinen Fall sollte der Artikel gleich zu Beginn zu stark ins Detail gehen; auch sollte er zu Beginn kein Vorwissen in dem jeweiligen Bereich voraussetzen. Die Einleitung hat lediglich die Aufgabe, den LeserInnen eine Antwort auf die Frage zu geben: Worum geht es und wieso? Je weiter der Text fortschreitet, desto spezifischer und „enger" wird die Fragestellung; der Theorieteil, der das Begründungsfundament für die empirischen Hypothesen darstellt, muss gegen Ende quasi organisch in die Hypothesenformulierung münden.

Der Methoden- und der Ergebnisteil sind diejenigen Teile des Manuskripts, die am ehesten technisch und detailreich geschrieben werden müssen. Der Methodenteil sollte alle Informationen geben, die nötig sind, um die methodische Qualität der Arbeit zu bewerten. Er sollte so strukturiert sein, dass man sich den Ablauf des beschriebenen Experiments oder den Aufbau des Fragebogens gut vorstellen kann. Im Falle eines Laborexperiments ist es daher sinnvoll, den Ablauf aus der Sicht einer Versuchsperson zu schildern (vgl. Bem 2004).

Wird ein Artikel in einem *peer-review*-Verfahren abgelehnt, so wird diese Entscheidung meist damit begründet, dass die Arbeit methodische Schwächen hatte.

Obwohl man angesichts vieler methodisch schwacher und dennoch publizierter Arbeiten in der Psychologie den Eindruck gewinnt, dass es neben der methodischen Qualität noch andere Aspekte geben muss, die über Ablehnung oder Annahme eines Artikels bei einer Zeitschrift entscheiden, ist der Methodenteil zweifellos das Herzstück einer jeden wissenschaftlichen Arbeit. Und von allen Teilen der Arbeit ist der Methodenteil tendenziell am ehesten objektivierbar zu begutachten. Es ist also kein Wunder, dass schwere methodische Mängel ein *kick-out*-Kriterium bei der Begutachtung darstellen. Der Versuchsplan, die Operationalisierung der abhängigen und unabhängigen Variablen, die verwendeten Instrumente, die Stichprobe und das Vorgehen bei der Stichprobenziehung, der Ablauf und die verwendeten Materialien, ethische Aspekte und die statistischen Analysen sollen ausführlich beschrieben und begründet werden. Der Methodenteil und die Darstellung der Ergebnisse sollten klar und sauber sein. Die methodische Anlage einer Forschungsarbeit erfordert höchste Sorgfalt, und zwar gerade *weil* das menschliche Verhalten und Erleben (also die zentralen Gegenstände der Psychologie) multideterminiert sind und praktisch niemals fehlerfrei gemessen werden können. Zur Frage, wie statistische Ergebnisse in Form von Tabellen korrekt berichtet werden, gibt es hilfreiche Leitfäden (vgl. z. B. Nicol/Pexman 1999).

Im Diskussionsteil wird zunächst ein Rückbezug der Ergebnisse zur theoretischen Fragestellung hergestellt: Es muss klar werden, was die Ergebnisse über die Richtigkeit bzw. Falschheit der empirischen Hypothesen aussagen können und was nicht. Gegen Ende des Diskussionsteils darf der Duktus dann wieder „breiter" werden; hier kann man Implikationen der eigenen Forschung und Anwendungsmöglichkeiten diskutieren, Vorschläge für zukünftige Arbeiten in diesem Bereich unterbreiten und auch noch einmal das Beispiel vom Anfang aufgreifen, um den Artikel rund zu machen und ihm einen Spannungsbogen zu verleihen.

Tipps zum Thema „Gutes Schreiben" gibt es viele. Kathryn M. Bartol (1983) hat eine hilfreiche Liste von Warnungen (*don'ts*) formuliert. Demzufolge scheitern Artikel an der *peer*-Begutachtung, wenn sie die folgenden Merkmale aufweisen:

- Im Theorieteil:
    - zu wenig oder zu viel zitierte Literatur
    - thematisch irrelevante Bezüge und Zitate
    - unpassende, nicht zielführende Argumente und Gedanken
    - mehrdeutige Fragestellung, unklare Beschreibung der Forschungsfrage
- Im Methodenteil:
    - unvollständige Beschreibung der Stichprobe
    - unvollständige Beschreibung der methodischen Umsetzung
    - unvollständige Beschreibung der verwendeten Instrumente und Maße

- Im Ergebnisteil:
  - unvollständige Darstellung der statistischen Analysen (z. B. keine deskriptiven Kennwerte; keine Angaben über Freiheitsgrade etc.)
  - unangemessene Auswertungsverfahren
- Im Diskussionsteil:
  - bloße Wiederholung der Befunde
  - Interpretationen, die weit über die Daten hinaus gehen und durch die Befunde nicht gestützt werden (vgl. Bartol 1983)

Viele HerausgeberInnen lesen ein eingereichtes Manuskript zunächst quer, d. h. sie lesen das Abstract, die ersten Zeilen der Einleitung, die Zwischenüberschriften im Theorieteil, die ersten Zeilen des Methoden- und des Ergebnisteils sowie die ersten und die letzten Zeilen des Diskussionsteils. Dann beurteilen sie auf der Basis ihres ersten Eindrucks, ob das Manuskript gut strukturiert und lesbar ist. Man kann beim *action editor* also einen guten ersten Eindruck hinterlassen, wenn man sich Mühe mit diesen Textteilen gibt. Insbesondere das Abstract ist hier von Bedeutung. Es muss kurz und prägnant, in sich konsistent, lesbar und informativ sein. Die Forschungsfrage muss in ein bis zwei Sätzen spezifiziert werden; die methodische Grundstruktur der empirischen Untersuchung(en) muss in einem Satz dargestellt werden; die Ergebnisse und ihre Bedeutung für die Fragestellung müssen klar werden.

Das Abstract ist das Aushängeschild eines Manuskripts; es bedarf ganz besonderer Sorgfalt. Ein gutes Abstract zu schreiben ist leichter gesagt als getan, vor allem, da viele Zeitschriften strikte Umfangsbegrenzungen von 100 bis 200 Wörtern haben. Zum Vergleich: Allein der folgende Absatz besteht bereits aus 121 Wörtern.

Viele HerausgeberInnen schauen sich beim Querlesen auch die formale Struktur eines Manuskripts an: Entspricht ein Manuskript nicht den formalen Richtlinien der jeweiligen Zeitschrift (in der Psychologie handelt es sich hierbei um die Richtlinien der American Psychological Association (APA), die in der mittlerweile 6. Auflage des *Publication Manual* der APA ausführlich beschrieben sind; vgl. American Psychological Association 2009), wird es manchmal gar nicht erst in die Begutachtung gegeben, sondern sofort abgelehnt. Orthografische und formale Fehler werden insbesondere im Literaturverzeichnis und bei der Beschriftung von Abbildungen und Tabellen offenbar. Viele HerausgeberInnen urteilen nach dem Grundsatz „Wer sich bei den Formalia keine Mühe gibt, der gibt sich auch bei seiner Forschung keine Mühe" – und möglicherweise handelt es sich hier ja um eine nicht allzu falsche Heuristik.

Einige Tipps zum wissenschaftlichen Schreiben sind nachfolgend noch einmal zusammengefasst:

- Machen Sie die LeserInnen neugierig auf den Artikel und fesseln Sie ihre Aufmerksamkeit mit einem spannenden ersten Satz oder einer guten einleitenden Frage!
- Verzichten Sie im ersten Absatz auf Ballast, d. h. wörtliche Zitate oder Literaturverweise!
- Zitieren Sie – wenn möglich – immer drei Typen von Artikeln: (1) den „Entdecker" (d. h. den ersten Artikel zum Thema), (2) die „Koryphäe" (d. h. den wichtigsten Artikel zum Thema) und (3) die „neueste Mode" (d. h. den neusten Artikel zum Thema)!
- Verwenden Sie eine konsistente Terminologie, wenig Abkürzungen, viele Schlagworte und Wiederholungen!
- Strukturieren Sie Ihren Artikel gut durch; verwenden Sie eindeutige, prägnante, aussagekräftige und nicht allzu technische Überschriften!
- Seien Sie redundant: Sagen Sie den LeserInnen, was Sie gleich sagen werden, und sagen Sie ihnen danach, was Sie ihnen gerade gesagt haben!
- Erlauben Sie den LeserInnen im Methodenteil, sich in die Rolle einer Versuchsperson hineinzuversetzen!
- Beginnen Sie die Diskussion mit einem kurzen Befundüberblick!
- Bleiben Sie bei der Wahrheit in der Diskussion der Befunde: Was marginal signifikant im Ergebnisteil war, sollte nicht hoch signifikant im Diskussionsteil sein!
- Seien Sie perfektionistisch hinsichtlich der formalen Aspekte des Artikels!

Ein allgemeiner Tipp für den Beginn der wissenschaftlichen Karriere lautet: Suchen Sie sich ein Modell (Artikel oder AutorIn), das Sie selbst gut finden, und versuchen Sie herauszufinden, was es für Sie so gut macht. Jeder Autor/Jede Autorin hat seinen/ihren eigenen Stil, und manche Stile gefallen einem selbst mehr als andere. Ein Artikel wird interessanter und lesbarer, wenn man darin eine Handschrift erkennt, auch wenn es natürlich Jahre dauern mag, bis man selbst so etwas wie eine Handschrift in seinen eigenen Arbeiten entwickelt.

Für fortgeschrittene NachwuchswissenschaftlerInnen lautet der entscheidende Tipp: Bleiben Sie mit dem Schreiben in der Übung. Als GutachterIn merkt man recht schnell, ob die AutorInnen eines Manuskripts geübte oder ungeübte SchreiberInnen sind. Geübte SchreiberInnen können sich besser in die Position ihrer LeserInnen hineinversetzen; sie antizipieren Fragen und Kritik und können diese beim Schreiben gleich beantworten bzw. diskutieren. So zäh und aversiv das wissenschaftliche Schreiben zu Beginn auch sein mag: Mit der Zeit wird man ExpertIn, formt seinen Stil, orientiert sich an anderen, beginnt selbst, „gute" von „schlechten"

Artikeln zu unterscheiden; man gewinnt Gefallen an der Ästhetik des Schreibens (denn selbst das wissenschaftliche Schreiben hat eine Ästhetik!), wird geübter im Lesen (auch indem man selbst *peer reviews* für Zeitschriften verfasst), besser im Schreiben, erfolgreicher im Publizieren – und im Idealfall macht das Ganze dann irgendwann sogar Spaß.

Literatur

American Psychological Association (2009) (Hrsg.): Publication manual of the American Psychological Association. 6. Auflage. Washington, DC: APA Press

Bartol, Kathryn M. (1983): Manuscript faults and review board recommendations: Lethal and nonlethal errors. In: American Psychological Association, Committee on Women in Psychology and Women's Programs Office (Hrsg.): Understanding the manuscript review process: Increasing the participation of women. Washington, DC: APA Press: 29–45

Bem, Daryl J. (2004): Writing the empirical journal article. In: Darley, John M./Zanna, Mark P./Roediger, Henry L. III (Hrsg.): The compleat academic: A career guide. 2. Auflage. Washington, DC: APA Press: 185–219

Nicol, Adelheid A. M./Pexman, Penny M. (1999): Presenting your findings: practical guide for creating tables. Washington, DC: APA Press

Peters, Douglas P./Ceci, Stephen J. (1982): Peer-review practices of psychological journals: The fate of published articles, submitted again. In: Behavioral and Brain Sciences 5: 187–195

Ergänzende Literatur

Deutsche Gesellschaft für Psychologie (2007): Richtlinien zur Manuskriptgestaltung. 3. Auflage. Göttingen: Hogrefe

Eichorn, Dorothy H./VandenBos, Gary R. (1985): Dissemination of scientific and professional knowledge: Journal publication within the APA. In: American Psychologist 40: 1309–1316

Rosnow, Ralph L. (2009): Writing papers in psychology: a student guide. 8. Auflage. Belmont, CA: Wadsworth

Sternberg, Robert J. (Hrsg.) (2000): Guide to publishing in psychology journals. Cambridge, MA: Cambridge University Press

Trimmel, Michael (2009): Wissenschaftliches Arbeiten in Psychologie und Medizin. Stuttgart: UTB

4.5 Promotion im Umbruch.
Artikel in den Natur- und Umweltwissenschaften

Gabriele E. Schaumann

Nicht nur in den Natur- und Umweltwissenschaften vollzieht sich seit mehreren Jahren ein intensiver Wandel, der sich nachhaltig auf das wissenschaftliche Arbeiten und die Art und Qualität der wissenschaftlichen Erkenntnisse auswirkt. Dieser Wandel ist gekennzeichnet durch eine immense Beschleunigung des Zugewinns an Daten und Fakten, an Erkenntnissen, an Publikationen, an Konferenzen und Workshops. Aber auch Quantitäts- und Qualitätsansprüche an die Forschenden sind diesem Wandel unterworfen. Dies betrifft, wie dieser Artikel zeigen wird, in besonderer Weise den Stellenwert der Promotion. Ein wichtiger Grund für diese Entwicklung ist die Verlagerung der Forschungsförderung hin zu einer wachsenden bis ausschließlichen Drittmittelorientierung und Drittmittelabhängigkeit. Schon allein dadurch konzentriert sich der Fokus in der Wissenschaft zunehmend auf kurzfristig Erfolg versprechende Projekte und schnelle Publikationen. Längerfristige Vorhaben und das freie Wachsen von Wissen – die Basis für zahlreiche bis heute bedeutsame Entdeckungen und Erkenntnisse! – bleiben in einer solchen Entwicklung auf der Strecke. Die Etats an den Universitäten reichen in der Regel nicht mehr aus, um drittmittelunabhängige Forschung überhaupt durchführen zu können, ganz zu schweigen von den wachsenden Aufgaben in akademischer Selbstverwaltung und den administrativen Aufgaben in der Lehre, die in unabsehbar steigendem Maße insbesondere den universitätsfinanzierten WissenschaftlerInnen Zeit und Muße rauben, wissenschaftliche Sachverhalte voranzutreiben.

Wohin führt uns diese Entwicklung und welche Bedeutung hat sie für die erste eigenständige Phase einer wissenschaftlichen Karriere, die Promotion? Wie können junge ForscherInnen in (oder vielmehr trotz?) dieser Entwicklung das höchste Ziel der Wissenschaft – das Schaffen von Wissen – erreichen? Und wie kann die eigene Promotion dem Spannungsfeld zwischen Quantität und Qualität optimal begegnen? Welche Rolle spielt hierbei das Publizieren bereits während der Promotion?

Der vorliegende Artikel ist bewusst kritisch gehalten und soll die LeserInnen dazu einladen, über die eigenen Wertmaßstäbe zu reflektieren, sich den Wert innerer Maßstäbe und intrinsischer Qualitätskriterien bewusst zu machen und sich immer wieder an diese inneren Kriterien zu erinnern, wenn der Strudel der Zeit die Kontrolle über das eigene Arbeiten und Denken zu gewinnen droht.

Ziele einer Promotion im Wandel

Mit der Promotion sollen WissenschaftlerInnen neue wissenschaftliche Erkenntnisse generieren und diese durch die Veröffentlichung in den Kontext der aktuellen Forschung einordnen. Lange Zeit war eine sehr zentrale Bedingung für die Zulassung einer Monografie als Dissertationsschrift, dass die Ergebnisse noch nicht veröffentlicht wurden. Besonderer Wert wurde in diesem Zusammenhang auf Eigenständigkeit, Qualität und auf die Bearbeitung einer größeren und längerfristigen Fragestellung (drei bis fünf Jahre) gelegt. Diese Kriterien stehen in krassem Gegensatz zu den sich kontinuierlich beschleunigenden Natur- und Umweltwissenschaften. Neue Erkenntnisse gelten teilweise schon nach sehr wenigen Jahren als veraltet und überholt. Wie können DoktorandInnen dieser Entwicklung begegnen, wenn sie ihre Erkenntnisse erst mit bzw. nach Abgabe der vollständigen Dissertationsschrift veröffentlichen können? Die natur- und umweltwissenschaftliche Gemeinschaft reagiert auf diese Anforderung mit einer wachsenden Akzeptanz und sogar Forderung der kumulativen Promotion. Damit wird das Gebot der Nichtveröffentlichung vor Einreichung der Dissertationsschrift zunehmend aufgeweicht, auch wenn sich die Kriterien für eine kumulative Promotion von Universität zu Universität und von Fachgebiet zu Fachgebiet hinsichtlich der Zahl der erforderlichen Publikationen stark unterscheiden und in den meisten Promotionsordnungen die konkrete Zahl erst gar nicht festgeschrieben ist.

Mit dieser Aufweichung steigt jedoch auch der Druck auf die Promovierenden, bereits während der Promotion zu publizieren. Nicht selten wird die Qualität promovierter BewerberInnen über die Anzahl an Publikationen beurteilt. Direkt zum Abschluss der Promotion können häufig oder verstärkt nur solche BewerberInnen mit Publikationen aufwarten, die kumulativ promoviert haben: eine klare Benachteiligung der DoktorandInnen, die noch heute mit einer Monografie promovieren. Der Wertmaßstab wandelt sich damit von der Schaffung einer größeren, umfassenderen wissenschaftlichen Erkenntnis hin zu einer Ansammlung publizierter Teilaspekte, bei denen die Gefahr besteht, dass das Ganze – ein zusammenhängendes Promotionsthema – aus den Augen verloren wird. Die wissenschaftliche Synthese einer längerfristigen Arbeit stellt – so die Sicht der Autorin – bei der in sich geschlossenen Monografie eine signifikant größere Herausforderung dar als die Synthese mehrerer kumulativ publizierter Teile in Form einer Einleitung und abschließenden Diskussion. Es sei dahingestellt, inwiefern die gedankliche Leistung, die wissenschaftliche Arbeit mehrerer Jahre in einer Monografie darzulegen, nicht sogar einen essenziellen Schritt hin zu einem synthetisch orientierten Wissenschaftler/einer synthetisch orientieren Wissenschaftlerin darstellt, und inwiefern eine solche wissenschaftliche Leistung im Rahmen einer kumulativen Promotion vollbracht wird. Im Zentrum der Bewertung einer kumulativen Promotion steht zunehmend die Beurteilung der Einzelpublikationen auf Kosten der Synthese der wissenschaftlichen Erkenntnisse.

Nichtsdestotrotz und trotz aller Kritik bietet die kumulative Promotion den Promovierenden eine Reihe von Vorteilen. Kriterien für die Zulassung einer kumulativen Dissertation sind – zumindest auf den ersten Blick – transparenter und quantitativ fassbar. Dieses Kriterium besteht unabhängig vom Urteil der BetreuerInnen und GutachterInnen. Durch die Aufteilung in kleinere Einzelschritte wird der Verlauf der Promotion planbarer und überschaubarer, und bereits mit Abgabe der Promotion können sich AbsolventInnen auf eigene Veröffentlichungen beziehen. Nicht zuletzt steigt das Ansehen der kumulativen Promotion auf Kosten der Monografien, welche in den Natur- und Umweltwissenschaften in zunehmendem Maße als Relikt einer alten Zeit und als unmodern angesehen wird. Deshalb ist Promovierenden der Natur- und Umweltwissenschaften dringend anzuraten, den Weg der kumulativen Promotion anzustreben. Sie tragen jedoch – auch wenn dies immer weniger in die Bewertung einfließt – Verantwortung dafür, mit ihrer Promotion nachhaltig Wissen zu schaffen. Aus Sicht der Autorin ist die Synthese der Erkenntnisse, auch wenn sie oft nicht mehr so explizit bewertet wird, der wichtigste Garant für nachhaltiges Wissen und längerfristige Erfolge der Promovierenden in Wissenschaft und Forschung.

Qualität und Bewertung

In Deutschland ist es üblich, dass Dissertationsschriften im Zusammenhang mit einer mündlichen Aussprache (oder in manchen Fächern auch mit einem Rigorosum) bewertet werden. In der Regel werden die Dissertationsschriften von zwei oder drei GutachterInnen bewertet, wobei meist (aber nicht immer) einer/eine von ihnen der Betreuer/die Betreuerin ist. Oft werden als ZweitgutachterInnen externe WissenschaftlerInnen herangezogen, um eine unabhängige und fachlich kompetente Bewertung zu erzielen. Damit begegnet man der – still geäußerten – Befürchtung und Gefahr einer gewissen Subjektivität der BetreuerInnen. Diese Gefahr erscheint bei Monografien ungleich höher als bei kumulativen Promotionen, unterlief doch jede Publikation bereits einem mehr oder weniger strengen *peer-review*-Prozess, und wurde bereits von mindestens zwei oder drei anonymen unabhängigen externen GutachterInnen beurteilt. Das Begutachtungsverfahren ist in den meisten der Autorin bekannten Zeitschriften einseitig anonym, d. h. die GutachterInnen kennen die AutorInnen, aber nicht umgekehrt. Die kumulativ Promovierenden müssen sich diesem Prozess – wie alle AutorInnen – stellen und ausführlich auf Gutachterkritik eingehen und darauf angemessen reagieren. Dadurch lernen sie schon früh, sich mit der Kritik und der Meinung anderer WissenschaftlerInnen auseinanderzusetzen und erweitern ihren Horizont auch dadurch, dass sie von einer signifikant größeren (aber auch anonymen) Gruppe von WissenschaftlerInnen betreut und beurteilt werden.

Diese Argumente sprechen ein deutliches Signal für die kumulative Promotion als Weg der intensiven Auseinandersetzung und für eine größere Objektivität der Bewertung. Zumindest können die Promovierenden sich darauf berufen, dass auch andere WissenschaftlerInnen Teile ihrer Arbeit akzeptiert haben. Unbekannt wird in dieser Hinsicht jedoch immer bleiben, wer die anonymen GutachterInnen waren. Im Gegensatz zur Promotionsordnung, die eine Mindestqualifikation für GutachterInnen vorsieht, können internationale Zeitschriften nicht nur auf die habilitierten (oder vergleichbar qualifizierten) WissenschaftlerInnen zurückgreifen. Es kann daher nicht ausgeschlossen werden, dass Promovierende von anderen Promovierenden oder von frisch Promovierten begutachtet werden, und die Anonymität des *peer-review*-Begutachtungsverfahrens verbietet es, dies für die Bewertung einer Promotion zu überprüfen.

Neben der Bewertung der Synthese, die von Universität zu Universität, von Fach zu Fach und von GutachterIn zu GutachterIn mit unterschiedlicher Gewichtung vorgenommen wird, ist ein sehr wichtiges Kriterium für die kumulative Promotion die Bewertung der Einzelpublikationen. In diesem Zusammenhang werden zunehmend äußere Wertmaßstäbe herangezogen, die sich im Wesentlichen auf die Qualität der Fachzeitschriften beziehen.

Auch wenn in den Natur- und Umweltwissenschaften Artikel von mehreren AutorInnen publiziert werden, gibt es für die Autorschaften und die Reihenfolge der Nennungen der AutorInnen keine einheitlichen Kriterien. In der Regel stehen diejenigen WissenschaftlerInnen, welche den Artikel schreiben, an erster Stelle, gefolgt von denjenigen, die zur zugrunde liegenden wissenschaftlichen Arbeit mit beigetragen haben. Die BetreuerInnen der Arbeit werden in der Regel am Ende der Autorenliste genannt, wobei in vielen Disziplinen der Letztautorschaft eine besondere Rolle zukommt. Dementsprechend wird bei vielen Rankingverfahren der Erstautorschaft und der Letztautorschaft ein besonders hoher Stellenwert zugebilligt. Die Bedeutung der Letztautorschaft wächst mit zunehmender wissenschaftlicher Qualifikation. Im Laufe der Habilitation sollten WissenschaftlerInnen daher mehrere Publikationen in Letztautorschaft erstellen. Für Promovierende hingegen – aber auch für Habilitierende – ist es wichtig, dass sie möglichst viele ihrer Artikel in Erstautorschaft veröffentlichen. Bei einer kumulativen Promotion gestatten es manche Promotionsordnungen und interne Regelungen, Artikel hierfür einzureichen, die nicht in Erstautorschaft verfasst worden sind. Zu beachten ist weiterhin, dass Publikationen nur einmal, d. h. nur für eine Dissertation, verwertet werden können. Dies kann besonders dann zu Schwierigkeiten führen, wenn der Artikel aus einer gleichwertigen Zusammenarbeit zweier Promovierender entstanden ist. Schon im Voraus muss deshalb in solchen Fällen geklärt werden, für welche Promotion ein Artikel verwendet werden soll und wie ein Ausgleich für die andere Promovierende/

den anderen Promovierenden geschaffen werden kann. In einigen Arbeitsgruppen kommt den korrespondierenden AutorInnen eine besondere Bedeutung zu. Auch wenn dies in der Scientific Community nicht einheitlich geregelt ist, tritt meist diejenige Wissenschaftlerin/derjenige Wissenschaftler als KorrespondenzautorIn auf, bei der/dem das übergreifende fachliche Thema des Artikels angesiedelt ist und die/der möglichst lange über die Korrespondenzanschrift erreicht werden kann.

Die Publikationssprache ist in den Natur- und Umweltwissenschaften in der Regel Englisch, und internationalen Zeitschriften wird ein signifikant höherer Stellenwert als deutschen Zeitschriften zugeschrieben, der natürlich mit dem Ansehen der Zeitschrift in der jeweiligen Scientific Community steigt (vgl. in vorliegendem Band *When in Rome do as the Romans do. Successfully publishing in English*). Deutschsprachige Publikationen werden immer weniger ernst genommen. Da diese vom englischsprachigen Publikum nicht gelesen werden, kann man davon ausgehen, dass sie geradezu ignoriert werden. Originalarbeiten sollten also nicht auf Deutsch verfasst werden. Englisch als Wissenschaftssprache hat sich inzwischen in den Natur- und Umweltwissenschaften praktisch flächendeckend durchgesetzt. Eine Ausnahme bietet derzeit vielleicht noch die Geografie, innerhalb derer sich zumindest in Deutschland auch deutsche Publikationen eines gewissen Ansehens erfreuen. Dennoch ist in solchen Fächern die Auswahl deutscher Zeitschriften und der deutschen Sprache ebenfalls mit Vorsicht zu genießen, da dort zunehmend mit Konkurrenz aus anderen Fachdisziplinen (z. B. Geoökologie) zu rechnen ist, in welchen Internationalität Standard ist.

In der Bewertung der Publikationsleistung verdient der *impact*-Faktor der Fachzeitschriften besonderes Augenmerk. Je höher der *impact*-Faktor, desto wichtiger und besser die Zeitschrift, so lautet eine gängige Meinung in der Scientific Community. Spiegelt der *impact*-Faktor die tatsächliche Beachtung der Zeitschrift im Bezugsjahr wirklich quantitativ und objektiv wider? Aktuell wird im Wesentlichen ein jährlich errechneter Zwei-Jahres-*impact*-Faktor angegeben. Er bezieht sich auf die im Bezugsjahr erfolgte Zitierung der Artikel der vorangegangenen zwei Jahre. Damit wird großer Wert auf kurzfristige Zitierungen gelegt, unabhängig davon, wie nachhaltig das publizierte Wissen ist, und, noch bedeutender: unabhängig davon, wie lange die Zeiträume sind, die in der Regel für den *review*-Prozess benötigt werden. Zeitschriften, bei denen der *review*-Prozess innerhalb weniger Wochen bis Monate abgeschlossen wird, haben schon alleine deshalb einen hohen *impact*-Faktor, weil ihre Artikel schneller erscheinen und so auch hochaktuelle Publikationen (aus dem eigenen Journal) schnell zitiert werden können. Ein weiteres Problem des *impact*-Faktors stellt die Bezugsgröße – die Anzahl an publizierten Artikeln im Bezugsjahr – dar. Gerade Zeitschriften, die expandieren, erleiden im Zeitraum der Expansion so einen signifikanten Abfall ihres *impact*-Faktors, auch wenn sich an der Zahl der Zitierungen pro Artikel eigentlich nichts geändert hat.

Umgekehrt steigt der *impact*-Faktor bei Zeitschriften, während sich die Anzahl der Artikel reduziert, z. B. weil die Zeitschrift an Bedeutung verliert. Darüber hinaus betont der zur Zeit häufig angegebene Zwei-Jahres-*impact*-Faktor aktuelle Themen, wobei aktuell in diesem Zusammenhang übertrieben und provokativ auch mit „heiß diskutiert" oder „heiß publiziert" gleichgesetzt werden könnte: Themen, die sich – aus welchen Gründen auch immer – einer hohen Aktualität erfreuen. Zeitschriften werden über diesen Faktor also auch danach bewertet, wie aktuell ihre Themen sind. Offen bleibt, ob das „heiß Diskutierte" wirklich das wissenschaftlich Wichtigste darstellt. Inwiefern kann auf diese Weise zwischen kurzfristig aufflackernden Modethemen und ernsthaften neuen wissenschaftlichen Erkenntnissen unterschieden werden? Sind die Zeitschriften – und damit auch die Promovierenden – nicht immer stärker gezwungen, sich an Modeströmungen anzuschließen anstatt einer Frage in Ruhe nachzugehen, die sie wirklich tief beschäftigt?

Darüber hinaus sind *impact*-Faktoren über die Grenze einer Scientific Community hinaus nicht absolut vergleichbar. Sie hängen stark davon ab, wie groß die Gemeinschaft ist, wie sich die Publikationsgepflogenheiten unterscheiden, ob es spezielle Fachzeitschriften für die jeweilige Gemeinschaft gibt und wie sich die Publikationen auf die verschiedenen Fachzeitschriften verteilen. Weder der *impact*-Faktor der Zeitschriften noch die Anzahl der Publikationen in der kumulativen Promotion kann somit als absolute Größe herangezogen werden, um den Wert einer Dissertation verallgemeinerbar zu quantifizieren. Auch Promovierende haben realistische Chancen, ihre Publikationen in renommierten Zeitschriften zu platzieren. Kriterien sind in der Regel vorrangig die Qualität der Artikel und die inhaltliche Passung zur Ausrichtung der Zeitschrift. Bei extrem renommierten Zeitschriften kann die Zugehörigkeit der AutorInnen zu Netzwerken eine mindestens ebenso wichtige Rolle spielen, und in diesem Zusammenhang ist sicherlich auch das Ansehen des Betreuers/der Betreuerin wesentlich.

Dennoch ist davon auszugehen, dass zumindest die kurzfristigen Erfolgschancen Promovierter auf dem Arbeitsmarkt mangels Verfügbarkeit anderer Kriterien zunehmend an diesen Maßstäben bewertet werden. Die verantwortungsvolle Aufgabe der GutachterInnen ist es dementsprechend, sowohl diese quantitativen Kriterien, welche allesamt auf dem Urteil anderer, anonymer WissenschaftlerInnen beruhen, heranzuziehen, als auch sich ein eigenes Bild der Dissertation und ihres wissenschaftlichen Wertes zu machen. Dabei wird in zunehmendem Maße die Bewertung der Synthese und der gewonnenen Erkenntnis als Ganzes einfließen müssen, um ein adäquates Gegengewicht zur quantitativen Bewertung anhand des *impacts* und der Anzahl der Publikationen zu erhalten.

Konsequenzen für das Publizieren während der Promotion

Promovierende geraten in wachsendem Maße in ein Spannungsfeld zwischen quantitativen äußeren Wertmaßstäben und eigenen Erwartungen an die Bedeutung und Qualität der wissenschaftlichen Arbeit. Auf längere Sicht wird es praktisch essenziell, kumulativ zu promovieren, schon alleine, um sicherzustellen, dass andere WissenschaftlerInnen nicht der eigenen Publikation zuvorkommen. Trotz aller Kritik kommen Promovierende an einer Auseinandersetzung mit den *impact*-Faktoren der Zeitschriften nicht vorbei. Es wird praktisch für alle Promovierenden unumgänglich, sich schon zu Beginn der Promotion, d. h. im Laufe der Einarbeitung in das Promotionsthema, nicht nur mit Inhalten, sondern auch mit den Anforderungen der Scientific Community auseinanderzusetzen. Je nach den persönlichen Zielen werden sie sich mehr oder weniger durch die zeitliche Entwicklung beeinflussen lassen; ignorieren kann sie jedoch keiner.

Impact-Faktoren müssen bei der Planung der Veröffentlichungen ebenso berücksichtigt werden wie die Qualität und Aktualität des Themas. Besondere Herausforderung für den kurzfristigen Erfolg einer wissenschaftlichen Arbeit ist ihre aktuelle Bedeutung. Ist diese von der wissenschaftlichen Gemeinschaft noch nicht erkannt, muss damit gerechnet werden, dass Thema und Publikationen nur zögernd angenommen und gelesen werden, auch wenn sie eventuell später und längerfristig sehr oft zitiert werden. Dies steht in krassem Gegensatz dazu, dass Wissenschaft neues Wissen schaffen soll. Entgegen dem Gang der Zeit sollten deshalb Promovierende dennoch ermutigt werden, wirklich neue Wege zu gehen. Dies wird sich eventuell erst etwas später auszahlen, dafür aber umso nachhaltiger. Durch die deutlich höhere Anforderung, solche wirklich neuen Sachverhalte dennoch mit hohem *impact* zu publizieren, lernen sie effektiv, ihre eigenen Ideen erfolgreich zu kommunizieren und weitere WissenschaftlerInnen für ihre Ideen zu gewinnen. Mut zum Risiko ist aus Sicht der Autorin eine mindestens ebenso hilfreiche Eigenschaft wie die Auseinandersetzung mit den aktuellen wissenschaftlichen Strömungen. Nach Meinung der Autorin ist die Zurechtlegung eigener innerer Wertmaßstäbe außerhalb der quantitativen Kriterien außerdem essenziell für eine erfolgreiche Promotion, welche auch nachhaltig Wissen schafft, und damit für eine erfolgreiche wissenschaftliche Karriere.

Ergänzende Literatur

Hahn, Ekkehard (2008): Publikationsverhalten in der Chemie. In: Alexander von Humboldt-Stiftung (Hrsg.): Publikationsverhalten in unterschiedlichen wissenschaftlichen Disziplinen – Beiträge zur Beurteilung von Forschungsleistungen. Diskussionspapier der Alexander von Humboldt-Stiftung/Nr. 12: 56–59 (http://www.humboldt-foundation.de/pls/web/docs/F1316/publikationsverhalten.pdf; 04.03.2009)

Littke, Ralf (2008): Publikationsverhalten in den Geowissenschaften. In: Alexander von Humboldt-Stiftung (Hrsg.): Publikationsverhalten in unterschiedlichen wissenschaftlichen Disziplinen – Beiträge zur Beurteilung von Forschungsleistungen. Diskussionspapier der Alexander von Humboldt-Stiftung/Nr. 12: 54–55 (http://www.humboldt-foundation.de/pls/web/docs/F1316/publikationsverhalten.pdf; 12.10.2009)

Riederer, Markus (2008): Publikationsverhalten und seine Bewertung in den Biowissenschaften. In: Alexander von Humboldt-Stiftung (Hrsg.): Publikationsverhalten in unterschiedlichen wissenschaftlichen Disziplinen – Beiträge zur Beurteilung von Forschungsleistungen. Diskussionspapier der Alexander von Humboldt-Stiftung/Nr. 12: 60–61 (http://www.humboldt-foundation.de/pls/web/docs/F1316/publikationsverhalten.pdf; 04.03.2009)

4.6 Schreiben mit dem Computer über den Computer. Artikel in der Informatik

Dietrich Paulus

In der Gesellschaft ist der Begriff „Informatik" untrennbar mit Computern verbunden. Diese enge Verknüpfung ist im Prinzip zu einschränkend, denn Informatik als die Lehre von der Informationsverarbeitung bedeutet nicht ausschließlich die Beschäftigung mit der technischen Realisierung von Rechenanlagen. Dennoch hat auch die Informatik heute ein Selbstverständnis entwickelt, das den gesamten Bogen von Informationsaufnahme über Sensoren, Informationsverarbeitung durch Prozessoren bis hin zur Interpretation von Daten gerade durch Computer umfasst und diese Disziplin technisch und mathematisch beschreibt. Die meisten Veröffentlichungen in der Informatik sind also nicht nur mit dem Computer erstellt, sondern beschäftigen sich zudem mit dem Gebrauch von Computern. Damit ist der Rechner Gegenstand der Publikation *und* der Forschung. Grundlegende Tätigkeiten in der Informatik sind die Spezifikation, Dokumentation und Realisierung von Computerprogrammen. Diese Techniken der Softwareentwicklung lassen sich auch auf die Entwicklung eines Textdokuments, das zur Veröffentlichung vorgesehen ist, übertragen. Da wissenschaftliche Publikationen in der Informatik vornehmlich von InformatikerInnen gelesen werden, werden stärker noch als in anderen Disziplinen Inhalt *und* Form des Schriftstücks zur Beurteilung herangezogen. Die Beherrschung aller modernen Techniken ist damit entscheidend für den Erfolg der Veröffentlichung.

Standard-Aufbau

In der Softwareentwicklung wird ein Problem zunächst präzise spezifiziert; die Realisierung in Form eines Programms wird geplant und dann umgesetzt. Ebenso wird im Idealfall eine Veröffentlichung zunächst geplant, gegliedert und dann von „vorne nach hinten" formuliert. In der Realität sind – ebenso wie in der Softwareentwicklung – meist viele Durchgänge erforderlich, bis alle Details stimmen, und damit erfährt der Artikel zahlreiche Überarbeitungen. Die Gliederung bleibt dabei in der Regel unverändert, und die logische Abfolge der Argumente und Ergebnisse muss nicht reorganisiert werden. Gute Veröffentlichungen benötigen

Zeit für die Entstehung. Mit jedem Durchgang wächst die Qualität des Textes (vgl. in vorliegendem Band *Wasch mich, aber mach mich nicht nass. Kürzen und Korrigieren* und den Entwicklungszyklus in *When in Rome do as the Romans do. Successfully Publishing in English*).

Beiträge in der Informatik zu Tagungen oder Zeitschriften sind in der Gliederung meist hochgradig normiert, wie der nachfolgenden Tabelle zu entnehmen ist. Die Prozentangaben sind als Richtwert zu verstehen und in dieser Form an keiner Stelle vorgeschrieben.

Tabelle 1 Standardaufteilung eines Artikels in der Informatik

	praktische Arbeiten	**theoretische Arbeiten**
Kurzfassung	kurz (150–200 Wörter)	kurz (150–200 Wörter)
1. Einleitung	15 %	20 %
2. Stand der Technik	20 %	20 %
3. eigener Ansatz	40 %	50 %
4. Experimente	20 %	0 %
5. Zusammenfassung	5 %	10 %
Literaturangaben	selten mehr als eine Seite	selten mehr als eine Seite

Quelle: eigene Darstellung

Durch diese Standardisierungen wird den GutachterInnen der faire Vergleich von Beiträgen erleichtert. Für LeserInnen ist wiederum sichergestellt, dass die Beiträge den Normen der Gemeinschaft entsprechen, beispielsweise dass der Stand der Technik ausreichend gewürdigt, d. h. beschrieben, wurde.

Von geringen Variationen abgesehen, hat sich in nahezu allen Veröffentlichungen der Informatik dieser Standardaufbau durchgesetzt, der selbst dann, wenn er nicht explizit gefordert wird, doch von LeserInnen und GutachterInnen erwartet wird. Es ist bekannt, dass LeserInnen beim Stöbern nach Literatur meist zunächst die Kurzfassung und anschließend die Zusammenfassung einer Arbeit lesen. Nur wenn diese beiden Abschnitte interessant erscheinen, werden auch die anderen betrachtet. Brillante SchreiberInnen und Beiträge von überragender Bedeutung (beispielsweise Canny 1986) können im Einzelfall von diesen Normen abweichen, aber für einen „normalen" Beitrag empfiehlt es sich, genau dieser Struktur analog zur Tabelle zu folgen. In den Überschriften zu Abschnitt 2 (*Stand der Technik*) und 3 (*eigener Ansatz*) können die Themen der Untersuchung spezifiziert und individualisiert wiedergegeben werden, indem beispielsweise in einer Arbeit über Compilerbau die Überschriften „Traditionelle Ansätze" und „Ein neues System zur schnellen Syntaxanalyse" gewählt werden. Die anderen Überschriften entsprechen meistens den standardisierten Vorgaben in der Tabelle. Ein Beispiel für eine praktische Arbeit nach diesem Aufbau liefern Bin Luo und Edwin Hancock (2001) oder Yuri Gurevich (1990) für eine theoretische Arbeit.

Im Folgenden wird dargelegt, wie die einzelnen Elemente eines Fachartikels aufgebaut sein sollten:

Die *Kurzfassung* soll knapp gehalten sein und in 150 bis 200 Wörtern den Inhalt des Beitrags darlegen. Sie soll keine Referenzen und Zitate enthalten, damit sie auch verständlich ist, ohne dass die LeserInnen das gesamte Schriftstück vorliegen haben. Dies ermöglicht es den HerausgeberInnen, die Kurzfassungen (Abstracts) von Zeitschriftenbeiträgen, Aufsätzen in Büchern und Tagungsbänden (*conference proceedings*) auf Suchmaschinen einzustellen und den Artikel davon getrennt zum Verkauf anzubieten.[1] Nicht zuletzt aus diesem Grund muss dieser Gliederungspunkt Ergebnisse und Inhalte zusammenfassen, vermitteln, *wie* die Ergebnisse erzielt wurden und möglichst konkret die Erkenntnisse des Beitrags in Kurzform liefern.

Die *Einleitung* führt die LeserInnen in das Thema des Beitrags ein, stellt den Kontext her und erläutert den Nutzen der Ergebnisse oder Untersuchungen. Am Ende der Einleitung soll eine Erläuterung zum Aufbau des Artikels folgen. Dies mag redundant erscheinen, wenn die normierte Gliederung gewählt wird – es hat sich aber so eingebürgert.

Im Abschnitt *Stand der Technik* belegen die AutorInnen, dass ihre eigenen Arbeiten nicht in ähnlicher Form schon von anderen veröffentlicht wurden. Alle relevanten Vorarbeiten anderer AutorInnen zu Themen der Publikation sollten erwähnt werden. Dieser Abschnitt kann auch nach hinten verschoben werden, um den Bezug zur eigenen Arbeit herzustellen.

In *eigener Ansatz* wird erklärt, wie sich die eigenen Arbeiten von denen anderer AutorInnen unterscheiden. Die eigenen Ideen und Verfahren werden zunächst präzise dargelegt. Dazu werden bei Bedarf Formeln, Beweise, Diagramme, Programmfragmente, Algorithmen in Pseudocode und natürlich eine präzise Sprache verwendet. Literaturangaben zu eigenen Vorarbeiten werden hier aufgeführt. Anschließend wird der eigene Ansatz mit anderen Vorschlägen verglichen, die wiederum mit Literaturangaben belegt werden.

Wenn es sich um eine praktische Arbeit handelt, die auf empirisch ermittelten Daten beruht, wird im Abschnitt *Experiment*e dokumentiert, welche Daten verwendet, welche Ergebnisse erzielt wurden und wie sich diese von den Ergebnissen unterscheiden, die anderenorts veröffentlicht wurden oder die mit Verfahren anderer AutorInnen erreicht werden können. Insbesondere die Vergleichbarkeit und

---

[1] Die AutorInnen stimmen in der Regel dieser Praxis schriftlich zu, sobald sie ein Manuskript an einen Verlag übermitteln.

Reproduzierbarkeit der Experimente sollte einen sehr hohen Stellenwert haben. Je nach Thema der Arbeit können an dieser Stelle auch Evaluationen oder eine Falluntersuchung (*case study*) stehen.

In der *Zusammenfassung* werden die wesentlichen Ergebnisse noch einmal kompakt erläutert, und mögliche Erweiterungen oder zukünftige Arbeiten werden diskutiert.

Die *Literaturangaben* sollten ausgewogen die eigenen Vorarbeiten und die fremder AutorInnen dokumentieren, wobei die Anzahl der Fremdzitate in der Regel deutlich oberhalb der Hälfte liegen sollte. Wer zu viele eigene Zitate angibt, wirkt unter Umständen borniert.

Der Veröffentlichungsprozess

In der Informatik ist es üblich, eine erste Version einer Veröffentlichung auf einem Workshop zu publizieren. Eine erweiterte und überarbeitete Version wird danach auf einer Tagung vorgestellt. Schließlich liefern mehrere Veröffentlichungen das Material für einen Zeitschriftenbeitrag, sofern die Zeitschrift nicht unveröffentlichtes Material einfordert. In manchen Fällen wird eine Idee auch schnell als „Technischer Report"[2] publiziert, bevor sie über mehrere Stufen in immer höherrangigen Organen veröffentlicht wird. Dies unterstreicht, dass ein Text in verschiedenen Versionen mehrfach verwendet werden kann. Ein Beispiel liefert Carlo Tomasi mit Technischen Reports (Tomasi/Kanade 1991a; Tomasi/Kanade 1991b) und der Veröffentlichung in einer namhaften Konferenz (Shi/Tomasi 1994). Auch Canny (1986) wurde zuerst als Technischer Report (Canny 1983) veröffentlicht.

Im Gegensatz zu anderen Disziplinen ist die Reihenfolge der Namen in der Autorenangabe nicht normiert. Der Hauptautor/Die Hauptautorin steht in der Regel vorne, die KoautorInnen werden in unterschiedlicher Form sortiert, beispielsweise alphabetisch oder geordnet nach dem Umfang des Beitrags zur Veröffentlichung. Während andere Disziplinen auch eine explizite Rangfolge bei der Bedeutung von Konferenzen und Zeitschriften definieren (über den sogenannten *impact factor*), so ist auch hier in der Informatik eher ein informelles Verständnis der Qualität einer Veröffentlichung zu beobachten. Jede der Teildisziplinen in der Informatik hat ihre eigenen Fachtagungen und Fachzeitschriften. Abgesehen davon, dass die IEEE[3] und ACM als Qualitätssiegel gelten, sind wenig generelle Regeln festzu-

---

[2] Ein Technischer Report wird von der Forschungseinrichtung herausgegeben und in der Regel mit laufenden Nummern versehen. Diese Veröffentlichungen sind dann nicht über den Buchhandel, sondern nur über die Forschungseinrichtung (oder über das Internet) zu beziehen.
[3] Viele wichtige Ergebnisse der Informatik werden in Organen der IEEE (Institute of Electrical and Electronic Engineers) und ACM (Association for Computing Machinery) veröffentlicht.

stellen. Beispielsweise sind Tagungen der SPIE (siehe hierzu http://www.spie.org) in manchen Teildisziplinen hoch angesehen, in anderen Teildisziplinen dagegen eher als Tagung mit geringer Bedeutung verstanden.

Auch der *review*-Prozess ist nur bedingt aussagekräftig. In der Regel sind Tagungen, die einen Vollbeitrag zur Begutachtung einfordern, besser angesehen. Es gibt aber auch hochrangige Konferenzen, zu denen Beiträge auf Basis einer erweiterten Kurzfassung angenommen werden. Dem Neuling im Fachgebiet sei es empfohlen, die Einschätzung von erfahrenen KollegInnen vor der Auswahl einer Konferenz oder einer Zeitschrift einzuholen.

Ablaufplan

Nachfolgend wird ein Ablaufplan für das Vorgehen bei der Publikation eines Fachartikels in der Informatik dargelegt. In den meisten Fällen werden mehrere AutorInnen an einem Artikel beteiligt sein. Daher ist eine strukturierte Dokumentenverwaltung in einem so genannten *repository* essenziell.

1) Publikationsorgan/Ziel auswählen
2) Gliederung und Inhalt festlegen, evtl. KoautorInnen verpflichten, *repository* anlegen
3) Dokumentenstruktur definieren
    3.1) ggf. vorhandenes Material einpflegen
4) Dokumenterstellung
    4.1) Dokument ins *repository* einfügen
    4.2) überarbeiten
    4.3) forschen/experimentieren/mit KoautorInnen diskutieren
5) wenn noch nicht zufrieden und noch Zeit vorhanden, zurück zu 4)
6) Dokument ins *repository* legen und markieren (*tag*)
7) einreichen zur Begutachtung
8) bei Annahme
    8.1) ggf. Hinweise der GutachterInnen einarbeiten
    8.2) Dokument ins *repository* legen und markieren
    8.3) finale Version einreichen
9) bei Ablehnung
    9.1) Hinweise der GutachterInnen einarbeiten
    9.2) Dokument ins *repository* und markieren
    9.3) Wiederverwendung in kommender Veröffentlichung (siehe 3.1)

Seltener kommt es vor, dass am Anfang des Prozesses die wissenschaftliche Idee steht und diese zu Papier gebracht wird, ohne dass eine konkrete Veröffentlichung anvisiert wird. Diese Vorgehensweise ähnelt einer *bottom-up*-Entwicklung, während der oben genannte Prozess einer *top-down*-Vorgehensweise entspricht. Sobald nun zu einem späteren Zeitpunkt eine Veröffentlichung geplant ist, müssen die Dokumente angepasst werden, um in Format, Umfang und der thematischen Ausrichtung den neuen Vorgaben zu entsprechen.

Der Entstehungsprozess

Publizieren in der Informatik hat viel mit der Durchführung eines Softwareprojekts und mit Programmieren zu tun. In den meisten Fällen handelt es sich um einen iterativen Prozess, wie er im Ablaufplan des vorherigen Abschnitts skizziert ist. Bei der Dokumentation der Ergebnisse entstehen beispielsweise neue Erkenntnisse, die eine Erweiterung des Stands der Technik erfordern. Da InformatikerInnen auch das Programmieren als Handwerk beherrschen, wird natürlicherweise eine Publikation ebenfalls das Ergebnis eines „Programms". Dieser Ansatz wird technisch durch die Werkzeuge zur Veröffentlichung unterstützt – vorausgesetzt es werden die angemessenen Werkzeuge verwendet (vgl. in vorliegendem Band *Wie und womit? Programme zur Erstellung und Verarbeitung von Texten*). Alle Teile des Textes, die automatisch entstehen können, sollten in der Regel auch mit Werkzeugunterstützung automatisch generiert werden. Dies gilt für Nummerierung von Listen, Gliederung, Abbildungsnummern und Verzeichnisse. Verweise auf Abbildungen und Abschnitte, Literaturzitate und Gleichungsnummern werden nur dann vollständig und konsistent, wenn sie vom Textverarbeitungswerkzeug erstellt und überprüft werden. Das Literaturverzeichnis wird aus einer Datenbank erzeugt – nur so ist sichergestellt, dass alle zitierten Arbeiten aufgeführt und auch keine Arbeiten angegeben werden, die im Text keine Erwähnung finden.

Da die Entstehung des Dokuments in mehreren Schleifendurchläufen geschieht, wird durch diese Techniken immer gewährleistet, dass die Verweise korrekt sind. Wird das Dokument in einen größeren Beitrag, ein Buch oder eine Zeitschrift eingefügt, so passen sich die Verweise automatisch an: Seitenangaben, Verweise und auch des Format und der Stil der Referenzen werden vom Globaldokument bestimmt.

Wie in der Programmierung werden auch für die symbolischen Verweise (auf Abbildungen, Gleichungen etc.) *style guides* verfasst, die – wie im Fall von Variablennamen in der Programmierung – die Eindeutigkeit der Variablennamen weitgehend sicherstellen.

Werkzeuge

Mit der Verbreitung der modernen Satztechniken steigt der Anspruch an die technische Qualität der Veröffentlichungen. Perfekte Diagramme und Formelsatz sind heute Grundvoraussetzung für eine erfolgreiche Publikation. Dies bedeutet, dass ungeeignete Werkzeuge für den Textsatz ausgeschlossen werden müssen. Ist ein Werkzeug für die Erstellung von Briefen im Bürobereich konzipiert, so ist es prinzipiell ungeeignet zur Produktion von Büchern, insbesondere wenn die Kapitel von unterschiedlichen AutorInnen zeitgleich erstellt werden sollen. Der Blick auf eine solche Publikation als ein Softwareprojekt weist den richtigen Weg zu den richtigen Werkzeugen: Verteilte Versionskontrollsysteme, ein definierter Prozess zur Übergabe von Änderungen an die anderen AutorInnen, eine automatische Dokumentation der Entstehungshistorie, die Möglichkeit zur Aufhebung von Änderungen, die Visualisierungsmöglichkeit für Textdifferenzen etc. werden von jedem Programmierer/jeder Programmiererin gefordert und genutzt. Diese Technik sollte auch zur Erstellung zumindest von umfangreichen Dokumenten verwendet werden, selbst dann, wenn nur ein Autor/eine Autorin beteiligt ist.

Werkzeuge, die einen solchen Entwicklungsvorgang ermöglichen, sind in der Regel auch professionell, was das Layout angeht. Formeln müssen diverse Sonderzeichen in allen Größen ermöglichen – selbstverständlich in einheitlichem Font.

Mathematik und Formeln

Eine Veröffentlichung, die sich um Mathematik dreht, muss ein Satzsystem verwenden, das speziell für den Formelsatz geeignet ist. Auch hier ist die Sicht auf das Publizieren als ein Programmiervorgang nützlich. Im *Stand der Technik* werden oft Formeln verwendet, die aus fremden Veröffentlichungen stammen. Werden nun mehrere Formeln verschiedener AutorInnen verglichen oder aus unterschiedlichen Bereichen im eigenen Ansatz zusammengeführt, so kommt es unweigerlich zu Konflikten in der Verwendung von Symbolen in den Formeln. Durch die Definition von symbolischen Makronamen für die gedruckten Symbole lassen sich diese Konflikte an nur einer Stelle im Dokument zusammenfassen und einfach lösen. Dies wird vor allem dann notwendig, wenn umfangreiche Dokumente wie eine Dissertation erstellt werden. Generell muss die Notation innerhalb eines Dokuments konsistent sein und Symbole sollten einheitlich im Text, in Diagrammen und Formeln eingesetzt werden, auch im Hinblick auf den verwendeten Font. Wie in einem Computerprogramm müssen im Gesamtdokument die Bezeichner einheitlich verwendet werden.

Diagramme und Bilder

Diagramme müssen mit großer Sorgfalt erstellt werden, denn auch hier ist perfektes Layout erforderlich. Hierbei liefern automatische Werkzeuge jedoch nicht immer die besten Ergebnisse. Oft ist eine programmierte Grafik – beispielsweise mit PGF – der Ausgabe eines interaktiven Grafik-Werkzeugs überlegen. Bei der Erstellung von Grafiken sind Grundregeln gültig, deren Übertretung eine Veröffentlichung oft unmöglich macht. In der Informatik werden häufig Diagramme eingesetzt, die Kästchen und Pfeile enthalten. Grundsätzlich sollten diese Diagramme einheitlich formatiert sein. Pfeile beginnen exakt am Kästchen und enden exakt dort, Pfeilspitzen sind einheitlich gestaltet, Texte sind optimal in die Kästchen eingepasst.

Solche Diagramme entstehen oft mit Werkzeugen, die nicht auf das Textverarbeitungswerkzeug abgestimmt sind. Da im Prozess der Publikation das Dokument in der Größe zum Druck verändert werden kann, ist es unerlässlich, dass auch die eingebundenen Diagramme in der Größe veränderbar sind. Für Diagramme sind Vektorgrafiken obligatorisch. Der Export einer Grafik als Bild (*bitmap*) und die Verwendung eines solchen Bilds im Text führen in vielen Fällen zu minderwertiger Druckwiedergabe und sind daher ausgeschlossen. Kompressionsartefakte in Bildern, die aus Grafiken erzeugt wurden, zählen schon fast zu Peinlichkeiten. Einige Verlage (beispielsweise IEEE-Zeitschriften) verweigern gar die Annahme von Dokumenten, in denen Grafiken als Bilder beigefügt sind. Einige der genannten Fehler sind in der folgenden Abbildung demonstriert.

Abbildung 1   Typische Fehler in Diagrammen

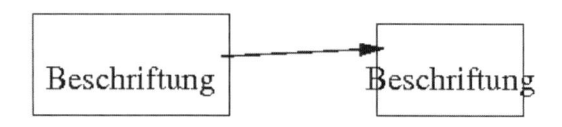

Quelle: eigene Darstellung

Ein nicht zu vernachlässigender Aufwand ist erforderlich, um Quellenangaben vollständig und korrekt in eine Veröffentlichung zu integrieren. Die Verwendung von Datenbanken bietet sich hier an, insbesondere was die Literaturangaben angeht (vgl. in vorliegendem Band *Anleitung zur Selbstmedikation. Literaturverwaltung*). Teilweise können diese Datenbanken auch aus öffentlich zugänglichen Quellen mit Einträgen versorgt werden. Beispielsweise sind sehr viele Informatikartikel zentral archiviert (vgl. dazu *The BLBP Computer Science Bibliography*, http://dblp.uni-trier.de/) und können als *BibTeX*-Einträge von dort geladen werden.

Internetquellen (so genannte URLs), die nicht als Onlinejournale ediert veröffentlicht wurden und die nicht über eine ISBN oder ISSN verfügen, sollten getrennt von Printmedien referenziert werden, beispielsweise als Fußnoten. Von Hinweisen auf Wikipedia ist in wissenschaftlichen Arbeiten generell abzusehen.

Während Fußnoten in den Geisteswissenschaften auch für Literaturangaben genutzt werden, wird in der technischen Literatur durchgängig die Referenz direkt im Satz eingefügt und kann grammatikalisch auch als Subjekt oder Objekt verwendet werden („Canny 1986 stellt eine herausragende Arbeit dar").

Sprache

Technische Dokumente werden in einfacher Sprache verfasst. Lange komplexe Sätze sind ebenso zu vermeiden wie ein lyrischer Stil. Dies trifft insbesondere auf Veröffentlichungen in englischer Sprache zu. Hier gilt die Regel, so zu schreiben, wie man sprechen würde (vgl. Alred/Brusaw/Oliou 2006). Während sich im Deutschen die Verwendung von Passivkonstruktionen eingebürgert hat, werden im Englischen Sätze in Ich-Form und im Aktiv bevorzugt (vgl. Lindsell-Roberts 2001). Weitere Hinweise für englischsprachige technische Veröffentlichungen finden sich in Alred/Brusaw/Oliu (2006).

Dieser prinzipielle Unterschied ist vor allem dann von Bedeutung, wenn ein deutsches Dokument „wiederverwendet" und für eine nachfolgende Veröffentlichung ins Englische übersetzt wird (Zum Schreiben und Publizieren auf Englisch vgl. in vorliegendem Band *When in Rome do as the Romans do. Successfully publishing in English*).

Wiederverwertung

Abhängig davon, welche Anforderungen durch das Organ formuliert werden, in dem veröffentlicht werden soll, können unterschiedliche Teile früherer Arbeiten wiederverwertet werden. Dies entspricht vollständig der Sichtweise einer Publikation als einem Softwaremodul, in dem auch eine hohe Wiederverwertbarkeit angestrebt wird. Auf jeden Fall lassen sich Diagramme und Bilder in Vorträgen erneut präsentieren. Geeignete Werkzeuge – wie *LaTeX* – erlauben die Wiederverwendung von Textteilen oder Diagrammen in einer Technik, die vergleichbar ist zu einer modularen Programmentwicklung.

Während in der Vergangenheit gefordert wurde, dass eine Dissertation bislang unveröffentlichte Erkenntnisse enthielt, hat sich heute die Situation ins Gegenteil gewandelt: Die Deutsche Forschungsgemeinschaft (DFG) als hochrangiges und einflussreiches Organ fordert, dass Ergebnisse laufend publiziert werden:

„Die DFG erwartet, dass die mit ihren Mitteln finanzierten Forschungsergebnisse publiziert und dabei möglichst auch digital veröffentlicht und für den entgeltfreien Zugriff im Internet (Open Access) verfügbar gemacht werden" (Deutsche Forschungsgemeinschaft 2009).

In den meisten Promotionsordnungen im Bereich Informatik sind heute keine Klauseln mehr zu finden, die eine Vorveröffentlichung verbieten. Eigene Vorarbeiten werden in die Dissertation eingefügt und erhöhen das Gewicht der Arbeit.

Zusammenfassung

Das Verständnis des Textentstehungsprozesses als eine Tätigkeit, die der Durchführung eines Projekts (im Sinne der Softwaretechnik) ähnlich ist, ist der Entstehung eines Dokuments in der Informatik angemessen. Die Entwicklungswerkzeuge zur Programmierung lassen sich in ähnlicher Form für die Programmierung von Dokumenten und Texten verwenden, die hohen technischen Anforderungen genügen. Die Qualität der Inhalte kann das selbstverständlich nicht ersetzen. Doch ohne gute Darstellungsform ist heute guter Inhalt nicht mehr zur Publikation geeignet. Auf dem Weg zur Dissertation ist es heute unerlässlich, frühzeitig zu publizieren und Erfahrung mit wissenschaftlichem Schreiben zu sammeln.

Literatur

Alred, Gerald J./Brusaw, Charles T./Oliu, Walter E. (2006): The Handbook of Technical Writing. Eighth Edition. Boston, MA: Bedford/St. Martin's
Canny, John F. (1983): Finding edges and lines in images. Cambridge, Mass.: M. I. T. Artificial Intell. Lab.
Canny, John F. (1986): A computational approach to edge detection. In: IEEE Transactions on Pattern Analysis and Machine Intelligence 8. 6: 679–698
Deutsche Forschungsgemeinschaft (2009): Verwendungsrichtlinien. Sachbeihilfen mit Leitfaden für Abschlussberichte und Regeln guter wissenschaftlicher Praxis (http://www.dfg.de/forschungsfoerderung/formulare/download/2_01.pdf; 30.11.2009)
Gurevich, Yuri (1990): Algebraic Operational Semantics and Occam. In: CSL'89, 3rd Workshop on Computer Science Logic, Lecture Notes in Computer Science. Berlin: Springer: 176–191
Lindsell-Roberts, Sheryll (2001): Technical Writing for Dummies. New York: Hungry Minds
Luo, Bin/Hancock, Edwin R. (2001): Structural Graph Matching Using the EM Algorithm and Singular Value Decomposition. In: Transactions on Pattern Analysis and Machine Intelligence 23. 10: 1120–1136

Tomasi, Carlo/Kanade, Takeo (1991a): Shape and Motion from Image Streams: a Factorization Method – part 2: Point Features in 3D Motion. Techreport, Carnegie, Mellon University, CMU (http://citeseer.ist.psu.edu/tomasi91shape.html; 30.11.2009)

Tomasi, Carlo/Kanade, Takeo (1991b): Detection and Tracking of Point Features. Techreport, Carnegie Mellon University, CMU (http://www.ces.clemson.edu/~stb/klt/tomasi-kanade-techreport-1991.pdf; 30.11.2009)

Shi, Jianbo/Tomasi, Carlo (1994): Good Features to Track. In: IEEE Conference on Computer Vision and Pattern Recognition (CVPR'94), Seattle: 593–600 (http://www.cs.duke.edu/~tomasi/papers/shi/shiCvpr94.pdf; 30.11.2009)

4.7 Tabubruch oder *Conditio sine qua non*? Artikel in den Wirtschaftswissenschaften

Harald F. O. von Kortzfleisch

Noch vor Jahren war es in der deutschen Wissenschaftsgemeinschaft unüblich, während des Schreibens einer Doktorarbeit – hier in den Wirtschaftswissenschaften oder spezieller für diesen Beitrag in der Betriebswirtschaftslehre bzw. den Managementwissenschaften – vor Fertigstellung eben dieser Arbeit zusätzlich noch zu veröffentlichen. Die Promotionsschrift war die erste Publikation, mit der man das wissenschaftliche Parkett betrat. Alles andere wäre ein Tabubruch gewesen.

Die Logik, welche man dahinter vermuten mag, ist nicht ganz von der Hand zu weisen. Denn eine Doktorschrift sollte in der Regel zu neuen Erkenntnissen – gemessen am aktuellen Stand der Wissenschaft – führen und eine eigenständige wissenschaftliche Abhandlung darstellen. Das Neue kann aber nur dann neu sein, wenn es zuvor eben noch nicht – auch nicht in Teilen – der Wissenschaftsgemeinschaft bekannt gemacht wurde. Die Eigenständigkeit lässt sich zwar im Falle der Alleinautorenschaft bei Veröffentlichungen in Fachzeitschriften belegen, allerdings sind Alleinautorenschaften, gerade in renommierten Fachzeitschriften, eher die Ausnahme als die Regel; Details dazu an späterer Stelle. Sollte es sich allerdings um Veröffentlichungen handeln, die nichts mit der Thematik der angestrebten Dissertation zu tun haben, dann bricht die skizzierte Logik natürlich in sich zusammen. Dies soll hier jedoch außen vor gelassen werden, weil Publikationen von Promovierenden sich in der Regel thematisch um das Dissertationsthema ranken.

Nicht zu vernachlässigen ist neben der angedeuteten Logik aber auch der Zeitaufwand, der für das Erstellen von Fachartikeln notwendig ist und sich zumindest quantitativ nachteilig auf die Gesamtlaufzeit des Promotionsvorhabens auswirken mag. Aufgrund des parallelen oder sequentiellen Schreibens von Texten zusätzlich zur Promotionsschrift kann man sich eben nicht mehr ausschließlich auf die Dissertation konzentrieren. Vielmehr muss man seine Aufmerksamkeit auf verschiedene Schreibprojekte verteilen, was gegebenenfalls vom Wesentlichen – der angestrebten Dissertation als Monografie – ablenkt.

Ganz anders sieht es aus, wenn die angedeuteten möglichen Nachteile so gewendet werden, dass sie sich als reine Vorteile zeigen, und zwar dadurch, dass sie zur unablässigen Bedingung für die Promotion erhoben werden: Die Rede ist von der auch in der deutschsprachigen Gemeinschaft der Wirtschafts- und Managementwissenschaften zunehmend anerkannten kumulativen Dissertation. Anstelle der üblichen Monografie als Doktorarbeit tritt eine gewisse Anzahl an qualifizierten Fachartikeln, die in der Regel noch um eine Textklammer ergänzt und dann in gebundener Form der jeweiligen Fakultät vorgelegt werden. Die – durchaus ausdrücklich artikulierte – Logik, die hinter der kumulativen Dissertation steht, geht von der Forderung nach einer größeren Unabhängigkeit bei der Beurteilung der Doktorarbeit aus. Nicht mehr nur die betreuenden ProfessorInnen zeigen sich dann für die Bewertung der Dissertation verantwortlich, sondern hinzu kommen die (anonymen) GutachterInnen von Fachzeitschriften oder Konferenzen aus dem so genannten *peer-review*-Prozess, die dem Ganzen eine höhere Objektivität verleihen, als eben die alleinigen und – so der latente Vorwurf – tendenziell subjektiv verzerrten Gutachten von ErstbetreuerInnen und KoreferentInnen.

Fakultäten und Universitäten profitieren natürlich auch von einer tendenziell höheren Anzahl an möglichst hochwertigen Fachartikeln durch die kumulative Dissertation, weil das wissenschaftliche Renommee nicht nur von der Höhe der eingeworbenen Drittmittel, sondern eben auch von Quantität und Qualität an Veröffentlichungen abhängt.

Aus Sicht der Promovierenden aber stellt das Veröffentlichen in hochwertigen Fachzeitschriften auch eine besondere Herausforderung dar. Zunächst einmal zeichnen sich hochwertige Fachzeitschriften in den Wirtschafts- und Managementwissenschaften weit überwiegend dadurch aus, dass sie in englischer Sprache erscheinen, somit international sind. Die Konkurrenz stammt vorwiegend aus dem anglo-amerikanischen Sprachraum und ist den deutschsprachigen AutorInnen natürlich erst einmal rein sprachlich weit überlegen, wenn es um das Verfassen von wissenschaftlichen Texten auf Englisch geht. Hinzu kommt, dass viele Dissertationen, die in Nordamerika geschrieben werden, in der Regel nicht als Monografie veröffentlicht werden, sondern dass die frisch Promovierten daraus ihre ersten Artikel für Fachzeitschriften – in der Regel in hoher Qualität – generieren.

Nicht zu unterschätzen ist auch der Grad an Professionalisierung an nordamerikanischen Lehrstühlen von renommierten Universitäten, wenn es um das systematische Vorbereiten und Umsetzen von Veröffentlichungen geht. So haben die meisten Lehrstühle oder Institute professionelle LektorInnen und BeraterInnen, die regelmäßig Veröffentlichungsstrategien mit den AutorInnen zusammen entwickeln und am sprachlichen Schliff der Artikel arbeiten.

Ein weiterer Aspekt aus Sicht der Promovierenden sind die langen Zeiten, die für die Begutachtungsprozesse angesetzt werden müssen. Diese sind nicht so gut planbar, wie das eigene Projekt einer Dissertationsmonografie. Vor allem dann nicht, wenn mehrere Artikel notwendig sind, um die kumulative Dissertation zu erreichen.

Eine offizielle Norm für kumulative Dissertationen gibt es (zur Zeit) noch nicht; insofern regeln die jeweiligen Promotionsordnungen die genauen Anforderungen der entsprechenden wirtschafts- oder managementwissenschaftlichen Fakultäten. Übergreifend lässt sich aber feststellen, dass mindestens die beiden folgenden Aspekte immer eine Rolle in den jeweiligen Promotionsordnungen im Falle der kumulativen Dissertation spielen: die Koautorenschaft und die Qualität der Fachzeitschriften.

Koautorenschaft

Wie weiter oben bereits angeführt, ist bei Veröffentlichungen von Promovierenden die Alleinautorenschaft eher die Ausnahme. Eine in den Wirtschafts- und Managementwissenschaften bzw. den jeweiligen Fakultäten durchaus akzeptierte Regel findet sich mit Blick auf die Herkunft der KoautorInnen, unter denen sich zumeist der betreuende Doktorvater oder die betreuende Doktormutter befindet.

Wird die Betreuung der DoktorandInnen von Seiten der jeweiligen LehrstuhlvertreterInnen ernst genommen, dann ist in diesem Zusammenhang das Erstellen von Artikeln für Fachzeitschriften ein interaktiver Prozess zwischen eben diesen beiden Parteien. Sicherlich kann man aus Sicht der Wissenschaft mit Blick auf die angestrebte kumulative Dissertation auch hier die allgemein geforderte Eigenständigkeit bei der Erstellung wissenschaftlicher Doktorarbeiten betonen, eine Koautorenschaft ohne Interaktion bedarf dann allerdings zusätzlicher überzeugender Argumente.

Gehen wir also weiterhin von der Interaktion als Regelfall aus, dann ist diese zunächst einmal vollkommen losgelöst von der Frage, wer nun tatsächlich schreibt bzw. die Texte ausformuliert. Der Wissensaustausch steht im Vordergrund, der von Seiten der Betreuenden durch viel Erfahrung geprägt ist, die als *tacit knowledge* eben nur durch den Dialog mit den Promovierenden ausdrücklich gemacht werden kann. Erfahrungen bezüglich guter wissenschaftlicher Methodik weitergeben, Hypothesen kritisch hinterfragen, Hinweise auf geeignete theoretische Fundierungen geben, konzeptionelle Sackgassen erkennen und vermeiden – all dieses legitimiert eine Koautorenschaft der betreuenden ProfessorInnen und ist, wie bereits erwähnt, in den Wirtschafts- und Managementwissenschaften auch so akzeptiert und zunehmend eine berechtigte Selbstverständlichkeit.

Dass die genannten Dialoginhalte auch bei monografischen Dissertationen zum Tragen kommen, sollte – und hier sei nochmals der Aspekt der Ernsthaftigkeit der Betreuung bemüht – offensichtlich sein. Allerdings liegt der Unterschied in der Überschaubarkeit der Veröffentlichung von Seiten der Betreuenden sowie damit einhergehend in der Gewichtigkeit des Wissensaustauschs für die Veröffentlichung: Bei der Monografie schlägt das Pendel der Bedeutsamkeit inhaltlicher Ausarbeitungen eben eindeutig zugunsten der Promovierenden aus.

Eine besondere Frage bei Koautorenschaften ist die Reihenfolge der AutorInnen. Gerade hier empfiehlt sich der Blick in die jeweiligen Promotionsordnungen, weil es für die kumulative Promotion zum Teil gefordert wird, dass zumindest ein Artikel als ErstautorIn verfasst sein muss. Intuitiv wird der geneigten Leserin oder dem geneigten Leser die Forderung nach Fairness auf den Lippen brennen. Und auch das ist nicht so einfach, wie ausgesprochen. Denn wie lassen sich gute Hinweise bewerten im Verhältnis zu schweißtreibender harter Schreibarbeit? Dennoch ist der Verfasser dieses Artikels der Meinung, dass der Person die Ehre der Erstautorenschaft gebührt, die maßgeblich den Schreibprozess voran getrieben hat und – der Natur der Sache des Schreibens entsprechend – in der Regel auch durch das Schreiben auf viele gute Ideen gekommen ist. Zudem ist es die Meinung des Verfassers des vorliegenden Artikels, dass auch Platz sein muss für Alleinautorenschaften der Promovierenden, trotz Hilfestellungen und guter Ratschläge seitens der Betreuenden. So gibt es beispielsweise Stipendien, die nur dann vergeben werden, wenn die Bewerberin oder der Bewerber zumindest eine möglichst hochwertige Fachpublikation in Alleinautorenschaft veröffentlicht hat.

Qualität der Fachzeitschriften

Die deutschsprachige betriebswirtschaftliche Wirtschafts- bzw. Managementwissenschaft ist – wie in Deutschland nicht unüblich – in einem Verein organisiert: dem Verband der Hochschullehrer für Betriebswirtschaft e. V. (VHB). Auf der Grundlage von Urteilen der VHB-Mitglieder hat der VHB ein Ranking von betriebswirtschaftlich relevanten Zeitschriften (die Volkswirtschaftslehre sei aufgrund der betriebswirtschaftlichen Provenienz des Autors dieses Artikels außen vor gelassen) erstellt, welches auf der sogenannten Pfingsttagung des VHB am 17. Mai 2008 in seiner zweiten Auflage als *VHB-JOURQUAL-2* von Ulf Schrader und Thorsten Hennig-Thurau vorgestellt wurde (vgl. Schrader/Hennig-Thurau 2008). Ein wesentliches Ergebnis dieser Ausarbeitung ist, dass die qualitätssteigernde Wirkung eines doppelt blinden Begutachtungsverfahrens zunehmend zum Konsens wird.

Ebenso zum Konsens wird die Klassifizierung der Fachzeitschriften in A+, A, B, C, D und E als absteigende Qualitätskategorien. Ein Blick auf die Top 50 A+ und A-Journals verdeutlicht die bereits geäußerte Tatsache, dass man als deutscher Autor bzw. deutsche Autorin in starkem Wettbewerb zu anglo-amerikanischen AutorInnen steht (siehe die folgende Abbildung zu den Top 50 A+ und A-Fachzeitschriften aus dem *VHB-JOURQUAL-2* Ranking).

Tabelle 1   Die Top 50 A+ und A-Fachzeitschriften aus dem *VHB-JOURQUAL-2* Ranking

Rang	Titel	Rating
1	Journal of Finance	A+
2	American Economic Review	A+
3	Review of Financial Studies	A+
4	Administrative Science Quarterly	A+
5	Journal of Marketing	A+
6	Journal of Consumer Research	A+
7	Journal of Financial Economics	A+
8	Information Systems Research	A+
9	Journal of Marketing Research	A+
10	Marketing Science	A+
11	Management Science MS	A+
12	Operations Research	A+
13	Academy of Management Journal	A+
14	Academy of Management Review	A+
15	Journal of Financial and Quantitative Analysis	A
16	Mathematical Programming	A
17	Organization Science	A
18	Journal of Accounting and Economics	A
19	MIS Quarterly	A
20	Journal of International Business Studies	A
21	Review of Accounting Studies	A
22	Accounting Review	A
23	Journal of Labor Economics	A
24	Journal of Risk and Insurance JRI	A
25	Transportation Science	A
26	Journal of the Academy of Marketing Science	A
27	Proceedings of the International Conference on Information Systems (ICIS)	A
28	Journal of Industrial Ecology	A
29	SIAM Journal on Computing	A
30	Strategic Management Journal	A
31	Research Policy. A Journal Devoted to Research Policy, Research Management and Planning	A
32	Journal of Service Research	A
33	Journal of Business Venturing	A
34	Voluntas. International Journal of Voluntary and Nonprofit Organizations	A
35	Journal of Applied Psychology	A

36	Accounting, Organizations and Society	A
37	Journal of Management Information Systems	A
38	Production and Operations Management	A
39	Journal of Industrial Economics	A
40	Discrete Applied Mathematics	A
41	Health Care Management Science	A
42	Journal of Economic Behavior and Organization	A
43	Journal of the Association of Information Systems	A
44	Entrepreneurship Theory and Practice	A
45	Journal of Economics and Management Strategy	A
46	International Journal of Research in Marketing	A
47	Philosophy of Science	A
48	IIE Transactions	A
49	Organizational Behavior and Human Decision Process	A
50	Journal of Retailing	A

Quelle: Schrader/Hennig-Thurau 2008

Natürlich ist das *VHB-JOURQUAL-2* Ranking nicht das einzige betriebswirtschaftliche oder managementwissenschaftlich orientierte Ranking. Besonders Furore hat in letzter Zeit zum Beispiel die *Handelsblatt Zeitschriftenliste BWL* gemacht, welche die Grundlage für das Ende Februar 2009 veröffentlichte deutsche Ökonomen-Ranking des *Handelsblatts* ist. In dieses Ranking ist neben dem *VHB-JOURQUAL-2* auch die 2006er Zeitschriftenliste des Erasmus Research Institut of Management (EJL) sowie die betriebswirtschaftliche Literatur aus dem *Social Science Citation Index* (SSCI) eingegangen. Das Ergebnis weicht jedoch, insbesondere was die Dominanz englischsprachiger Top-Journals angeht, nicht wesentlich vom *VHB-JOURQUAL-2* ab.

Vorschlag für eine mögliche Veröffentlichungsstrategie

Das Veröffentlichen auch während des Schreibens einer monografischen Doktorarbeit wird mittlerweile in den meisten wirtschafts- oder managementwissenschaftlichen Fakultäten als Selbstverständlichkeit angesehen. Wenn dem so ist, dann ist die Frage nach dem „Wie", also nach einer Strategie, mehr als berechtigt.

Als grundsätzliche Orientierung möchte der Verfasser dieses Artikels vorschlagen, auch die Monografie – das Endergebnis des Promotionsvorhabens – als eine Abfolge einzelner Teil-Veröffentlichungen zu betrachten. Aus dem großen Projekt, der Doktorarbeit, werden demnach mehrere Teilprojekte, die einzeln abgearbeitet werden können. Natürlich ist das Ganze (die Promotionsschrift) am Ende mehr als die Summe der einzelnen Teile (im Sinne der Veröffentlichungen zu den Teilprojekten), aber es ist hilfreich, über die gedachten Teilveröffentlichungen die Gesamtkomplexität erst einmal zu reduzieren. Denn überschaubare Teilfragestellungen helfen, die ersten Schritte des Niederschreibens anzugehen, auch wenn die Ausführungen am Ende des Tages nicht unbedingt eins zu eins in die Monografie übernommen werden können oder müssen.

Die erste Druckerschwärze auf einem weißen Blatt Dissertationspapier ist ein aus motivationaler Sicht nicht zu unterschätzendes, weil das anvisierte Ergebnis dann zum ersten Mal greifbar machendes Gefühl, welches eben unabdingbar ist, um irgendwann fertig zu werden.

Im Speziellen bietet es sich an, vom Einfachen zum Schwierigen vorzugehen. Konkret sollten zunächst die in den Wirtschafts- und Managementwissenschaften üblichen Möglichkeiten genutzt werden, in Arbeitspapierreihen der zugehörigen Lehrstühle, Institute oder Fakultäten zu publizieren. In der Regel sind hier die Hürden nicht allzu groß.

Ein nächster Schritt sind Einreichungen bei Konferenzen, die anonyme Begutachtungen vorsehen. Bei erfolgreicher Begutachtung und mithin Annahme für die Konferenz, erscheint der eingereichte Beitrag in der Regel in einem Tagungsband (vgl. in vorliegendem Band *Reden und Schreiben. Beiträge in Tagungsbänden*). Bei sehr erfolgreichen Einreichungen ist sogar ein *best paper award* möglich. Insgesamt gibt es natürlich aber auch hier Unterschiede in der Qualität der Konferenzen: Einige finanzieren sich mit den Gebühren der Teilnehmenden und haben kein besonderes Renommee, andere haben Annahmequoten von zum Beispiel nur 20 % der eingereichten Beiträge und sind dann vergleichbar mit A-Journals. Es bietet sich also auch hier an, vom Einfachen, qualitativ nicht so hochwertigen, zum Schwierigen vorzugehen. Unabhängig aber von der Wertigkeit der Konferenzen und davon, ob die Artikel angenommen werden oder nicht, liegt der größte Mehrwert für die AutorInnen in den Anmerkungen der GutachterInnen. Sich Anmerkungen konstruktiv zu stellen ist ein unschätzbar wertvoller Beitrag für die mögliche Verbesserung der Artikel oder mittelfristig auch der monografischen Dissertation.

Wenn der – durchaus steinige – Weg über die Arbeitspapiere und die Konferenzen genommen wurde, sollte versucht werden, den Weg in Richtung C- und B-Journals einzuschlagen. Und auch hier liegt der Mehrwert für die Doktorarbeit im Feedback der Begutachtung (doppelt blind) und in der entsprechenden Aufarbeitung durch die Promovierenden. Dass natürlich dann auch der Weg in Richtung A und A+ offen steht, muss nicht besonders ausgeführt werden.

Die vorgeschlagene Veröffentlichungsstrategie gilt sowohl für die Dissertation als Monografie als auch natürlich für die kumulative Dissertation. Entscheidend für beide Fälle ist, dass man – so profan sich dies liest – mit dem Schreiben anfängt. Und das ist für überschaubare Fragestellungen einfacher als für komplexe Themen. Veröffentlichen wird damit zum Instrument der Komplexitätsreduktion im Promotionsprozess und hilft, sich dem gewünschten Ziel produktiver zu nähern als eben ohne diesen Schritt. Grundvoraussetzung in diesem Zusammenhang ist das Vertrauen, tatsächlich mit dem Schreiben beginnen zu können. Und dieses sollten Doktormutter oder Doktorvater möglichst proaktiv geben.

Literatur

Schrader, Ulf/Hennig-Thurau, Thorsten (2008): VHB-JOURQUAL2. Die Neuauflage des Rankings betriebswissenschaftlich relevanter Zeitschriften auf Grundlage der Urteile von VHB-Mitgliedern (http://pbwi2www.uni-paderborn.de/WWW/VHB/VHB-Online.nsf/id/DE_Jourqual_2/$file/VHB_JQ2_2008_Praesentation_website.pdf; 20.08.2009)

Ergänzende Literatur

Leininger, Wolfgang (2008): Wirtschaftswissenschaften. In: Alexander von Humboldt-Stiftung (Hrsg.): Publikationsverhalten in unterschiedlichen wissenschaftlichen Disziplinen – Beiträge zur Beurteilung von Forschungsleistungen. Diskussionspapier der Alexander von Humboldt-Stiftung/Nr. 12: 39–41 (http://www.humboldt-foundation.de/pls/web/docs/F1316/publikationsverhalten.pdf; 04.03.2009)

5 Auf der Zielgeraden. Publikationswege

Bei den bisher thematisierten Textsorten standen vor allem das wissenschaftliche Schreiben und in dem Zusammenhang gelegentlich auch die Kommunikation mit HerausgeberInnen im Blickpunkt. Wenn Sie selbst nicht nur als AutorIn, sondern auch als HerausgeberIn tätig werden, kommen neue Aufgaben auf Sie zu, die in diesem Kapitel behandelt werden.

Dabei geht es zunächst um das Veröffentlichen einer Monografie, wie sie die Dissertationsschrift darstellt. Da diese Arbeit publiziert werden muss, sind zunächst ein paar grundsätzliche Fragen zu erwägen: Welche Vorgaben sind durch die Promotionsordnung festgelegt? Möchte ich, dass die Dissertation als gebundenes Buch vorliegt oder bevorzuge ich eine Onlinepublikation? Das alles sind Gesichtspunkte, die in die Entscheidung bezüglich der Publikationsform einfließen sollten. Das Vorgehen sowie Vor- und Nachteile verschiedener Veröffentlichungsweisen werden in den Artikeln über Verlagssuche, Book on Demand und das elektronische Publizieren vorgestellt. Dort wird beschrieben, welche Aufgaben den AutorInnen im Anschluss an die eigentliche Textproduktion bevorstehen, welche rechtlichen Fragen mit der Veröffentlichung verbunden sind und welche Gesichtspunkte berücksichtigt werden sollten, um die beste Publikationsart zu finden.

Andere Möglichkeiten der Veröffentlichung, wie Mikrofiche und Selbstdruck, haben in den letzten Jahren durch die kostengünstige Form der Onlinepublikation stark abgenommen. Zudem sind Mikrofiche und Selbstdruck aufgrund ihrer eingeschränkten Zugänglichkeit und ihres geringen Renommees nicht gut geeignet, um von anderen WissenschaftlerInnen wahrgenommen zu werden. Diesen heute unüblichen Formen der Veröffentlichung wird daher kein eigener Artikel gewidmet, sondern für weitere Auskünfte auf Stock et al. (2009: 191) verwiesen.

Einige Promovierende streben die Publikation einer Monografie bereits zu Beginn ihrer Promotionsphase an, indem sie die Studiumsabschlussarbeit veröffentlichen. Auch wenn es sich in diesem Fall nicht wie bei der Dissertation um eine obligatorische Veröffentlichung handelt, sind die gleichen Gesichtspunkte zu erwägen.

In dem Artikel über das Herausgeben von Sammelbänden wird ein anderer Blickwinkel auf ein Mehrautorenwerk deutlich, als er in dem Kapitel *Wissen schafft Vielfalt. Verschiedene Textsorten* eingenommen wurde. Nun geht es neben dem Entwickeln eines tragfähigen Konzepts und eines angemessenen Zeitplans vor allem um die Zusammenarbeit mit den AutorInnen. Denn gerade wenn Sie zum ersten Mal von der Autoren- in die Herausgeberrolle hinüber wechseln, werden Sie sich von der Gewinnung der Beitragenden bis zum letzten Schliff an den Artikeln zahlreichen Arbeitsschritten und manchem Fallstrick gegenüber sehen. Der Artikel soll helfen, die erstgenannten optimal zu planen und die letztgenannten vorauszuahnen und erfolgreich zu umgehen.

Ein weiterer wichtiger Aspekt im Zusammenhang mit dem wissenschaftlichen Publizieren ergibt sich in dem Moment, wenn ein Beitrag abgelehnt wird. Auch dieser Erfahrung, die die meisten WissenschaftlerInnen erleiden, ist ein Artikel gewidmet. In diesem werden Möglichkeiten aufgezeigt, einen alternativen Publikationsweg zu finden, und die Kritik zu nutzen, um den eigenen Text und das eigene Schreiben zu verbessern. Letztendlich möchte er aber auch Mut machen, denn auch GutachterInnen können irren.

Im Beitrag zur Netzpräsenz wird ein weiterer Weg vorgestellt, Informationen über sich und eigene Texte der Öffentlichkeit zugänglich zu machen. Dabei kann die Netzpräsenz verschiedene Funktionen erfüllen und vom niedrigschwelligen Publikationsort über die Dokumentation der eigenen Arbeit bis hin zum Selbstmarketing fungieren. Die Autorin stellt verschiedene Möglichkeiten dar und zeigt sowohl die Chancen als auch die problematischen Seiten der Aktivitäten im Internet auf.

Literatur

Stock, Steffen et al. (Hrsg.) (2009): Erfolgreich Promovieren. Ein Ratgeber von Promovierten für Promovierende. 2., überarbeitete und erweiterte Auflage. Berlin et al.: Springer

5.1 Vom Suchen und Finden des richtigen Verlages. Monografien in Buchform

Helmut Schmiedt

Die Monografie – die umfangreiche, analytisch ambitionierte Beschäftigung mit einem wissenschaftlich relevanten Thema – stellt in vielen Fächern nach wie vor die angesehenste Form schriftlich fixierter wissenschaftlicher Leistungen dar. Wer keine Monografien vorzuweisen hat, kann beispielsweise auf Dauer nicht damit rechnen, im Hochschulbereich eine größere Karriere zu machen. Zumindest in den sogenannten Geisteswissenschaften gilt in diesem Zusammenhang immer noch die Buchpublikation als beste, wertvollste Form der Veröffentlichung, auch wenn Promotionsordnungen an immer mehr Universitäten die Möglichkeit einräumen, die Pflicht zur Verbreitung einer Dissertation auf anderem Wege zu erfüllen. Es ist zwar ungewiss, wie sich in dem Kontext die Verhältnisse auf lange Sicht entwickeln werden; jedoch ist nicht damit zu rechnen, dass das Renommee der traditionsreichen Buchveröffentlichung bald gänzlich verloren geht. Der vorliegende Artikel wendet sich an alle, die eine größere wissenschaftliche Schrift veröffentlichen möchten, also auch an diejenigen, die bereits während der Promotionsphase das Publizieren der besonders herausragenden Abschlussarbeit des vorherigen Studiengangs planen.

Unter den genannten Umständen erscheint die Aufgabe umso wichtiger, für die eigene Publikation einen passenden Verlag zu finden. In einigen seltenen Fällen stellt sich dieses Problem allerdings nicht: dann nämlich, wenn man zur Erarbeitung einer Monografie quasi beauftragt wird. Das kann z. B. geschehen, wenn man sich bereits den Ruf erworben hat, SpezialistIn für ein bestimmtes Thema zu sein, und ein Verlag bzw. die HerausgeberInnen einer in einem Verlag erscheinenden Buchreihe gerade über dieses Thema eine Veröffentlichung planen. Dann kann es sein, dass man als potenzieller Autor/potenzielle Autorin auserkoren und von der zuständigen Person angesprochen wird, so dass der Verlag für die eventuell entstehende Monografie von vornherein feststeht. In diesem Fall hat man übrigens, was die Vereinbarungen mit dem Verlag betrifft, recht gute Karten, und die gleich noch zu besprechenden Probleme der Veröffentlichung einer Monografie stellen sich nicht oder nur in abgeschwächter Form.

Aber diese Konstellation bildet, wie gesagt, eine seltene Ausnahme, besonders für diejenigen, die im Wissenschaftsbetrieb noch nicht etabliert sind. Der Regelfall ist der, dass man aus eigener Initiative den Text für eine wissenschaftliche

Buchpublikation erarbeitet und dafür den geeigneten, d. h. zunächst einmal den im Hinblick auf die abgehandelte Thematik interessierten Verlag finden muss. Bekanntlich konzentrieren sich die meisten wissenschaftlichen Verlage auf ganz bestimmte Fachgebiete, sodass es völlig sinnlos wäre, etwa eine anglistische Studie einem Fachverlag für Naturwissenschaften anzubieten.

In diesem Zusammenhang ist zu bedenken, dass es Verlage von sehr unterschiedlichem Ruf gibt: solche, mit denen sich die Vorstellung verbindet, dass sie durchweg qualitativ hochwertige Arbeiten veröffentlichen, und solche, denen nachgesagt wird, dass sie eher als Wissenschaftsverwertungsmaschinerie funktionieren und bereit sind, alles zu drucken, was ihnen vorgelegt wird, wenn die AutorInnen sich nur auf ihre Konditionen einlassen. Daneben existieren auch kleine Verlage, die weder zu der einen noch zu der anderen Gruppe zählen und vom Idealismus ihrer InhaberInnen getragen werden; sie stellen Bücher her, weil das für sie eine Herzensangelegenheit ist. Man darf in diesem Zusammenhang keineswegs pauschal und voreingenommen urteilen: Natürlich ist es in der Praxis nicht so, dass die einen Verlage tatsächlich ausschließlich Pionierleistungen in die Welt setzen, während man bei den anderen nichts als Belanglosigkeiten findet. Wer sich im Wissenschaftsbetrieb auskennt, weiß, dass es auf die Einzelfallprüfung ankommt. Darüber hinaus können sich die Qualität von Verlagsprogrammen und damit auch das an sie geknüpfte Prestige im Lauf der Zeit verändern, ohne dass dies immer auf den ersten Blick zu erkennen wäre: Manche angesehenen Verlage leben eher von der Tradition, auf die sie sich berufen können, als von einer großartigen Qualität ihres aktuellen Angebots, und umgekehrt erarbeiten sich andere von zunächst geringem Ruf manchmal durch entsprechende Veröffentlichungen eine beträchtliche Reputation. Insofern darf man hier nicht in Schwarz-Weiß-Kategorien denken, aber grundsätzlich ist die skizzierte Unterscheidung schon sinnvoll.

Verlage mit besonders gutem Ruf kann man daran erkennen, dass ihre Publikationen – und damit auch ihre AutorInnen – in den Diskussionen der Scientific Community besonders häufig und mit positiver Konnotation zur Sprache gebracht werden, während die der anderen eher am Rande auftauchen. Es gibt auch ein sehr handfestes Unterscheidungsmerkmal: Die weniger renommierten Verlage sind oft dadurch zu identifizieren, dass sie von sich aus pauschal – also nicht im oben genannten Sinne eines konkreten Projektvorschlags an bestimmte Personen – um neue AutorInnen werben. Beispielsweise veröffentlichen sie Anzeigen oder verschicken Anschreiben, man möge doch eine neue wissenschaftliche Arbeit bei ihnen publizieren. Das haben die hoch angesehenen Verlage nicht nötig, die in der Regel auch nicht darauf setzen, ihr Geschäft durch die pure Masse ihrer Veröffentlichungen zu betreiben.

Wo wird man nun also die eigene Arbeit unterzubringen versuchen? Natürlich lockt grundsätzlich immer erst die mit höherem Ansehen verbundene Publikationsmöglichkeit, aber man sollte auch auf die jeweiligen speziellen Umstände achten. Wer nicht unbedingt die Absicht hat, auf der Karriereleiter der Universität weit nach oben zu steigen, und erfährt, dass der Verlag X finanziell günstige Veröffentlichungsmöglichkeiten bietet, könnte sich mit guten Gründen für diese Lösung entscheiden, auch wenn X nicht zur Spitzengruppe der angesehensten Verlage des betreffenden Faches gehört. Wer eine solche Laufbahn anstrebt, aber ganz sicher ist, dass niemand den großen Wert der vorliegenden Arbeit verkennen wird, kann dies ebenfalls tun, denn schließlich werden ja auch die Veröffentlichungen von X bibliografisch erfasst und von all denen, die sich künftig mit dem Thema befassen, zur Kenntnis genommen, sodass man doch auf die verdiente Resonanz hoffen kann. Über die Gründe, in einem besonders renommierten Verlag veröffentlichen zu wollen, muss hier nichts weiter gesagt werden.

Es gilt also, sich zunächst einen gewissen Überblick über die in Frage kommenden Verlage zu verschaffen, die skizzierten Umstände genauer zu prüfen und dann eine Wahl zu treffen. Man muss da freilich ein gewisses Maß an Frustrationstoleranz entwickeln: Während etliche Verlage tatsächlich unter bestimmten Bedingungen nahezu alle Veröffentlichungsangebote akzeptieren, kann man bei anderen leicht eine Absage erhalten, und es ist keine angenehme Erfahrung, wenn sich dies mehrfach wiederholt (vgl. in vorliegendem Band *Und was mache ich jetzt? Der Umgang mit Ablehnung von Beiträgen*). Eine solche Absage kann letztlich zwei Gründe haben: Die Arbeit erscheint den Zuständigen nicht gut genug, oder sie gewinnen die Überzeugung, dass sie sich nicht hinreichend ins Verlagsprofil einfügt, dass sie nicht zum üblichen Programm des Verlags passt. Freundliche VerlagsmitarbeiterInnen werden immer mit Varianten der zweiten Begründung argumentieren.

Auf jeden Fall ist es, was die Einzelheiten der Verlagssuche betrifft, empfehlenswert, bei dem in Aussicht genommenen Verlag erst einmal schriftlich oder telefonisch anzufragen, ob überhaupt grundsätzliches Interesse an einer Veröffentlichung zu dem betreffenden Thema besteht. Es kann ja sein, dass man dies aufgrund der eigenen Recherchen vermutet, dass aber der in Aussicht genommene Verlag einen bestimmten Themenbereich entgegen seiner bisherigen Publikationspraxis nicht weiter pflegen will oder dass ihm umgekehrt zu einem solchen schon so viele Arbeiten vorliegen, dass auf absehbare Zeit nicht mit der Veröffentlichung weiterer gerechnet werden kann. Viele Verlage haben zur Prüfung des Buchprojekts einen Autorenfragebogen entwickelt, in dem z. B. eine Kurzbeschreibung des Werkes, technische Angaben zum Manuskript und die Zielgruppe abgefragt werden. Wenn die Verantwortlichen das Angebot geprüft und grundsätzlich akzeptiert haben, erfolgt der zweite Schritt: Sie bekommen den kompletten Text der Monografie und entscheiden auf dieser Basis endgültig, ob sie sie veröffentlichen wollen oder nicht. Positive Gutachten oder andere Empfehlungen zu der vorliegenden

Arbeit können mit eingereicht werden bzw. werden manchmal von den Verlagen ausdrücklich angefordert.

Es ist grundsätzlich nichts dagegen zu sagen, dass man solche Kontakte auch zu mehreren Verlagen gleichzeitig aufnimmt; schließlich hat man etwas anzubieten und damit das Recht, sich ein wenig umzusehen und auch auf diese Weise nach der besten Lösung für die eigene Publikation zu suchen.

An dieser Stelle erscheint es ratsam, auf einen bedauerlichen Umstand von grundsätzlicher Bedeutung hinzuweisen. Zwar gibt es Menschen, die mit dem Schreiben von Büchern reich werden, etwa die AutorInnen international erfolgreicher Romanbestseller. Es gibt auch immer wieder Sachbücher, die in profitabler Zahl verkauft werden, z. B. Ratgeber in diesem oder jenem Bereich oder populärwissenschaftliche Texte, die planmäßig oder zufällig in eine Marktlücke stoßen. Mit wissenschaftlichen Monografien der Art, von der hier vorrangig die Rede ist, kann man aber in der Regel kein Geld verdienen; in vielen Fällen muss man sogar froh sein, wenn die Veröffentlichung nicht zum Minusgeschäft wird. Die überwältigende Mehrzahl wissenschaftlicher Monografien erreicht nur ganz kleine Auflagen; wenn einige hundert Exemplare verkauft werden, darf man schon von einem Erfolg reden. Die Verlage wissen natürlich, dass es sich flächendeckend so verhält, und wenn sie auch noch davon ausgehen können, dass der betreffende Verfasser/die betreffende Verfasserin die Arbeit unbedingt veröffentlichen will oder gar muss, sehen sie erst recht keinen Grund, Honorare zu zahlen, abgesehen davon, dass er/sie ein paar Exemplare des eigenen Buches umsonst erhält, die sogenannten Autorenfreiexemplare. Oft wird für die Veröffentlichung einer Monografie sogar ein Druckkostenzuschuss verlangt: in Gestalt einer von AutorInnen zu zahlenden Summe oder in der verkappten Form einer Abnahmegarantie – als AutorIn verpflichtet man sich, einen bestimmten Teil der hergestellten Auflage selbst zu kaufen, sodass der Verlag sicher sein kann, auf jeden Fall einen erheblichen Teil seiner Kosten sofort erstattet zu bekommen (vgl. in vorliegendem Band *Das kann teuer werden. Die finanzielle Seite des Publizierens*).

Wie gesagt: Es gibt Fälle, in denen es sich deutlich anders verhält. AutorInnen, die ein gewisses Maß an Prominenz erreicht haben, können durchaus mit passablen Honoraren rechnen. AutorInnen, die auf Bestellung liefern – z. B. einen Band für eine Einführungsreihe zu einem Fach – werden ebenfalls für ihre Tätigkeit bezahlt. Aus der Sicht der Verlage ist dies zu rechtfertigen, da in beiden Fällen mit höheren Auflagen kalkuliert werden kann, also auch mit höheren Verkaufserträgen, die eine Bezahlung der AutorInnen ermöglichen, anders als bei den Monografien in Kleinstauflage.

Monografien können als Teil einer Buchreihe veröffentlicht werden oder auch völlig unabhängig davon, separat. Wenn man davon absieht, dass es bei manchen angesehenen Verlagen Reihen von außerordentlich gutem Ruf gibt, in die hinein zu gelangen schon eine Auszeichnung darstellt, ist es letztlich nicht entscheidend, was in dieser Hinsicht mit der eigenen Arbeit geschieht. Etliche Verlage organisieren ihr eigenes Programm so, dass es praktisch nur aus verschiedenen Reihen besteht, die dann Titel tragen wie „Untersuchungen zu ..." (es folgt die Benennung eines größeren Forschungsgebietes). Andere tun dies nicht oder nur zum kleineren Teil und ordnen ihr Programmangebot lediglich nach den Fächern, in denen sie publizieren.

Wenn nun also ein Verlag sich bereit erklärt hat, die Monografie in sein Programm aufzunehmen, ist ein wichtiger Schritt der Abschluss eines Verlagsvertrags, der die Rechte und Pflichten der beiden VertragspartnerInnen regelt. Die meisten Verlage arbeiten da mit standardisierten Verträgen, in denen alles Grundsätzliche – vom Umgang mit dem Copyright bis zur Verpflichtung des Verlags, das künftige Buch angemessen zu bewerben – pauschal geregelt ist und die Besonderheiten des jeweiligen Falles – also etwa der Abgabetermin für das fertige (heute meistens als Datei zu liefernde) Manuskript und die Zahl der Freiexemplare – individuell eingetragen werden. Ob man in Einzelheiten Veränderungen zum eigenen Vorteil gegenüber dem Standardtext erreichen kann, ist Verhandlungssache. Erfahrungsgemäß ist es z. B. relativ leicht möglich, eine höhere Anzahl von Freiexemplaren durchzusetzen, während substanzielle Verbesserungen zugunsten der AutorInnen unter den skizzierten Rahmenbedingungen meistens kaum zu erwirken sind.

Wie gestaltet sich die weitere Zusammenarbeit mit dem Verlag? Zu den legendären Bestandteilen der Branche gehört die Institution der LektorInnen: VerlagsmitarbeiterInnen, die eingehende Manuskripte nicht nur auf ihre grundsätzliche Veröffentlichungstauglichkeit prüfen, sondern sie im Fall einer Zustimmung auch genauestens durcharbeiten und den AutorInnen gegebenenfalls Verbesserungsvorschläge machen, und zwar im Hinblick auf Inhaltliches wie auf Stilistisches. Es gibt Gerüchte, denen zufolge sich sogar die Gestalt, in der einige renommierte literarische Werke erschienen sind, in erheblichem Maße dem Einfluss und den Formulierungskünsten von LektorInnen verdankt.

Heute wird allerdings vielfach und generell wohl nicht zu Unrecht beklagt, dass selbst angesehene Verlage in diesem Bereich ein großes Sparpotenzial entdeckt haben: Sie beschäftigen überhaupt keine LektorInnen mehr oder nur noch solche, die die zu veröffentlichenden Texte oberflächlich durchsehen und allenfalls grobe formale Mängel – also etwa derbe Verschreiber und Zeichensetzungsfehler – entdecken und korrigieren. Von einer ernsthaften Beschäftigung mit dem Text und einem intensiven Austausch mit den AutorInnen kann da natürlich nicht die Rede sein, und manchmal äußern RezensentInnen den Verdacht, angesichts fundamentaler Unzulänglichkeiten in einer von ihnen besprochenen wissenschaftlichen Publikation sei zu vermuten, dass überhaupt keine VerlagsmitarbeiterInnen – oder jedenfalls keine kompetenten – den vom Verlag publizierten Text je gelesen hätten. Solche Defizite werden sich am ehesten die oben so genannten Wissenschaftsverwertungsmaschinerien leisten, nicht aber Verlage, die sich auf ihre Seriosität und ihren Ruf einiges zugute halten.

Der Verfasser dieses Berichts hat die unterschiedlichsten Erfahrungen gemacht. Teils sind seine Arbeiten ohne alle Änderungen und Änderungsvorschläge übernommen worden, teils sind von Verlagsseite aus Verschreiber entdeckt und pauschale Hinweise auf wünschenswerte Kürzungen oder Ergänzungen gegeben worden, teils hat es eine intensive, die verschiedensten Elemente des Textes umfassende Kooperation mit einem Lektor gegeben. Die Art der Reaktionen war dabei ganz sicher nicht abhängig von der Qualität des Vorgelegten – also etwa in der Weise, dass die einen Texte völlig makellos und die anderen im Vergleich dazu extrem fehlerhaft gewesen wären –, sondern hier haben sich elementar unterschiedliche Arbeitsweisen der verschiedenen Verlage bemerkbar gemacht. Generell empfiehlt es sich natürlich, dass man eine Arbeit erst abliefert, wenn man sich davon überzeugt hat, dass sie nicht nur in ihrer gedanklichen Qualität, sondern auch in formaler Hinsicht der kritischen Lektüre externer LeserInnen standhält (vgl. in vorliegendem Band *Wasch mich, aber mach mich nicht nass. Kürzen und Korrigieren*).

Früher übergab man seine Texte den Verlagen in maschinenschriftlicher Form; sie wurden dann für den Druck gesetzt, etwas in gewisser Hinsicht noch einmal ganz Neues entstand, und die AutorInnen mussten anschließend durch sorgfältige Lektüre prüfen, ob nicht auf diesem Wege auch neue Fehler zustande gekommen waren. Heute, da man Dateien abliefert, neigt mancher/manche zu dem Eindruck, da könne nicht mehr viel passieren bzw. das, was geschehen könnte, ließe sich auf den ersten Blick entdecken. Aber so ist es natürlich nicht: Das, was misslingen kann, liegt nur auf einer anderen Ebene. Der Verfasser hat neulich eine Rezension gefunden, nach der in dem besprochenen Buch die Seitenzahlen des Inhaltsverzeichnisses und die Seiten mit den tatsächlichen Kapitelanfängen ausnahmslos nicht übereinstimmten und die Anmerkungszahlen im Text und die dazugehörigen Nachweise ebenso wenig zueinander passten. Offensichtlich ist hier bei der elektronischen Bearbeitung des Textes eine Änderung vorgenommen worden, die nebenbei die betreffenden Zahlen verschoben hat, ohne dass dies bis zur Veröffentlichung des Buches bemerkt worden wäre. Wenn man vom Verlag den Text im endgültig eingerichteten Layout erhält, sollte man also unbedingt noch einmal eine genaue Nachprüfung vornehmen.

Zu den Aufgaben der AutorInnen von Monografien gehört es in der Regel auch, einen Text zu verfassen, in dem das Buch und die eigene Person kurz vorgestellt werden. Das Geschriebene wird dann für Werbezwecke verwendet, taucht also etwa in den gedruckten oder per Internet verbreiteten Verlagsankündigungen auf. Man darf da ruhig versuchen, die Verdienste der eigenen Arbeit deutlich hervorzuheben; allerdings sollte man nicht überziehen, denn es wirkt eher lächerlich, wenn jemand den Eindruck erweckt, er habe mit seinem wissenschaftlichen Debüt gewissermaßen das Rad neu erfunden. Zu beachten ist, dass die Art der Darstellung ihren Werbezweck erfüllen kann: Man sollte sich auf LeserInnen einstellen, die möglicherweise ein grundsätzliches Interesse an der abgehandelten Problematik haben – sonst würden sie die Ankündigungen dieses Verlags nicht lesen –, die aber auch keine Fachleute in dem Sinne sind, dass sie mit der Materie in den Einzelheiten schon vertraut sind. Es gilt also, den Werbetext so informativ und anregend zu formulieren, dass er die attraktiven Seiten der Thematik und die Kompetenz der AutorInnen hervorhebt, ohne weniger kundige LeserInnen zu überfordern.

Ist das alles erfolgreich bewerkstelligt, das Buch hergestellt, beworben und erschienen, so gibt es noch einmal eine Zeitspanne, die für alle auch nur halbwegs ehrgeizigen AutorInnen spannend verläuft: Wann gibt es die ersten Reaktionen? Monografien werden in Fachzeitschriften, ganz selten auch in der Tagespresse, besprochen, sei es einzeln oder in umfangreichen Rezensionsartikeln zu mehreren Neuerscheinungen. In dem Maße, in dem sie Gewichtiges zu sagen haben oder zumindest auf Interesse stoßen, werden sie natürlich auch in künftigen Arbeiten zu dem betreffenden Themengebiet zitiert und kommentiert. Die Erfahrungen, die man da macht, fallen sehr unterschiedlich aus: Rezensionen und anderweitige Reaktionen können überwältigend positiv urteilen, aber es gibt auch in der Wissenschaft, wie beim Erscheinen eines neuen Romans oder bei der Premiere einer Theateraufführung, herzhafte Verrisse. Man tut gut daran, mit allem zu rechnen.

Ergänzende Literatur

Fabel-Lamla, Melanie/Tiefel, Sandra (2006): Verlagssuche und Vertragsverhandlungen. In: Koepernik, Claudia/Moes, Johannes/Tiefel, Sandra (Hrsg.): GEW-Handbuch Promovieren mit Perspektive – ein Ratgeber von und für DoktorandInnen. Bielefeld: Bertelsmann: 395–401
Jürgens, Kai U. (2007): Wie veröffentliche ich meine Doktorarbeit? Der sichere Weg zum eigenen Buch. Kiel: Verlag Ludwig
Knorr, Dagmar (2003): Schreibstrategien als Publikationsstrategien. Von der Dissertation zum Buch. In: Perrin, Daniel et al. (Hrsg.): Schreiben. Von intuitiven zu professionellen Schreibstrategien. 2., überarbeitete Auflage. Wiesbaden: Westdeutscher Verlag: 117–127
Stock, Steffen et al. (Hrsg.) (2009): Erfolgreich promovieren. Ein Ratgeber von Promovierten für Promovierende. 2., überarbeitete und erweiterte Auflage. Berlin et al.: Springer-Verlag: 187–189

5.2 Buch auf Bestellung. Publizieren mittels Book on Demand

Thomas Metten

In Folge der Entwicklung digitaler Technologien hat sich das wissenschaftliche Publizieren verändert. In manchen Wissenschaftsbereichen ist es längst keine Besonderheit mehr, dass Publikationen überwiegend online erscheinen. Zudem ermöglichen inzwischen zahlreiche Promotionsordnungen, Dissertationen nicht mehr nur in Buchform bei einem Verlag, sondern alternativ online zu veröffentlichen (vgl. in vorliegendem Band *Zur freien Verfügung. Elektronisches Publizieren mit Open Access*).

Digitale Verfahren haben jedoch nicht nur die Möglichkeiten zur Veröffentlichung vervielfältigt, sondern auch im Druckwesen bei der Herstellung von Büchern zu einigen Änderungen geführt. Seit den 1990er Jahren konnten sich digitale Verfahren der Buchherstellung etablieren. Der Ausdruck „Digitaldruck" benennt vor allem jene Verfahren, mittels derer der Druck ausgehend von einem Rechner-Arbeitsplatz der Druckerei ohne weitere Vor- oder Zwischenstufen zur Drucklegung erfolgen kann. Dadurch entfallen die Fertigung von Druckvorlagen sowie aufwendige Einstellungen an den Druckmaschinen. Digitaldruckverfahren ermöglichen somit die kostengünstige Herstellung kleiner und kleinster Auflagen bis hin zur Einzelbuchproduktion. Für Digitaldruckverfahren gilt allerdings auch, dass deren Kosteneffizienz lediglich bis an einen bestimmten Grenzwert heranreicht und bei höheren Auflagenzahlen reguläre Druckverfahren weiterhin rentabel sind.

Das derzeit wohl prominenteste Verfahren, welches aus dieser Entwicklung für die Herstellung von Büchern entstanden ist, trägt die Bezeichnung „Book on Demand" – die einige Anbieter auch in ihrem Namen führen. Parallel dazu existiert der Ausdruck „Print on Demand". Beide bezeichnen nicht bloß die Einführung digitaler Technologien, sondern vielmehr den spezifischen Gebrauch dieser Techniken. Während Print on Demand die Herstellung jeglicher Druckerzeugnisse benennt, grenzt Book on Demand die Herstellung hinsichtlich der damit erzeugten Produkte auf Bücher ein. Entscheidend für die Benennung der Verfahren ist allerdings: Ein Buch wird nicht mehr mit einer bestimmten Auflage gefertigt und dann nach und nach vertrieben. Gedruckt wird lediglich, was angefragt wird. Die Produktion kleiner Auflagen oder einzelner Bücher wird erst aufgrund von Kundenbestellungen vorgenommen. Folglich geht es – wenn von Book on Demand gesprochen wird – um das bedarfsorientierte Drucken von Büchern.

Die Vorteile der Digitaldruckverfahren für die Produktion von Büchern zeigen sich bei der Geschwindigkeit der Herstellung, den entstehenden Kosten sowie der Flexibilität und liegen dabei zu einem Großteil auf Seiten der Verlage. Book on Demand hat sich für diese zu einer kostengünstigen Alternative insbesondere für Publikationen entwickelt, die mit hoher Wahrscheinlichkeit nur in geringer Stückzahl nachgefragt werden. Gerade in der Wissenschaft bietet sich ein solches Verfahren für die Texte an, die voraussichtlich nur von einem kleinen Personenkreis wahrgenommen werden. Digitale Druckverfahren ermöglichen den Verlagen daher, das Angebot an Publikationen breit und langfristig verfügbar zu halten, bei gleichzeitiger Verringerung des Aufwandes und der Kosten, die durch den einmaligen Druck hoher Auflagenzahlen, Lagerung und Vertrieb verursacht werden. Mit der Einrichtung digitaler Druckverfahren können die Verlage daher immer mehr den individuellen Interessen und Wünschen spezifischer Gruppen nachkommen, indem zunehmend mehr Titel zu spezialisierten Themen angeboten werden. Nachteile von Book-on-Demand-Verfahren liegen bei den höheren Herstellungskosten pro Exemplar, d.h. ein mit diesem Verfahren produziertes Buch ist im Verkauf teurer. Zudem ist mit längeren Lieferzeiten zu rechnen; denn wird ein Buch angefragt, muss es erst gedruckt werden und ist nicht direkt lieferbar.

Woraus bestehen nun die Vor- und Nachteile für die AutorInnen? Da die Kosten für die übliche Buchproduktion je nach Auflage immens sind, erwarten Verlage in der Regel eine Beteiligung bei der Finanzierung einer Publikation: Von den AutorInnen und HerausgeberInnen wird dann ein Druckkostenzuschuss gefordert – ein Betrag, der stark variieren kann (vgl. in vorliegendem Band *Das kann teuer werden. Die finanzielle Seite des Publizierens*). Mittels des Book-on-Demand-Verfahrens produzieren die Verlage nun günstiger. Indem die Kosten bei Produktion und Lagerung reduziert werden können, sinkt die Kapitalbindung. Für die AutorInnen bedeutet dies: Insbesondere der im Wissenschaftsbereich übliche Druckkostenzuschuss kann auf diesem Weg reduziert werden. Nur selten führt der Druck nach Bedarf jedoch dazu, dass die Zahlung eines Druckkostenzuschusses gänzlich aufgehoben werden kann. Basiskosten entstehen weiterhin etwa für den Eintrag im Verzeichnis lieferbarer Bücher mittels einer ISBN sowie für das Erstellen der digitalen Druckvorlage. Der Nachteil liegt für die AutorInnen zudem bei dem geringeren wissenschaftlichen Ansehen, das dem Buch eventuell zuteil wird. Da bei diesem Verfahren auf eine anfängliche Eingangsprüfung des Buchprojekts verzichtet wird und die Anbieter zum Teil damit werben, Bücher zu drucken, die in anderen Verlagen abgelehnt wurden, ist das wissenschaftliche Renommee eher gering. Es sollte daher gut abgewogen werden, ob die finanziellen Vorteile diesen negativen Aspekt überwiegen. (Dass jedoch auch zwischen Verlagen, die im herkömmlichen Verfahren drucken, Unterschiede in den Lektoratsleistungen bestehen, wird an anderer Stelle beschrieben, vgl. in vorliegendem Band *Vom Suchen und Finden des richtigen Verlages. Monografien in Buchform*).

Während Book on Demand daher seitens der AutorInnen sowie der Verlage die Kosten zu senken vermag, unterscheidet sich ein solches Verfahren in anderen Komponenten wenig von der herkömmlichen Fertigung einer Publikation. Das Buch wird in der Regel ebenfalls durch einen Verlag produziert, durch welchen der Satz des Buches bis zum Druck vorbereitet wird. In welcher Weise die Gestaltung des Buches durch den Verlag vorgenommen wird, ist jedoch – wie bei konventionellen Fertigungsverfahren – verschieden. Für die Veröffentlichung eines digital gedruckten Buches gilt weiterhin, dass die rechtlichen Vereinbarungen mit dem Verlag in der gewohnten Weise, d. h. mittels eines Autoren- oder Herausgebervertrags getroffen werden. Dieser legt etwa auch fest, wie viele Freiexemplare den AutorInnen jeweils zustehen oder ob ein Honorar gezahlt wird.

KritikerInnen digitaler Druckverfahren geben zu bedenken, dass eine zunehmende Zahl von Publikationen mit einiger Sicherheit zur Folge hat, dass die Zahl der LeserInnen je Buch sinkt. Die Verlage bieten folglich immer mehr Bücher für immer weniger interessierte LeserInnen an. Die Differenzierung wissenschaftlicher Disziplinen vollzieht sich in Folge ganz konkret in den spezialisierten Angeboten der Verlage. Zugleich kann man über die Qualität der Publikationen spekulieren. Mit dem Druck eines Buches geht oftmals auch eine gewisse Qualitätskontrolle einher: Gedruckt wird nur, was den Maßstäben der wissenschaftlichen Gemeinschaft entspricht. Verlage sind dabei Instanzen der Qualitätssicherung, die bei der Produktion mit einem gewissen Absatzmarkt und insofern mit einem Interesse der wissenschaftlichen Gemeinschaft rechnen. Sind ein solches Interesse und/oder die Relevanz einer Arbeit nach Ermessen des Lektorats nicht gegeben, wird ein Buch womöglich nicht gedruckt. Zwar hängt die wissenschaftliche Qualität eines Werkes nicht vom Druckverfahren ab, dennoch gibt es gewisse Vorbehalte, die darauf hinaus laufen, dass solche Verfahren zu einem vermehrten Druck weniger qualitätvoller Publikationen führen. Die Prüfung sollte man je selbst vornehmen.

Eine vollkommene Individualisierung des Druckens hat sich in der Wissenschaft bisher nicht etablieren können und wird sicher auch künftig keine Anwendung finden. Dennoch sind Book-on-Demand-Verfahren sicher eine gute und günstige Lösung etwa zur Publikation von Studienabschlussarbeiten. Somit besteht die Möglichkeit, dass auch die Abschlussarbeit einen interessierten Leserkreis findet, insbesondere wenn etwa neuere Themen, zu denen bisher wenig gearbeitet wurde, einen ersten Einstieg in ein Themenfeld oder eine spezifische Problematik anbieten.

Ergänzende Literatur

Fabel-Lamla, Melanie (2006): Publizieren – Publikationen während der Promotionsphase und Veröffentlichung der Dissertation. In: Koepernik, Claudia/Moes, Johannes/Tiefel, Sandra (Hrsg.): GEW-Handbuch Promovieren mit Perspektive – ein Ratgeber von und für DoktorandInnen. Bielefeld: Bertelsmann: 388–389

Nöth, Ute (2002): Die Individualisierung von Inhalten mittels PoD als Chance für den Buchmarkt. London et al.: Holger Ehling Publishing

Verlagshaus Monsenstein und Vannerdat (2006): Das Books on Demand Handbuch. Münster: Verlagshaus Monsenstein und Vannerdat

5.3 Ein Thema – viele Blickwinkel. Herausgeben von Sammelbänden

Heidrun Ludwig

Zu den Herausgeberwerken in der Wissenschaft gehören – neben z. B. Lexika oder Handbüchern – Sammelbände, in denen mehrere AutorInnen ein Thema aus verschiedenen Perspektiven beleuchten oder neuere Forschungsergebnisse zu einem gemeinsamen Thema vorstellen und diskutieren. Sammel- und auch Tagungsbände haben – häufig zu Recht – den Ruf, sprachlich und sachlogisch wenig strukturiert, sondern vielmehr ein Sammelsurium zu sein, das schnell und ohne rechtes Konzept entstanden ist (vgl. im vorliegenden Band *Sammelsurium statt Innovation? Eine Apologie für Festschriften und Sammelbände*). Sorgfältig vorbereitet und umgesetzt hat diese Form der Publikation jedoch große Vorteile, sowohl für die LeserInnen als auch für die AutorInnen und die HerausgeberInnen.

Das im Folgenden vorgestellte Vorgehen ist bei Sammel- und Tagungsbänden prinzipiell dasselbe. Allerdings stehen für den Tagungsband in der Regel die AutorInnen bereits fest: Die Vortragenden einer Tagung werden zu einem Buchbeitrag aufgefordert.

Der Arbeitsplan

Die Herausgabe eines solchen Sammelwerks ist ein langwieriger Prozess, der mindestens ein Jahr, oft sogar eine deutlich größere Zeitspanne bis zu mehreren Jahren umfasst. Phasen intensiver Arbeit wechseln sich mit Wartephasen ab. Am zeitintensivsten sind Anfang und Ende. Vor der Umsetzung eines solchen Projekts sollte daher der Kalender zu Rate gezogen und geprüft werden, welche Termine und Aufgaben in den nächsten eineinhalb bis zwei Jahren anstehen: Welche Tagungen werden besucht, sind Vorträge vorzubereiten, weitere Publikationen zu erstellen? Welche Arbeiten stehen in diesem Zeitraum im Dissertationsprojekt an? Wie viel Zeit wird für diese Aktivitäten wann benötigt? Welche anderen Verpflichtungen (z. B. Lehrveranstaltungen oder private Belange) bestehen? Prüfen Sie, ob Sie neben diesen Anforderungen ein zusätzliches Projekt verwirklichen können. Eine sorgfältige Zeitplanung hilft, mögliche Verärgerungen der MitautorInnen wegen eines Nicht- oder verspäteten Erscheinens der Publikation zu vermeiden.

Zahlreiche unterschiedliche Teilschritte müssen von den HerausgeberInnen bewältigt werden. Die folgende Tabelle bietet eine vorsichtige Einschätzung der für die einzelnen Arbeitsschritte einzuplanenden Zeiträume und deren zeitlicher Abfolge sowie der Intensität der Arbeitsbelastung.

Tabelle 1   Ablaufplan zur Erstellung eines Sammelbandes

Tätigkeit	Dauer	Arbeitsintensität
von der Idee zum Konzept	2–3 Monate	mittel
Gewinnung der Beitragenden	2–3 Monate	hoch
Erstellung des Vorgabenpapiers und eines Style Sheets	1–2 Wochen (parallel zur Gewinnung der Beitragenden)	mittel
Schreibphase der Beitragenden	6 Monate	gering
Gewinnung eines Verlages	2–3 Monate (parallel zur Schreibphase)	mittel
Kontakt zu den Beitragenden während der Schreibphase	ca. 1 mal monatlich	gering
Begutachtung der Beiträge und Rückmeldung	pro Beitrag 2–3 Tage	mittel
nochmalige Begutachtung evtl. erneute Rückmeldung	pro Beitrag 2–3 Tage	mittel
Korrektur lesen und letzter Schliff der Endfassungen	pro Seite ca. durchschnittlich 30 Minuten	sehr hoch
formatieren	ca. 4 Wochen	sehr hoch

Quelle: eigene Darstellung

Von der Idee zum Konzept – worum geht es?

Zunächst müssen sich HerausgeberInnen darüber klar werden, welchen Erkenntnisgewinn sie mit dem Sammelband verfolgen. Ein Band, der keine neue Idee verfolgt, wird es schwer haben, sich durchzusetzen: Weder AutorInnen, noch LeserInnen werden in diesem Fall großes Interesse an dem Werk bekunden. Auch könnte es problematisch sein, einen Verlag zu finden, der den Band ohne Druckkostenzuschuss in sein Programm aufnimmt. Folgende Fragen sollten Sie beantworten können: Welche innovative Idee verfolgen Sie in dem Band? Welches Neuland in der Forschungslandschaft soll konkret erschlossen werden? Welche neuen Aspekte werden beleuchtet? Welche Theorien werden miteinander in Verbindung gebracht? Werden bereits vorhandene Daten nach neuen Kriterien ausgewertet?

Hilfreich ist in diesem Stadium die Erstellung einer Mind Map, auf der zum einen alle inhaltlichen Ideen festgehalten, zum anderen mögliche MitautorInnen gesammelt werden. Eine Fülle – in der Regel viel zu viele – interessanter Ideen und inhaltlicher Aspekte werden so zusammengetragen. Die Kunst besteht nun darin, aus den aufgeführten Punkten geschickt auszuwählen, die wichtigsten zu betonen, weniger wichtige nach und nach zu streichen, bis sich thematisch ein roter Faden erkennen lässt (Tipp: die „aussortierten" Aspekte und AutorInnen nicht endgültig streichen, da sie bei Absagen erneut herangezogen werden können). Der thematischen Fokussierung folgt die Entwicklung einer sinnvollen Struktur. Gibt es eine Theorie, auf die alle Artikel Bezug nehmen, so wird sie in einem einführenden Kapitel vorgestellt, damit sich alle Beiträge darauf beziehen können und keine Redundanzen entstehen. Entwickeln einzelne Beiträge ein in der Einleitung eingeführtes Modell weiter, so werden die Veränderungen auf Grundlage dieses Modells deutlich gemacht. Schwerpunkte werden mit mehreren Beiträgen zu Kapiteln zusammengefasst, wobei die Reihenfolge der Kapitel einen logischen Aufbau sowie einen roten Faden erkennen lassen soll.

Diesen Prozess schließt die Verschriftlichung des Konzepts ab: Bei dem Versuch einer ebenso kurzen wie prägnanten Beschreibung des Buchprojekts zeigen sich schnell Brüche und Ungereimtheiten. Gelingt es, in einem Ein-Seiten-Papier die Relevanz des Themas sowie die Choreografie und Struktur des Bandes und seiner Teilbereiche schlüssig zu beschreiben, ist die Konzeptionsphase beendet.

Finden Sie nun einen griffigen Titel, denn dieser ist das Aushängeschild des Buchs: Er soll einen Eindruck davon geben, was zu lesen sein wird, und gleichzeitig neugierig machen.

Gewinnung, Auswahl und Anzahl der Beitragenden

Um Beitragende zu gewinnen, sollten sich die HerausgeberInnen in einem kurzen Anschreiben vorstellen und ihr Projekt sowie dessen Innovationsgehalt beschreiben. Dabei hat eine kurze, prägnante Ausführung größere Chancen, gelesen zu werden, als eine lange, detaillierte. Ein origineller Titel weckt die Lust, an diesem Projekt mitzuwirken. Zudem sollte kurz begründet werden, warum gerade die angeschriebene Person geeignet ist, an diesem Buch mitzuarbeiten und welchen Beitrag man sich von ihr verspricht. Oftmals ist es günstig, zunächst besonders ausgewiesene WissenschaftlerInnen persönlich zu kontaktieren, um sie zur Mitarbeit zu gewinnen. Das Wissen um das Mitwirken einer bekannten Persönlichkeit führt zu einer erhöhten Aufmerksamkeit und kann dazu beitragen, auch andere Personen für das Projekt zu begeistern. Eine Bedenkzeit von vier Wochen für die Zu- bzw. Absage sollte genügen.

Für die Auswahl der anzufragenden AutorInnen ist Folgendes zu beachten: Bekannte WissenschaftlerInnen, die zum gewählten Thema arbeiten, sollten natürlich keinesfalls in der Liste der Beitragenden fehlen. Zum einen stehen sie als RepräsentantInnen für das Forschungsgebiet, zum anderen dienen sie als Zugpferde bei der Gewinnung weiterer AutorInnen, bei der Akquisition von Verlagen sowie beim Verkauf des Bandes. Diese Personen bekommen oft sehr viele Anfragen, sind stark ausgelastet, bitten um sehr lange Abgabefristen oder sagen ab. Falls keine Zusage erfolgt, führt die Nachfrage, ob nicht ein Mitarbeiter/eine Mitarbeiterin zu dem Thema schreiben könnte, oftmals doch zu einer Beteiligung als ZweitautorIn.

Neben der fachlichen Ausgewiesenheit könnte für die Auswahl weiterer Beitragender die Zuverlässigkeit der AutorInnen gelten. Oftmals sind die jungen, noch nicht so bekannten und nicht so stark angefragten WissenschaftlerInnen in der Qualifikationsphase diejenigen, die punktgenaue Beiträge liefern. Sie sind meist bereit, sich auf alle inhaltlichen, formalen und zeitlichen Vorgaben einzulassen – nicht zuletzt, weil sie gerne jede Gelegenheit zum Publizieren nutzen.

Wie viele AutorInnen für einen Band einbezogen werden sollten, ist nicht eindeutig zu beantworten: Je mehr Personen mitschreiben, desto aufwendiger wird die Betreuung. Gleichzeitig lebt der Sammelband von Vielfalt, weshalb die Anzahl der AutorInnen acht bis zehn Personen nicht unterschreiten sollte. Neben den thematischen Erfordernissen kann auch der Blick auf den – noch zu findenden (s. u.) – Verlag bei der Entscheidungsfindung helfen: Um eine vernünftige Relation zwischen Druckkosten und Verkaufspreis erzielen zu können, geben Verlage in der Regel einen Umfang von 250 bis 300 Seiten vor. Einleitung und Nachwort benötigen erfahrungsgemäß nicht mehr als zehn bis 15 Seiten, die Informationen zu den AutorInnen am Ende jedes Sammelbandes zwei bis drei Seiten. Wie viele Zeichen den AutorInnen für ihre Artikel zustehen, bestimmen die HerausgeberInnen je nachdem, wie umfangreich sie die Bearbeitung der einzelnen Themen einschätzen.

Erstellung des Vorgabenpapiers und des Style Sheets

Ist der Autorenstab gewonnen, empfiehlt es sich, vor Beginn der Schreibphase deutlich zu machen, (1) unter welchem Blickwinkel das Thema beleuchtet werden soll, (2) welche zeitlichen Vorgaben verbindlich gelten und (3) welche formattechnischen Vorgaben eingehalten werden müssen.

Ad (1): Je ungewöhnlicher die im Buch verfolgte Idee ist, desto präziser müssen die grundlegenden inhaltlichen Vorgaben formuliert sein. Bei fehlenden Informationen sind es WissenschaftlerInnen gewohnt, das Fehlende selbstständig zu füllen – und dies führt im Kontext eines Sammelbandes häufig nicht in die gewünschte Richtung. Alles, was vor dem Schreibprozess eindeutig und klar kommuniziert wird, hilft Ihnen später bei der Umsetzung.

Soll es eine gemeinsame Grundlage, z. B. eine Theorie oder ein Modell geben, auf die bzw. auf das sich alle beziehen, muss dies vor Beginn des Schreibprozesses noch einmal deutlich herausgearbeitet werden bzw. die ausformulierte Grundlage oder die Grafik des Modells allen vorliegen.

Ad (2): Gleichzeitig muss der Abgabetermin bestimmt sein. Dieser kann realistisch frühestens sechs Monate nach der Zusage der letzten AutorInnen liegen. Je länger die Texte werden sollen, desto mehr Zeit muss den AutorInnen zur Verfügung stehen, und für den eigenen Zeitplan werden mindestens drei zusätzliche Monate als Puffer einkalkuliert.

Kündigen Sie bereits zu Anfang Überarbeitungsphasen an, damit sich die AutorInnen darauf einstellen, dass mit Abgabe der Texte die Arbeit noch nicht abgeschlossen ist, sondern voraussichtlich weitere Arbeitsphasen anfallen. Überarbeitungswünsche können beispielsweise Querverbindungen mit anderen Texten im Band sein, die erst gelesen, durchdacht und eingearbeitet werden müssen. Pro Überarbeitung ist nochmals mindestens ein Monat einzuplanen.

Ad (3): Eckdaten zum geplanten Umfang der Beiträge sind wichtig, um einen Rahmen und Anhaltspunkt für die gewünschte Detailliertheit der Texte zu haben. Dabei ist die Angabe von Zeichen verbindlicher als die von Seiten. Viele Verlage kalkulieren ca. 2.700 Zeichen pro Seite (inkl. Leerzeichen, Arial, pt 12, 1,5 Zeilenabstand) (vgl. Juventa 2006: 1; Verlagsgruppe Beltz 2005: 1).

Ein Style Sheet thematisiert darüber hinaus Vorgaben, die – neben der inhaltlichen Kohärenz – dazu beitragen sollen, das Buch wie aus einem Guss erscheinen zu lassen (vgl. Stock et al. 2009: 678f). Dazu gehört u. a. eine dem Adressatenkreis angemessene Sprache. Eine populärwissenschaftliche Publikation verlangt beispielsweise nach einer einfacheren Sprache als eine an die Scientific Community gerichtete (vgl. in vorliegendem Band *An alle! Über populärwissenschaftliche Texte*). Manchmal sind zudem Hinweise zum allgemeinen Duktus angebracht, z. B. eine wissenschaftlich-nüchterne Schreibart, die Einflechtung zahlreicher Beispiele oder die Wahl einer bildhaften Sprache, die regelmäßige Herstellung eines Alltagsbezugs oder häufige humorvolle Einwürfe.

Festlegungen zu folgenden Fragen sollten ebenfalls getroffen werden: Sind Fußnoten zulässig? Wenn ja: Wann werden sie eingesetzt und in welcher Form? Wie wird im Text zitiert? Wie ist das abschließende Literaturverzeichnis zu erstellen? (Tipp: Beispiele für die Literaturangaben verschiedener Textsorten sind hilfreich.)

Der Umgang mit der Geschlechterfrage sollte einheitlich geregelt werden: Wird möglichst geschlechtsneutral formuliert, werden immer beide Geschlechter

genannt, wird nur die männliche Form gewählt oder die Lösung mit großem I herangezogen?
Folgende technische Vorgaben und Vereinheitlichungen erleichtern den anschließenden Arbeitsprozess sehr: Als Textformat bzw. Programm wird jenes vorgegeben, in dem die HerausgeberInnen selbst arbeiten; gegebenenfalls müssen die MitautorInnen Konvertierungen vornehmen. Das Zusammenführen verschiedener Formate hat immer Komplikationen zur Folge (vgl. Zillig 2004; in vorliegendem Band *Wie und womit? Programme zur Erstellung und Verarbeitung von Texten*). Überschriften werden durch Anmerkungen im Text oder Nummerierungen gekennzeichnet. Auto-Formatierungen im Text sind unbedingt zu vermeiden, denn dies erschwert die spätere Formatierungsarbeit sehr. Als Herausstreichung wird meist nur *Kursivstellung* akzeptiert. Die automatische Silbentrennung sollte vor Beginn des Schreibprozesses deaktiviert werden. Tabellen und Grafiken werden in der Regel als eigene Dateien geschickt, im Text ist darauf hinzuweisen, an welcher Stelle diese eingepflegt werden sollen (vgl. Juventa 2006: 1; Verlagsgruppe Beltz 2005: 2).

Gewinnung eines Verlages

Wenn die AutorInnen in die Schreibphase gehen, ist es für die HerausgeberInnen Zeit für die Kontaktaufnahme mit Verlagen. Die meisten HochschullehrerInnen haben Kontakte zu verschiedenen Verlagen aufgebaut – diese können möglicherweise auch für den Sammelband genutzt werden. Es ist daher empfehlenswert, dass Sie Ihren Betreuer/Ihre Betreuerin danach fragen und ggf. diese Verbindung nutzen können. Begeben Sie sich allein auf die Suche, erhöht die vorherige Prüfung, in welches Verlagskonzept der Band passen könnte, die Chance auf einen raschen Erfolg. Im Zweifelsfall geben Verlage gerne telefonisch Auskunft darüber, ob ein Sammelband in das Verlagsprogramm passt. Sehen Sie auf der Internetseite des in Frage kommenden Verlages nach, ob es für die Bewerbung ein festgelegtes Prozedere oder auszufüllende Formblätter gibt. Verlage fordern meist eine Beschreibung des Konzepts, die Nennung der AutorInnen und die Definition der anvisierten Adressatengruppe. Ein Arbeitstitel sowie eine Gliederung sollten auf jeden Fall beiliegen, wenn möglich auch das Vorwort oder die Einleitung. So bekommt der Verlag einen Eindruck von Inhalt und Fortschritt des Buchprojekts. Der Ankündigung einer telefonischen Kontaktaufnahme sollte ein Anruf folgen, in dem beide Seiten Gelegenheit zur Nachfrage haben.

Ist der Verlag an einer Veröffentlichung interessiert, wird er zunächst ein Angebot oder einen Vertragsvorschlag schicken. Dieser sollte Informationen über die Bedingungen enthalten, z. B. Herausgeber- und Autorenhonorar, Zahl der Belegexemplare pro AutorIn, zeitliche Verpflichtungen, Autorenrechte (vgl. in vorliegendem Band *Vom Suchen und Finden des richtigen Verlages. Monografien in Buchform*). Der Deutsche Hochschulverband (2000) hat Vertragsnormen für wissenschaftliche Verlagswerke formuliert, an denen sich alle seriösen Verlage orientieren (vgl. in vorliegendem Band *Das kann teuer werden. Die finanzielle Seite des Publizierens*).

Nur sehr selten übernehmen Verlage die Formatierung. Nach Vertragsunterzeichnung wird daher in der Regel die für den Verlag geltende Formatvorlage mit genauen Angaben über das Vorgehen beim Formatieren versandt. Die HerausgeberInnen sind nun in der Pflicht, fristgerecht ein druckfertiges Manuskript zu erstellen. Dies umfasst alle Aspekte: Inhalt, Layout, Rechtschreibung, Paginierung, Inhalts- und Autorenverzeichnis. Das fertige Manuskript wird als Datei und als Papierausdruck an den Verlag geschickt. Zudem werden Vorschläge zur Umschlaggestaltung und für den Klappentext erwartet.

Ist das Manuskript gedruckt, müssen RezensentInnen gefunden werden, die das Buch in möglichst vielen Fachzeitschriften besprechen, damit die Scientific Community auf das Werk aufmerksam wird. Bei der Suche nach Personen, die zu einer Rezension bereit sind, können die MitautorInnen und deren Kontakte sowie die Netzwerke der betreuenden HochschullehrerInnen helfen. Die Verlage sind in der Regel bereit, an diese Personen Freiexemplare zu verschicken.

Kontakt zu den Beitragenden

Während der Schreibphase sollte in regelmäßigen Abständen der Kontakt zu den AutorInnen aufrechterhalten werden, damit das Buchprojekt immer wieder „in den Arbeitsspeicher" gerufen wird. Dies kann anhand von Mitteilungen zum Fortschritt des Projekts erfolgen, z. B. durch den Hinweis auf neu erschienene Literatur zum Thema oder Mitteilungen wie „es ist ein Verlag gefunden", „das Vorwort ist fertig", „der erste Beitrag ist eingegangen" etc. Gegen Ende der Schreibphase sollte es Erinnerungsschreiben geben: noch ein Monat, noch zwei Wochen.

Zunächst ein Wort zur Ermutigung: Ja, es gibt sie, die AutorInnen, die pünktlich liefern und gute Texte schreiben, die sich an die Vorgaben halten. Und sie sind gar nicht so selten. Aber leider gibt es auch diejenigen, mit denen die Zusammenarbeit nicht reibungslos verläuft. Daher werden nachfolgend zwei häufige Problemkonstellationen und Vorschläge zu deren Lösung aufgeführt.

Ein Autor/Eine Autorin liefert auch nach zahlreichen Rückfragen nicht bzw. antwortet nicht auf Nachfragen bzw. ein Autor/eine Autorin bittet zum wiederholten Mal um Aufschub. In diesen Fällen sollte nach und nach der Ton der Nachfrage verschärft, letztlich der Ausschluss angekündigt und nach einer weiteren Wartezeit auch ausgesprochen werden. Es ist unfair den anderen Beitragenden gegenüber, wenn eine Person das Gesamtunternehmen verzögert. Im schlimmsten Fall können aus Ärger über die Verzögerung weitere AutorInnen abspringen und an anderer Stelle publizieren.

Ein Autor/Eine Autorin liefert einen Artikel ab und berücksichtigt die Vorgaben nicht. Geht es dabei um formale Vorgaben (Formatierung, Literaturverzeichnis etc.), so ist es zwar ärgerlich, aber letztlich meist zeit- und nervensparend, diese Änderungen selbst vorzunehmen. Bei Mängeln inhaltlicher Art wird ein höflicher, aber deutlicher Änderungswunsch formuliert. Ein schlechter Artikel, der sich nicht in das Gesamtkonzept einfügt, schadet dem ganzen Band. Fühlt man sich als ein „zu kleines Licht", um Personen, die in der wissenschaftlichen Hierarchie höher stehen, eine solche Rückmeldung zu geben, könnte die Lösung eine Koherausgeberschaft mit einem Hochschullehrer/einer Hochschullehrerin sein, der/die solche unangenehmen Gespräche bzw. schriftliche Rückmeldungen übernimmt.

Der letzte Schliff

Das Korrekturlesen ist eine zeit- und oftmals auch nervenaufreibende, aber unbedingt notwendige Revision der eingegangenen Texte auf etwaige Fehler. Dabei geht es zum einen um Rechtschreibung, Grammatik und Zeichensetzung sowie um stilistische Details, die die Beiträge leserfreundlich und prägnant machen. Ein inhaltlich qualitativ hochwertiger Text verliert deutlich, wenn er vor „Fehlern strotzt". Daher muss große Energie darauf verwendet werden, diese Fehler möglichst umfassend zu eliminieren (vgl. in vorliegendem Band *Wasch mich, aber mach mich nicht nass. Kürzen und Korrigieren*). Zum anderen muss auch darauf geachtet werden, dass die einzelnen Beiträge nicht einfach nebeneinander stehen, vielmehr sollen sie sich aufeinander beziehen oder durch Überleitungen aneinander anschließen. Auch wenn es an anderer Stelle bereits betont wurde: Die innere Stimmigkeit und der rote Faden machen neben der inhaltlichen Relevanz die Qualität eines Bandes aus. Eine Einleitung, ein zusammenfassendes Schlusswort und Überleitungen zwischen Teilkapiteln bilden die Klammer um jedes Buch und runden es ab.

Vorteile des Sammelbands für Beitragende und RezipientInnen

Wenn alle beschriebenen Schritte erfolgreich durchlaufen sind, steht am Ende der Lohn, das Buch in den Händen zu halten. Dem Newcomer bietet die Herausgabe eines Sammelbands zudem die Gelegenheit, von anderen Forschenden des Fachgebiets registriert zu werden. Dies gilt umso mehr, wenn dem Band eine gute und innovative Idee sowie ein klares und überzeugendes Konzept zugrunde liegen.

AutorInnen bietet der Sammelband Nutzen auf verschiedenen Ebenen: Abgesehen von der Gelegenheit, eine Publikation zu platzieren, trägt die vergleichende Diskussion am Anfang oder Ende eines solchen Bandes oder die Einbettung in ein – häufig innovatives – theoretisches Grundgerüst zur Weiterentwicklung der eigenen Forschungsidee bei oder wirft ein neues Licht auf die eigenen Daten. Zudem bietet sich die Möglichkeit, aktuelle Forschungsergebnisse oder Teilergebnisse zügig zu veröffentlichen, ohne ein aufwendiges *peer review*-Verfahren zu durchlaufen.

Die Wahrscheinlichkeit einer produktiven und für beide Seiten – AutorInnen und HerausgeberInnen – befriedigenden Zusammenarbeit steigt, wenn die AutorInnen vom Buchkonzept und/oder der Nützlichkeit dieser Publikation für die eigene Vita überzeugt sind.

Vorteile sind auch auf der Ebene der RezipientInnen zu verzeichnen. Ihnen ermöglicht ein Sammelband im Idealfall, sich rasch und in großer Breite in ein aktuelles Thema einzuarbeiten oder sich einen schnellen Überblick über den aktuellen Stand der Forschung zu verschaffen sowie über die Personen, die zu diesem Thema arbeiten.

Literatur

Deutscher Hochschulverband (2000): Vertragsnormen für wissenschaftliche Verlagswerke. Frankfurt a. M.: Börsenverein des Deutschen Buchhandels
Juventa (2006): Allgemeine Hinweise zur Manuskriptgestaltung. AutorInnen-Information. Weinheim: Juventa
Stock, Steffen et al. (2009): Wie aus einem Guss! Zur Durchführung eines Buchprojekts mit sehr vielen Autoren. In: Forschung und Lehre 9/2009: 678–679
Verlagsgruppe Beltz (2005): Hinweise zur Herstellung der Druckvorlagen. Information zur Dokumentengestaltung für Verlangsautoren. Weinheim: Beltz
Zillig, Werner (2004): Die Festschrift. Tübingen: Klöpfer und Meyer Verlag

5.4 Zur freien Verfügung. Elektronisches Publizieren mit Open Access

Nina Mahrt und Kathrin Ruhl

Das Internet und die steigende Medienkompetenz der NutzerInnen haben auch den Bereich der wissenschaftlichen Publizistik verändert und bieten neue Möglichkeiten, Wissen zu verbreiten. Neben einer weltweiten Verfügbarkeit können ergänzend zum Text zudem andere Darstellungsformen (Audio- und Videosequenzen, Bilder, Hyperlinks) in unbegrenztem Umfang zur Verfügung gestellt werden. Durch das Internet befindet sich jedoch auch der Umgang mit geistigem Eigentum in einem grundlegenden Wandel; AutorInnen und Verlage bangen angesichts der Praxis des Unternehmens Google, Bücher ohne die Einwilligung der UrheberInnen zu scannen und online bereit zu halten, um ihre Rechte (vgl. Hartmann/Jansen 2008: 39 f.).

Ein ganz anderer Fall liegt dann vor, wenn AutorInnen selbst entscheiden, ihr geistiges Eigentum im Internet zu verbreiten und kostenlos zur Verfügung zu stellen. Diese Idee des Open Content hat für den wissenschaftlichen Bereich zu Open Access geführt, eine Bezeichnung, die sowohl für eine Praxis als auch für eine Bewegung innerhalb der wissenschaftlichen Gemeinschaft steht (vgl. ebd.: 6 f.). Der Kerngedanke, der dahinter steckt, umfasst, dass wissenschaftliche Literatur, Materialien und Daten ohne Einschränkung, d. h. kostenlos und ohne technische oder rechtliche Barrieren anderen WissenschaftlerInnen und NutzerInnen zugänglich gemacht werden (vgl. Arbeitsgruppe Open Access 2009: 3).

Der vorliegende Artikel soll einen ersten Einblick in das Publizieren mit Open Access bieten, diese Form der Veröffentlichung als einen möglichen Publikationsweg vorstellen und die damit verbundenen Vor- und Nachteile beleuchten.

Publikationswege mit Open Access

Die Leitlinien für Open Access wurden von großen Wissenschaftsorganisationen 2003 in der Berliner Erklärung formuliert; demnach müssen Open-Access-Publikationen zwei Voraussetzungen erfüllen: Allen NutzerInnen wird erstens das freie Zugangsrecht zu den Veröffentlichungen eingeräumt und gestattet, diese „zu kopieren, zu nutzen, zu verbreiten, zu übertragen und öffentlich wiederzugeben sowie Bearbeitungen davon zu erstellen und zu verbreiten, sofern die Urheberschaft korrekt angegeben wird" (o. A. 2003). Die Veröffentlichung des Volltextes und aller ergänzenden Materialien erfolgt zweitens in einem Onlinearchiv.

Für das elektronische Publizieren mit Open Access haben sich zwei Publikationswege herausgebildet, der „Grüne Weg" und der „Goldene Weg" (vgl. Hartmann/Jansen 2008: 28; Arbeitsgruppe Open Access 2009: 4 f.):

- Der „Grüne Weg" (oder *self-archiving*) bezeichnet das Verfahren der parallelen Bereitstellung. Dabei wird eine wissenschaftliche Veröffentlichung, die in einem Journal oder als Monografie erschienen ist, zusätzlich online publiziert, z. B. auf einem institutionellen oder disziplinären Open-Access-Dokumentenserver (auch Repositorium genannt) oder auf der eigenen Internetseite.
- Der „Goldene Weg" (oder *self-publishing*) umfasst die Erstveröffentlichung eines wissenschaftlichen Beitrags mittels Open Access. Geschieht dies in einem Open-Access-Journal, ist die Qualitätssicherung hier in der Regel wie bei entsprechenden Print-Publikationen durch *peer-review*-Verfahren gewährleistet (vgl. in vorliegendem Band Kapitel *Andere Fächer – andere Sitten. Artikel in Fachzeitschriften*).

Die Zahl der frei zugänglichen Repositorien und Open-Access-Zeitschriften nimmt stetig zu. Eine Liste der aktuell über 1.600 Repositorien und mehr als 4.700 Journals kann im Internet im Registry of Open Access Repositories, ROAR (http://roar.eprints.org/) und im Directory of Open Access Journals, DOAJ (http://www.doaj.org/) eingesehen werden.

Auch wissenschaftliche Verlage nutzen zunehmend die Möglichkeiten des Internets. Beispielsweise bieten sie Zusatzmaterialien zu gedruckten Büchern auf ihren Internetseiten und das hybride Publizieren an: Bei Monografien bedeutet dies, dass parallel zum gedruckten Buch eine frei zugängliche Onlineversion des Volltextes auf der Verlagsseite zur Verfügung gestellt wird. Hybrides Publizieren im Kontext von Zeitschriften beinhaltet, dass bei Veröffentlichung in einer subskriptionspflichtigen Zeitschrift durch Zahlung einer zusätzlichen Gebühr der Artikel Open Access ebenfalls durch den Verlag veröffentlicht wird (vgl. Arbeitsgruppe Open Access 2009: 4).

Fragen des Urheberrechts

Bevor Sie sich für einen Publikationsweg des Open Access entscheiden, sollten Sie sich mit Fragen des Urheberrechts beschäftigen. Vor der ersten Veröffentlichung liegen die Rechte bei Ihnen als AutorIn, sodass einer Primärpublikation nach dem Open-Access-Prinzip keine rechtliche Einschränkung im Wege steht.

Elektronisches Publizieren mit Open Access

Sie können Ihren Text in einem Repositorium oder auf Ihrer eigenen Internetseite veröffentlichen und eine Lizenz vergeben. Im Falle einer Zweitveröffentlichung sollten Sie den Verlagsvertrag prüfen bzw. mit dem Verlag Rücksprache halten, inwiefern Ihnen die Veröffentlichung Ihres Werkes als *post print* gestattet ist, da der Verlag meist die ausschließlichen Rechte an einem Werk inne hat. Die SHERPA/ RoMEO-Liste (http://www.sherpa.ac.uk/romeo/) gibt Auskunft darüber, welche Verlage die Veröffentlichung – gemäß des „Grünen Weges" – auf der Internetseite der AutorInnen oder von Institutionen (in verschiedenen Formen, etwa als *pre* oder *post print*) gestatten. Eine Ausnahme bilden Veröffentlichungen in Sammelbänden und Periodika, deren Verwertungsrechte in der Regel nach Ablauf eines Jahres wieder an die AutorInnen gehen, denen eine Archivierung mit Open Access damit freigestellt ist (vgl. Deutsche Initiative für Netzwerkinformation 2007: 12).

Wenn Sie bereits vor der Veröffentlichung Ihres Werks bei einem Verlag daran denken, dieses auch nach dem Open-Access-Prinzip zur Verfügung zu stellen, sollten Sie bei der Unterzeichnung des Vertrags darauf achten, „die Befugnis zur Lizenzierung von Veröffentlichungen in elektronischen Archiven zurückzubehalten. Allerdings hängt der Erfolg von der Verhandlungsmacht des Wissenschaftlers und der Großzügigkeit der Verlage ab" (Peifer 2007: 48).

Wenn Ihnen die Veröffentlichung mit Open Access offen steht, empfiehlt die Deutsche Initiative für Netzwerkinformation (DINI) die Nutzung von Creative-Commons-Lizenzen oder des Digital-Peer-Publishing-Modells, die eine Lizenzierung Ihrer Werke erleichtern sollen und im Folgenden kurz erläutert werden (vgl. Deutsche Initiative für Netzwerkinformation 2007: 13):

- Die Organisation Creative Commons (CC) bietet sechs verschiedene Lizenz-Modelle zur Veröffentlichung digitaler Medieninhalte an, die nicht ausschließlich auf wissenschaftliche Veröffentlichungen ausgelegt sind. Eine solche Lizenz kann dem Dokument hinzugefügt werden und wird durch ein *icon* ausgewiesen. Einige der CC-Lizenzen gestatten auch die Bearbeitung und/ oder kommerzielle Nutzung der lizenzierten Inhalte, während die Lizenz mit den weitreichendsten Einschränkungen besagt, dass NutzerInnen das Werk unter Nennung seiner UrheberInnen nur nicht kommerziell und unverändert verwenden und verbreiten dürfen (vgl. Creative Commons o. J.).
- Ein Lizenzierungsmodell speziell für den wissenschaftlichen Bereich bietet die Digital Peer Publishing Licence (DPPL) mit ihren drei Modulen, die ebenfalls unterschiedlich weitreichende Rechte einräumen, die NutzerInnen jedoch zugleich zur Einhaltung gewisser Regeln verpflichtet, in die sie mit der Nutzung des entsprechend lizenzierten Dokuments einwilligen (vgl. Peifer 2007: 48). Im Falle des Digital Peer Publishing gestattet die restriktivste Lizenz das Lesen und das – allerdings auf den digitalen Bereich beschränkte – Verbreiten des Werks unter Nennung von UrheberInnen, Lizenzbestimmung,

der Metadaten und des Originalfundortes. Nur eins der drei Lizenz-Module erlaubt Veränderungen am Werk und eine Verbreitung desselben in gedruckter Form (vgl. Digital Peer Publishing NRW 2009).

Akzeptanz von Open Access in den Disziplinen

Wie anerkannt und etabliert ist die Publikation mit Open Access? Die Beantwortung der Frage fällt je nach Disziplin unterschiedlich aus. Laut DOAJ gibt es die größte Zahl der Open-Access-Zeitschriften in den Sozialwissenschaften. Allerdings werden nur wenige unter deutscher Regie betrieben (ein Vorreiter ist das *Forum Qualitative Sozialforschung FQS*, http://www.qualitative-research.net/fqs/) und publizieren deutsche SozialwissenschaftlerInnen nur begrenzt online (vgl. Herb 2007: 80). Innerhalb der Naturwissenschaften fällt ganz allgemein gesprochen der Anteil an Open-Access-Zeitschriften geringer aus, jedoch sind sie in manchen Fächern bereits anerkannt und zeichnen sich durch hohe *impact*-Faktoren aus. In denjenigen naturwissenschaftlichen Disziplinen, in denen Erfindungen und Patentrechte eine große Rolle spielen, ist Open Access hingegen nur wenig etabliert. Daher kann gerade in den Naturwissenschaften kein einheitlicher Umgang mit dem freien Zugang zu Wissen konstatiert werden (vgl. Voges 2007: 76).

Am verhaltensten reagieren die Geisteswissenschaften auf Open Access, wo das gedruckte Buch noch immer die erste Wahl ist und zur Reputationsmessung dient (vgl. in vorliegendem Band *Vom Suchen und Finden des richtigen Verlages. Monografien in Buchform*). Wie Norbert Lossau ausführt, werden Onlinemedien in den Geisteswissenschaften weitestgehend zur Recherche eingesetzt, Onlinerezensionsjournale (wie z. B. *sehepunkte*, http://www.sehepunkte.de/) haben sich jedoch mittlerweile ebenfalls etabliert. Als Vorteile der Onlinepublikation gelten in den Geisteswissenschaften „die Zusammenführung unterschiedlicher Formate (Text, Bild, Sprache, Film u. a.) und die Entwicklung neuer ‚Textsorten' (Hypertext). Dabei ist weniger an die Ablösung des Printmediums als an eine sinnvolle Ergänzung gedacht" (Lossau 2007: 20).

Eine Studie der Ludwig-Maximilian-Universität München und der University of Arkansas at Little Rock (USA) geht der oben skizzierten verhaltenen Nutzung nach. Ihre Ergebnisse zeigen, dass viele WissenschaftlerInnen zwar eine sehr positive Einstellung zu den Ideen des Open Access haben, jedoch zurückhaltend bezüglich der eigenen Veröffentlichungen nach diesem Prinzip reagieren (vgl. Mann et al. 2006: 34 f.). Als wesentlicher Nachteil werden der begrenzte *impact factor* und die mangelnde Garantie der Langzeitverfügbarkeit angeführt (mehr zu den Vor- und Nachteilen an späterer Stelle).

Finanzierung von Open Access

Für die Finanzierung von Open-Access-Publikationen gibt es verschiedene Ansätze und Geschäftsmodelle, denn Publikationen mit Open Access sind für die NutzerInnen zwar gebührenfrei, in der Bereitstellung aber nicht kostenlos. Die Kosten, die im Zuge einer Veröffentlichung in einem Open-Access-Journal entstehen, variieren stark und hängen auch davon ab, ob die Zeitschrift kommerziell oder nicht-kommerziell betrieben wird. Es kann von Kosten zwischen 500 und 2.500 US-Dollar pro veröffentlichtem Artikel ausgegangen werden (vgl. Hartmann/ Jansen 2008: 46). Nachfolgend sollen drei Finanzierungsmodelle vorgestellt werden:

- Für Open-Access-Zeitschriften gibt es z. B. das *author-pays*-Modell, das allerdings nur von etwa der Hälfte der Journals praktiziert wird (vgl. ebd.: 48) und bei dem die AutorInnen für die Veröffentlichung ihres Artikels selbst aufkommen. Stefan Gradmann nennt Zahlen bis zu 3.000 US-Dollar, die als Artikelgebühren erhoben werden (vgl. Gradmann 2007: 43 f.; Hartmann/ Jansen 2008: 48). Die disziplinäre Verbreitung des *author-pays*-Modells ist unterschiedlich, während es in den Lebens- und vielen Naturwissenschaften praktiziert wird, konnte es sich in den Geistes- und Sozialwissenschaften bisher nicht durchsetzen. Dies spiegelt wiederum die unterschiedliche Akzeptanz von Open Access in den Disziplinen wider.
- Da führende Wissenschaftsorganisationen die Publikation mit Open Access befürworten, unterstützen manche Institutionen ihre AutorInnen dahingehend, dass sie Publikationsgebühren übernehmen (*institutional-fees*-Modell) und – wie im Fall der Deutschen Forschungsgemeinschaft – spezielle Förderprogramme ausloben (vgl. Deutsche Forschungsgemeinschaft 2009). Das *institutional-fees*-Modell kommt – wenn auch in anderer Form – bei vielen Repositorien zum Tragen. In diesen Fällen stellen die Institutionen die nötige Infrastruktur und die Arbeitszeit zur Verfügung, die die Pflege eines Repositoriums benötigt, z. B. wird häufig ein Publikationsserver von Hochschulbibliotheken betrieben und so den WissenschaftlerInnen die Möglichkeit geboten, Forschungsergebnisse zu veröffentlichen. Allerdings unterliegen diese Server in der Regel keinem *review*-Prozess – es sei denn, WissenschaftlerInnen geben dort Zeitschriften heraus und sorgen in einer Redaktion für die Qualitätskontrolle innerhalb dieser Journals. Die Publikation auf einem öffentlichen Server kann unter diesen Umständen die gleichen Qualitätskriterien erfüllen wie Zeitschriften in Verlagen.

Auch wenn die Inhalte nicht immer geprüft werden, hat sich im Bereich Open Access ein Qualitätssiegel für das Veröffentlichungsverfahren etabliert. Dieses von DINI verliehene Prädikat zeichnet solche Anbieter aus, die Kriterien der

Sichtbarkeit, Archivierung, Sicherheit und Autorenbetreuung erfüllen (vgl. Deutsche Initiative für Netzwerkinformation 2007).
- Im Parallel-Modell, das im Kontext des hybriden Publizierens der Verlage Anwendung findet, werden Veröffentlichungen sowohl barrierefrei elektronisch zur Verfügung gestellt als auch in einer gebührenpflichtigen Druckversion vertrieben. Da Printversionen (vor allem von Monografien) meist leserfreundlicher sind, wird die Onlinepublikation durchaus zum Werbemittel, schafft also eher Anreize, ein Buch zu kaufen statt darüber „nur" online zu verfügen (vgl. Hartmann/Jansen 2008: 49).

Publizieren mit Open Access?

Es gibt für AutorInnen eine ganze Reihe von Vor- und Nachteilen, die mit einer Open-Access-Publikation verbunden sind. Einige von ihnen werden in der nachfolgenden Tabelle aufgezählt:

Tabelle 1   Vor- und Nachteile für AutorInnen bei Open-Access-Publikationen

Vorteile	Nachteile
• gute Auffindbarkeit über Suchmaschinen, dadurch erhöhte Sichtbarkeit und ggf. Zitierhäufigkeit • schneller und kostenfreier Zugang für NutzerInnen, dadurch ggf. raschere Diskussion der Ergebnisse • vor allem bei Repositorien: schnelle Publikation • Verbleib der Verwertungsrechte bei den AutorInnen • erweiterte Darstellungsmöglichkeiten	• Qualitätsvorbehalte bei Monografien: ggf. ist die gedruckte Monografie höher angesehen • Qualitätsvorbehalte bei Open-Access-Journals: *impact*-Faktoren ggf. nicht so hoch • Finanzierbarkeit des *author-pays*-Modells • Langzeitarchivierung von Dokumenten fraglich • rechtliche Vorbehalte • Verzicht auf Honorar

Quelle: eigene Darstellung, in Anlehnung an open-access.net o. J.

Für Promovierende stellt sich die Frage nach Open-Access-Publikationen und damit nach deren Vor- und Nachteilen anhand verschiedener Textsorten: der Veröffentlichung einer Monografie (entweder der Studienabschlussarbeit oder der Dissertation), kürzeren Texten (z. B. Tagungsberichten, Rezensionen) und Fachartikeln.

Ob die Veröffentlichung einer (mehrere 100 Seiten umfassenden) Monografie in dieser Form sinnvoll ist, hängt von den Gepflogenheiten des Faches, der eigenen

Berufsplanung, den finanziellen Ressourcen und den persönlichen Vorlieben ab. Am einfachsten ist die Frage im Kontext der Studienabschlussarbeit zu beantworten: Da für diese Texte oft keine Verlage zu gewinnen sind, ist eine Publikation über alternative Wege (nicht nur über Open Access, sondern z. B. auch über Book on Demand, vgl. in vorliegendem Band *Buch auf Bestellung. Publizieren mittels Book on Demand*) eine gute Lösung. Im Fall der Dissertation ist die Beantwortung deutlich schwieriger und nicht mit einem klaren Votum abzuschließen – jede Doktorandin/jeder Doktorand muss abwägen, ob die gedruckte oder die elektronische Variante die bessere Lösung darstellt. Die nachfolgenden Überlegungen sollen eine Entscheidungshilfe bieten, doch gilt vorab: Eine wichtige Voraussetzung ist die eingehende Prüfung der Promotionsordnung, da derzeit nicht alle Ordnungen eine Publikation mit Open Access zulassen.

Für Ihre individuelle Entscheidung sollten erstens die Gepflogenheiten in Ihrem Fach entscheidend sein: Ist die gedruckte Monografie bei einem möglichst renommierten Verlag das Maß der Dinge oder sind elektronische Versionen bereits etabliert? Wenn Sie eine wissenschaftliche Karriere anstreben, sollte die Beantwortung dieser Frage Ihre Entscheidung maßgeblich beeinflussen, denn Sie bringen sich mit Ihrer Dissertation in die Scientific Community ein und sie ist ein Puzzleteil bei späteren Berufungsverfahren. Sind gedruckte Monografien der Standard, werden Sie auf das Renommee und die unterstützende Arbeit von Verlagen nicht verzichten wollen. Diese übernehmen die Werbung für eine Publikation, den Versand von Rezensionsexemplaren und bürgen, wenn es sich um einen besonders angesehenen Verlag handelt, in gewissem Sinn auch für die Qualität der Veröffentlichung.

Zweitens können zeitliche Überlegungen eine Rolle spielen: Streben Sie etwa eine Karriere außerhalb der Wissenschaft an oder sind Sie von einer schnellen Publikation abhängig, um den Doktortitel bis zu einer nahen Frist vorweisen zu können, bieten eine Publikation mit Open Access und somit der zügige Abschluss des Promotionsverfahrens und die zeitnahe Aushändigung der Promotionsurkunde womöglich den größeren Vorteil.

Daran schließt sich drittens der finanzielle Aspekt an: Lohnt es sich (auch unter den gerade genannten Aspekten), die von Verlagen meist erhobenen Kosten für den Druck der Dissertation aufzubringen (vgl. in vorliegendem Band *Das kann teuer werden. Die finanzielle Seite des Publizierens*)?

Neben diesen Faktoren, die weitgehend objektivierbar sind, sollten aber auch persönliche Vorlieben nicht vergessen werden, etwa der Wunsch, nach Jahren der Forschungsarbeit das eigene Buch in den Händen zu halten oder Exemplare zu verschenken.

Entscheiden Sie sich für die Open-Access-Publikation Ihrer Dissertation, erfolgt diese in der Regel über den Server Ihrer Hochschule oder Forschungseinrichtung. Das Manuskript wird als PDF-Datei eingereicht und auf den Server der Institution gestellt. Dies geschieht ohne Vorgaben zur Formatierung, d. h. Sie können unter Umständen die Datei, die Sie zur Abgabe der Dissertation verwendet haben, für die Veröffentlichung nutzen. Zusätzlich müssen ein Abstract verfasst und ein Datenblatt ausgefüllt werden, das durch Metadaten die Suche nach dem Text erleichtert. Eine Veröffentlichung mit Open Access kann daher im Optimalfall innerhalb kürzester Zeit erfolgen. Informationen zu diesem Thema und eine Aufstellung von online erschienen Dissertations- und Habilitationsschriften bietet das von der Deutschen Nationalbibliothek betriebene Informationssystem DissOnline (http://www.dissonline.de/).

Für die Veröffentlichung von Rezensionen und Tagungsberichten sowie Fachartikeln gilt gleichermaßen: Wie ist der Stellenwert des betreffenden Open-Access-Journals oder des betreffenden Open-Access-Portals in Ihrem Fach? Wird Ihr Artikel bzw. Beitrag dadurch adäquat in der Scientific Community wahrgenommen und bewertet? Bietet Ihnen die Veröffentlichung mit Open Access Vorteile in Hinblick auf den zeitlichen Ablauf und können Sie so rasch zu ersten Einträgen auf Ihrer Publikationsliste kommen? Erörtern Sie diese Überlegungen mit Ihrem Betreuer/Ihrer Betreuerin sowie anderen KollegInnen des Fachs und entwickeln Sie eine für sich passende Publikationsstrategie, in die Sie eventuell Publikationen mit Open Access und auf dem herkömmlichen Weg sinnvoll integrieren.

Literatur

Arbeitsgruppe Open Access in der Allianz der deutschen Wissenschaftsorganisationen (2009): Open Access. Positionen, Prozesse, Perspektiven (http://www.helmholtz.de/fileadmin/user_upload/forschung/Open_Access/openaccess.pdf; 10.02.2010)

Creative Commons (o. J.): About Licenses (http://creativecommons.org/about/licenses; 16.02.2010)

Deutsche Forschungsgemeinschaft (2009): Merkblatt Open Access Publizieren (http://www.dfg.de/download/formulare/12_20/12_20.pdf; 10.02.2010)

Deutsche Initiative für Netzwerkinformation (2007): DINI-Zertifikat Dokumenten- und Publikationsservice 2007. Arbeitsgruppe „Elektronisches Publizieren" (http://edoc.hu-berlin.de/series/dini-schriften/2006-3/PDF/3.pdf; 10.02.2010)

Digital Peer Publishing NRW (2009): Digital Peer Publishing Lizenz (http://www.dipp.nrw.de/lizenzen/dppl/; 16.02.2010)

Gradmann, Stefan (2007): Finanzierung von Open-Access-Modellen. In: Deutsche UNESCO-Kommission (Hrsg.): Open Access. Chancen und Herausforderungen. Ein Handbuch: 42–45 (http://www.unesco.de/fileadmin/medien/Dokumente/Kommunikation/Handbuch_Open_Access.pdf; 10.02.2010)

Hartmann, Bernd/Jansen, Felix (2008): Open Content – Open Access. Freie Inhalte als Herausforderung für Wirtschaft, Wissenschaft und Politik (http://fazit-forschung.de/fileadmin/_fazit-forschung/downloads/FAZIT-Schriftenreihe_Band_16.pdf; 10.02.2010)

Herb, Ulrich (2007): Open Access in den Sozialwissenschaften. In: Deutsche UNESCO-Kommission (Hrsg.): Open Access. Chancen und Herausforderungen. Ein Handbuch: 80–81 (http://www.unesco.de/fileadmin/medien/Dokumente/Kommunikation/Handbuch_Open_Access.pdf; 10.02.2010)

Lossau, Norbert (2007): Der Begriff „Open Access". In: Deutsche UNESCO-Kommission (Hrsg.): Open Access. Chancen und Herausforderungen. Ein Handbuch: 18–25 (http://www.unesco.de/fileadmin/medien/Dokumente/Kommunikation/Handbuch_Open_Access.pdf; 10.02.2010)

Mann, Florian et al. (2006): Mit Open Access in die wissenschaftliche Zukunft? Eine neue Publikationsform zwischen hoher Wertschätzung und verhaltener Nutzung (http://openaccess-study.com/Mann_et_al_2006_Mit_Open_Access_in_die_wissenschaftliche_Zukunft.pdf; 10.02.2010)

o. A. (2003): Berliner Erklärung über den offenen Zugang zu wissenschaftlichem Wissen (http://www.mpg.de/pdf/openaccess/BerlinDeclaration_dt.pdf; 10.02.2010)

open-access.net (o. J.): Gründe und Vorbehalte (http://open-access.net/de/allgemeines/gruende_und_vorbehalte/; 10.02.2010)

Peifer, Karl-Nikolaus (2007): Open Access und Urheberrecht. In: Deutsche UNESCO-Kommission (Hrsg.): Open Access. Chancen und Herausforderungen. Ein Handbuch: 46–49 (http://www.unesco.de/fileadmin/medien/Dokumente/Kommunikation/Handbuch_Open_Access.pdf; 10.02.2010)

Voges, Wolfgang (2007): Open Access in den Naturwissenschaften. In: Deutsche UNESCO-Kommission (Hrsg.): Open Access. Chancen und Herausforderungen. Ein Handbuch: 76–78 (http://www.unesco.de/fileadmin/medien/Dokumente/Kommunikation/Handbuch_Open_Access.pdf; 10.02.2010)

5.5 Und was mache ich jetzt?
Der Umgang mit Ablehnung von Beiträgen

Ruth Rustemeyer

Ein in der Scientific Community recht bekannter Kollege, nennen wir ihn Prof. M. M., erzählte mir während einer Tagung, er habe gerade in einer Fachzeitschrift einen Beitrag publiziert, der zuvor von den GutachterInnen eben dieser Zeitschrift völlig verrissen worden sei. Auf meine Frage, wie ihm das gelungen sei, antwortete er, dass er das Manuskript nach einer angemessenen Wartezeit mit verändertem Titel, nicht unter M. M., sondern unter dem Namen seines Wohnortes erneut eingereicht habe, und *voilà*, es sei ohne größere Überarbeitungsauflagen akzeptiert worden. Ob sich dieses Ereignis tatsächlich so zugetragen hat, kann ich nicht mit letzter Gewissheit sagen, tatsächlich aber hat der Kollege in der Vergangenheit häufiger unter einem Pseudonym Arbeiten publiziert.

Das Beispiel zeigt:

- Nach Ablehnung sollte man nicht grundsätzlich an den eigenen Fähigkeiten zweifeln,
- auch (Fach-) GutachterInnen sind fachlich und menschlich fehlbar,
- Wissenschaft soll und kann Spaß machen (allerdings wird das Beispiel nicht zur Nachahmung empfohlen).

Wie finde ich den richtigen Verlag, die richtige Zeitschrift?

Bevor ein Buch- oder Zeitschriftenmanuskript in die Hand eines Redakteurs/einer Redakteurin gelangt und ein Begutachtungsverfahren durchläuft, gilt es, den richtigen Verlag bzw. die passende Zeitschrift zu finden. Dies ist ein entscheidender Schritt zur Publikation, der in Form einer Selbstselektion darüber mitbestimmt, ob ein Autor/eine Autorin erfolgreich ist.

Verlage sind Wirtschaftsunternehmen und unterliegen somit ökonomischen Zwängen, auch wenn es sich um rein wissenschaftliche Verlage handelt; d.h. sie wollen ihr Produkt möglichst gut verkaufen. Wissenschaftliche Zeitschriften können Eigentum eines Verlages sein oder von einer wissenschaftlichen Gesellschaft vertrieben werden, die die Zeitschrift von einem Verlag vermarkten lässt. Auch für wissenschaftliche Journale gelten wirtschaftliche Zwänge, das Produkt soll von möglichst hoher Qualität sein, damit viele die Artikel lesen und die Zeitschrift abonnieren. Erste Informationen über das potenzielle Angebot verschiedener Publikationsorgane, Zeitschriften, Verlage können über Internetrecherchen und den unverzichtbaren Gang in die Bibliothek gewonnen werden. Universitätsbibliotheken haben umfassende, nach Fachgebieten sortierte Buchbestände und einen mehr oder weniger großen Bestand an Fachzeitschriften, die einen aktuellen, schnellen Überblick vermitteln.

Die Kontaktaufnahme mit einem Verlag geschieht in der Regel über die Redaktion, die je nach Verlagsgröße aus einer oder mehreren Personen bestehen kann; bei sehr kleinen Wissenschaftsverlagen kann es sogar nur eine Person, etwa ein Wissenschaftler oder eine Wissenschaftlerin sein, der oder die die Redaktionsarbeit nebenamtlich betreibt. Die Aufgabe einer Redaktion besteht darin, dafür zu sorgen, dass genügend viele Beiträge in erforderlicher Qualität bereitstehen, um das geplante Verlagsprogramm oder das regelmäßige Erscheinen der Zeitschrift zu gewährleisten. Eingereichte Manuskripte werden durch den Redakteur/ die Redakteurin „publikationsreif" gemacht. Kaum ein Manuskript entspricht von Anfang an den inhaltlichen, sprachlichen und formalen Vorgaben. Sind beispielsweise bestimmte Mindestanforderungen an die äußere Form nicht erfüllt (Zitiervorgaben nicht eingehalten, Tabellen- oder Abbildungsnummerierungen nicht korrekt, Manuskript zu lang etc.) oder bei einem fremdsprachigen Beitrag eines deutschsprachigen Autors/einer deutschsprachigen Autorin gravierende sprachliche Mängel ersichtlich, schicken einige Redaktionen den Beitrag direkt an die AutorInnen – im günstigen Fall – zur Überarbeitung zurück, ohne überhaupt GutachterInnen eingeschaltet zu haben (vgl. Ebel/Bliefert/Greilich 2006). Autorenhinweise oder Hinweise zur Manuskriptgestaltung sind inzwischen bei fast allen Verlagen im Internet abrufbar und sollten unbedingt und sehr sorgfältig beachtet werden. Zur Orientierung über die inhaltliche Ausrichtung sind diese Hinweise jedoch wenig hilfreich. Informationen dazu liefert am zuverlässigsten die Lektüre der letzten Ausgaben einer Zeitschrift, in der man publizieren möchte, denn nur die publizierte Form definiert die impliziten inhaltlichen Standards, an denen sich GutachterInnen und HerausgeberInnen orientieren (vgl. Hirschauer 2005; in vorliegendem Band Kapitel *Andere Fächer – andere Sitten. Artikel in Fachzeitschriften*). Beabsichtigt man in einer Buchreihe zu publizieren, empfiehlt es sich, die bereits veröffentlichten Bücher anzuschauen.

Beurteilung und mögliche Ursachen für eine Ablehnung

Wenn auf der Zielgeraden ein Manuskript abgelehnt wird, sind schon viele Arbeitsschritte vorausgegangen und viele Arbeitsstunden investiert worden (vgl.

in vorliegendem Band Kapitel *Zwischen Mühe und Muße. Der Schreibprozess).* Umso unangenehmer ist kurz vor dem Publikationsziel die Ablehnung oder die Aussicht, alles erneut überarbeiten zu müssen und umso Selbstwert schädigender ist die Zurückweisung der eigenen Arbeit, die man selbst in der Regel für gut oder sogar perfekt hält. Hat man ein Buchmanuskript bei einem Verlag eingereicht und erhält die wenig informative Absage: „Sehr geehrter Herr M. M., wir haben Ihr Manuskript geprüft, es passt nicht in unser Verlagsprogramm", dann sollte solch einer Absage nicht allzu viel Bedeutung beigemessen werden, da sie bereits Rückschlüsse darüber zulässt, wie wenig achtsam der Verlag mit seinen AutorInnen umzugehen pflegt. Selbst dann, wenn der Verlag sorgfältig ausgewählt wurde und eine gute Passung zum Verlagsprogramm besteht, kann es noch viele Ursachen für eine Ablehnung geben. Immerhin ist es tröstlich, dass selbst bahnbrechende Werke herausragender Persönlichkeiten völlig verkannt wurden, wie z. B. das Werk des Augustinermönchs Gregor Mendel. Mendel hatte in seiner Schrift die Gesetze der Vererbung exakt dokumentiert und 120 Exemplare an mögliche InteressentInnen verschickt, jedoch keine Reaktion erhalten. Er gab schließlich seine wissenschaftliche Arbeit völlig auf. Erst 16 Jahre nach seinem Tode wurden seine Vererbungsgesetze (wieder) entdeckt (vgl. Schneider 1992: 397).

Gewährleistung von Qualität durch den *peer-review*-Prozess

Das Einführungsbeispiel weist auf eine in der Fachliteratur diskutierte Ambivalenz hin, nämlich den Gegensatz zwischen dem hohen Stellenwert, der dem *peer review* theoretisch zugestanden wird und dem teilweise schlechten Ruf, der dem Verfahren in vielen Disziplinen und bei vielen AutorInnen anhaftet (vgl. Hirschauer 2005: 53; Neidhardt 2006). Besonders bei Ablehnungen werden GutachterInnen schnell Voreingenommenheit, Inkompetenz, Eigeninteressen, also allgemein menschliche Fehlbarkeit vorgeworfen. Dennoch ist bis heute das *peer-review*-Verfahren alternativlos, wenn es darum geht, die wissenschaftliche Güte einer Publikation zu gewährleisten. Nur die *peers*, also FachkollegInnen, die mit der Materie gut vertraut, aber dennoch unabhängig sind oder sein sollten, können als kompetente Kontrollinstanz Manuskripte sachkundig begutachten (vgl. Hornbostel/Simon 2006). Das *peer-review*-Verfahren wird üblicherweise bei wissenschaftlichen Zeitschriften eingesetzt, aber auch bei anderen wissenschaftlichen Publikationsformen. Möglich ist auch ein *editorial review*, bei dem lediglich die HerausgeberInnen die Arbeit beurteilen.

Im *peer-review*-Verfahren sind in der Gesamtbeurteilung in der Regel vier Varianten möglich (vgl. in vorliegendem Band *Schreiben heißt auch Überzeugen. Artikel in der Psychologie*):

- Annahme des Beitrages,
- Annahme mit geringfügigen Änderungen,
- Revision und Möglichkeit der Wiedereinreichung,
- Ablehnung.

Die Annahme von Beiträgen ohne Änderung ist bei *peer-review*-Verfahren eher die Ausnahme. Die Ablehnungsquote von Beiträgen ist bei Zeitschriften unterschiedlich hoch und hängt nicht zuletzt mit den Interessen des Publikationsmarktes zusammen. Eine hohe Ablehnungsquote wird als Qualitätsmerkmal einer Zeitschrift gesehen. In Zeitschriften, die von vielen gelesen werden und einen hohen *impact*-Faktor haben, wollen auch viele AutorInnen publizieren. Den HerausgeberInnen ist somit daran gelegen, die Anzahl der Einreichungen und damit auch der Ablehnungen zu erhöhen, um die Qualität der Zeitschrift durch einen adäquaten Auswahlprozess zu gewährleisten. Gut etablierte, anerkannte Fachzeitschriften haben folglich eine höhere Ablehnungsquote als neue, (noch) nicht so gut positionierte Zeitschriften, die in einer Startphase manchmal sogar um Beiträge werben.

Die beiden häufigsten Varianten im *peer-review*-Verfahren sind die Annahme mit geringfügigen Änderungen und die Revision mit Möglichkeit der Wiedereinreichung. Geringfügige Änderungen können vergleichsweise schnell durchgeführt werden; zeitaufwendiger ist eine Revision, die etwa bei empirischen Arbeiten fordern kann, dass die Größe der Stichprobe deutlich erhöht werden soll, eine zusätzliche Versuchsgruppe gefordert wird oder andere statistische Auswertungsverfahren vorgeschlagen werden. Wenn zwei oder drei GutachterInnen zu unterschiedlichen Auffassungen kommen, etwa ein Gutachter/eine Gutachterin das gewählte Auswertungsverfahren akzeptiert, die anderen GutachterInnen jedoch unterschiedliche, nicht kompatible statistische Auswertungsverfahren vorschlagen, entscheidet normalerweise die Redaktion, indem sie im Antwortbrief Hinweise gibt, wie zu verfahren ist; eine andere Variante kann darin bestehen, die Entscheidung den AutorInnen zu überlassen. Wenn GutachterInnen konsistent einen bestimmten Aspekt kritisieren, kann man ziemlich sicher sein, gegen die Regeln der Scientific Community verstoßen zu haben.

Allgemeine Beurteilungsgesichtspunkte

Mehr oder weniger standardisierte Gesichtspunkte, unter denen eine Arbeit begutachtet wird, sind nach Ebel/Bliefert/Greulich (2006: 148):

- formale Gesichtspunkte (angemessene Länge des Beitrages, ordnungsgemäße Darstellung von Abbildungen und Tabellen, korrekte Zitationsweise),

- qualitative Gesichtspunkte (Ist die Zielsetzung originell, ist die berichtete Untersuchung bedeutsam, sind die ausgewählten Methoden geeignet, sind die Aussagen statistisch abgesichert, ist die Interpretation schlüssig, ist die Diskussion relevant, passt der Titel der Arbeit zum Inhalt?),
- übergeordnete Verlagsinteressen (Passt das Manuskript zum Verlagsprogramm, zur inhaltlichen Ausrichtung der Zeitschrift?).

Bei einer Ablehnung ist es wichtig, sich ein genaues Bild darüber zu verschaffen, worauf die Ablehnung zurückzuführen ist und kritisch zu prüfen, inwieweit hilfreiches und verwertbares Feedback dabei ist, das grundsätzlich einer Verbesserung des Manuskripts dient.

Umgang mit Kritik und Ablehnung

Hilfreich für ein weiteres Vorgehen sind die nachfolgend aufgeführten Aspekte:

- Die Überarbeitung nicht auf die lange Bank schieben.
- Die Anmerkungen der GutachterInnen möglichst vollständig bei einer Überarbeitung berücksichtigen.
- Nicht jede Kritik und jeder Vorschlag sind gleich (ge)wichtig. Zentrale Kritikpunkte müssen berücksichtigt werden.
- In einem Begleitbrief zur Manuskriptrevision die Überarbeitungsschritte ausführlich kommentieren.
- Gewählte Lösungsalternativen gut begründen; argumentativ auch untermauern, warum man Gutachtervorschläge unberücksichtigt gelassen hat.
- Eine strukturierte, ökonomische Übersicht bietet eine Mehrspaltentabelle. Für alle GutachterInnen wird je eine eigene Spalte eingerichtet und in Stichworten die Kritik benannt. Kritisieren drei GutachterInnen denselben Punkt, erscheint dieser in allen drei Spalten. In einer vierten Spalte wird dann ebenfalls in Stichworten berichtet, wie die kritisierten Punkte „geheilt" wurden. Die tabellarische Form entlastet nicht nur die Redaktion, die nach einer Revision entscheiden muss, ob diese gelungen ist, Kritikpunkte übersehen oder nicht bearbeitet wurden, sondern sie erleichtert auch die erneute Begutachtung.
- Im Falle einer Ablehnung das Manuskript möglichst zügig für einen neuen Erscheinungsort umarbeiten; je länger man damit wartet, desto geringer wird die Motivation, die Umgestaltung in Angriff zu nehmen.

Kritik und Ablehnung bedeuten nicht, versagt zu haben, selbst dann nicht, wenn keine Möglichkeit der Überarbeitung eingeräumt wurde. Wie Friedhelm Neidhardt anmerkt, ist „Forschungsqualität nicht objektiv bestimmbar" (Neidhardt 2006: 7). Es können keine objektivierbaren Geltungsansprüche für „richtige" Forschung bestimmt werden. Der Konsens der ExpertInnen ist der bestmögliche Ersatz, taugliche von untauglicher Forschung zu trennen. In den meisten Wissenschaftsdisziplinen wird erwartet, dass NachwuchswissenschaftlerInnen spätestens ab der Dissertation ihre Arbeiten publizieren und sie möglichst in Spitzenjournalen unterbringen. Die oben genannten Beispiele zeigen aber auch, dass sich eine Revision und Wiedereinreichung unter der Berücksichtigung zeitlicher, personeller oder fachlicher Ressourcen nicht in jedem Fall bei einer *high-standard*-Zeitschrift lohnen und realisierbar sind. Es kann sinnvoller und ökonomischer sein, das Manuskript bei einer anderen, weniger anspruchsvollen Zeitschrift einzureichen. Eine Entscheidung darüber sollte immer erst nach sorgfältiger Prüfung und Abwägung der Revisions- oder Ablehnungsgründe und nicht ad hoc „aus dem Bauch heraus" getroffen werden.

Literatur

Ebel, Hans Friedrich/Bliefert, Claus/Greulich, Walter (2006): Schreiben und Publizieren in den Naturwissenschaften. Weinheim: Wiley VCH

Hirschauer, Stefan (2005): Publizierte Fachurteile. Lektüre und Bewertungspraxis im Peer Review. In: Soziale Systeme. Zeitschrift für Soziologische Theorie 11: 52–82

Hornbostel, Stefan/Simon, Dagmar (Hrsg.) (2006): Wie viel (In-)Transparenz ist notwendig? Peer Review Revisited. iFQ-Working paper Nr. 1, 2006 (http://www.forschungsinfo. de/Publikationen/Download/working_paper_1_2006.pdf; 14.08.2009)

Neidhardt, Friedhelm (2006): Fehlerquellen und Fehlerkontrolle in den Begutachtungssystemen der Wissenschaft. In: Hornbostel, Stefan/Simon, Dagmar (Hrsg.): Wie viel (In-)Transparenz ist notwendig? Peer Review Revisited. iFQ-Working paper Nr. 1, 2006: 7–14 (http://www.forschungsinfo.de/Publikationen/Download/working_paper_1_2006.pdf; 14.08.2009)

Schneider, Wolf (1992): Die Sieger. Wodurch Genies, Phantasten und Verbrecher berühmt geworden sind. München: Piper

5.6 Andere Wege, ins Gespräch zu kommen. Netzpräsenz als DoktorandIn

Nicole Hoffmann

„Wir leben in einer digitalen Mediengesellschaft" – dieser Gemeinplatz gilt eben auch für DoktorandInnen. Das Internet kann mit seinen vielfältigen Funktionalitäten dabei nicht nur zu Recherchezwecken genutzt werden, sondern ist auch Forum der Kommunikation und der (Selbst-) Präsentation. Im Folgenden werden verschiedene Formen einer Netzpräsenz für Promovierende anhand von Beispielen kurz vorgestellt. Das Motto dabei lautet jedoch nicht „Dabei sein ist alles"; es wird vielmehr davon ausgegangen, dass alle die Formen finden sollten, die ihnen und auch den Gepflogenheiten des jeweiligen Fachs angemessen sind.

Es geht dabei vor allem um ergänzende Möglichkeiten, sich bzw. das eigene thematische Anliegen „publik zu machen". Quasi als Rahmung des Publizierens im engeren Sinne kann die Präsenz im Internet recht unterschiedliche Funktionen erfüllen: sei es als zusätzlicher niedrigschwelliger Publikationsort, als Fenster für in Entwicklung befindliche Gedanken und Fragmente, als Forum für Diskussionen innerhalb der Fachdisziplin oder darüber hinaus, als Form der Dokumentation der eigenen Arbeit auch im Sinne des Selbstmarketings bzw. im Falle von Bewerbungsabsichten oder um Interesse an bzw. Expertise für ein bestimmtes Themengebiet zu reklamieren.

Eine riskante Seite der medialen Selbstdarstellung geriet jüngst wieder in die Schlagzeilen anlässlich der Umfrage zu „Haltung und Ausmaß der Internetnutzung von Unternehmen zur Vorauswahl bei Personalentscheidungen" des Instituts für Markt- und Politikforschung im Auftrag des Bundesverbraucherministeriums: „Ein wichtiges Ergebnis: Fast 80 Prozent der Unternehmen nutzen das Internet bereits vor der Einladung zum Vorstellungsgespräch. Abgerufen werden Daten der Stellensuchenden, die sie selbst oft unbedacht ins Netz gestellt haben. So kann sich der potenzielle Arbeitgeber schon im Vorfeld der Bewerbungsgespräche über Hobbys, Interessen und Ansichten der Bewerber informieren. Für 56 Prozent kann eine Bewerbung gerade wegen dieser Informationen aus dem Internet auch zum Erfolg führen" (Regierung online 2009). So ist auf dem Wege des „Ego-Googlens" zu prüfen, was andere etwa an Party-Fotos oder launigen Kommentaren finden, falls sie auf *MySpace*, *Studi-* bzw. *Schüler-VZ*, *Facebook*, *Lokalisten*, *Wer-kennt-wen*, *Xing* oder *LinkedIn* suchen sollten (nähere Informationen zu den User-Rechten bietet

u. a. der Bundesverband der Verbraucherzentrale unter dem Stichwort „Soziale Netzwerke", http://www.vzbv.de).

Neben dem grundsätzlich notwendigen Problembewusstsein für persönliche Daten, Bilder, Meinungen etc., die im Netz eben immer auch für „andere Augen" publiziert werden, steht jedoch die *gezielte* Nutzung des Internets in der Rolle als NachwuchswissenschaftlerIn.

Wer auf dem Weg in den Beruf eher sicher gehen will, dem bieten zahlreiche, meist kommerzielle Berufs-, Business- oder Karrierenetzwerke ihre Dienste an. Ein interessantes Beispiel für SchülerInnen und junge Erwachsene ist die Younect GmbH, ein Dienstleistungsunternehmen für Personal-*recruiting*, das über ein Internetportal passende BerufseinsteigerInnen an Unternehmen vermitteln will:

> „Die Vermittlung funktioniert über das von Younect entwickelte, auf wissenschaftlichen Verfahren basierende e-Matching. Gleichzeitig bietet Younect [...] kurz vor dem Abschluss berufliche Orientierung. Younect ist für Berufseinsteiger komplett kostenlos und werbefrei. Für die soziale Ausrichtung und transparente Geschäftsbedingungen erhielt Younect das Gütesiegel als faire Jobbörse" (Younect 2009).

Bei Portalen wie diesen sind meist mehrere Schutzfunktionen gegen einen Missbrauch von Daten vorgesehen, etwa Registrierungspflicht für alle NutzerInnen, Verschlüsselung der Daten, Trennung von privaten und bewerbungsrelevanten Profilen, höherer Anonymisierungs- und Kontrollgrad.

Diejenigen, die in Projekten oder Instituten arbeiten, haben für ihr wissenschaftliches Anliegen häufig bereits eine Netzpräsenz im Rahmen offizieller bzw. institutioneller Internetseiten. Diese sind allerdings relativ stark vorstrukturiert und lassen meist wenig Raum für eine individuelle Präsentation. So ist es nicht verwunderlich, dass WissenschaftlerInnen vermehrt eigene Websites bzw. Blogs erstellen. Ein interessantes, sehr persönliches und facettenreiches Beispiel ist das Blog von Julia Franz. Unter dem Titel *diskursive formationen* (http://blog.twoday.net/) postet die junge Pädagogin in unregelmäßigen Abständen seit Januar 2004, d. h. seit Beginn ihrer Diplomarbeit. Sie legt dabei Gedanken im Prozess des Schreibens offen, fragt nach externen Impulsen, berichtet aus dem Alltag einer Nachwuchswissenschaftlerin, rezensiert für sie relevante Bücher und stellt eigene Texte online zur Verfügung. Sie ermöglicht somit allen InteressentInnen einen Einblick in ihre Entwicklung, liefert ein Portrait ihres Fachverständnisses und lädt immer wieder ein zu Gespräch bzw. Kontroverse.

Einen eher analytischen Zugang zu weiterführenden Implikationen des Bloggens bzw. insbesondere zur Rolle wissenschaftlichen Wissens im Netz (Stichworte: Creative Commons, Open Access) bieten die Beiträge in dem von Kai Lehmann und Michael Schetsche herausgegebenen Band *Die Google-Gesellschaft* (Lehmann/ Schetsche 2005).

Wem solche Formen der Öffentlichkeit zu aufwendig oder zu unbestimmt im Hinblick auf mögliche Zielgruppen oder KommunikationspartnerInnen sind, für den sind eher geschlossene DoktorandInnen-Netzwerke eine Alternative. Ein überregional aktives Beispiel dazu stellt THESIS, das Interdisziplinäre Netzwerk für Promovierende und Promovierte e. V. dar. THESIS bietet verschiedene Formen der Vernetzung für DoktorandInnen aus inzwischen 70 Fachbereichen an 150 Universitäten in 140 Städten in Deutschland und im Ausland. Dazu gehören Workshops, Seminare und Tagungen, Kultur- und Freizeitaktivitäten, Kontakt- und Informationsmöglichkeiten, ein Engagement in der Hochschulpolitik sowie Treffen, wobei sich an rund 30 Hochschulstandorten in Deutschland lokale Gruppen etabliert haben. Laut Selbstauskunft verfolgt das Netzwerk folgende Ziele:

„Unser Netzwerk ist dazu da, wissenschaftlich Arbeitende zum gegenseitigen Nutzen und zum Nutzen der Wissenschaft miteinander ins Gespräch bringen [sic]. Das interdisziplinäre Miteinander über Fachgrenzen hinweg ist dabei unser zentrales Prinzip" (THESIS o. J.).

Ein Engagement in Netzwerken solcher Art dient stärker einem kontrolliert fachbezogenen Austausch bzw. der Präsenz in der thematischen Nachwuchs-Community, was insbesondere für DoktorandInnen an kleineren Instituten bzw. mit wenig institutioneller Anbindung oder geringerer räumlicher Mobilität hilfreich sein kann.

An DoktorandInnen, die an einer noch intensiveren Form der Vernetzung Interesse haben, welche für alle Phasen des Schreibprozesses eine eigenständige digitale Umgebung vorsieht, richtet sich das englischsprachige Projekt AWESOME Dissertation der Universitäten von Leeds, Coventry und Bangor. Kurz zusammengefasst steht *Academic Writing Empowered by Social Online Mediated Environments* für den folgenden Ansatz:

„A good dissertation requires a suitable topic with the right approach to tackling challenges. Intensive searching and periods of reflection usually take place in bursts which evolve around either the major official ‚events' laid down by the department (e. g. submit dissertation plan) or the individual's progress in the dissertation process (e. g. what style of citation should one use in the writing-up stage). These activities (such as checking with peers that one's interpretation is correct, or asking for help in providing examples) are examples of social scaffolding. In AWESOME, a process-oriented framework is adapted for the scaffolding activities. It consists of several stages [...]. Each stage has a dedicated wiki page that includes combination of text/video/audio with semantic annotations and forms" (Dimitrova/Lau/Le Bek 2008: 4).

Für wen die bisher genannten Formen einen zu hohen Verbindlichkeitsgrad aufweisen bzw. wer keinen Bedarf an kontinuierlicher Beteiligung hat, kann schließlich auch auf eher punktuelle Möglichkeiten der Netzpräsenz zurückgreifen. Hier sei zum einen auf die unterschiedlich ausgebauten bzw. gelagerten Angebote (Mailinglisten, Newsletter, Profilseiten, Newsgroups etc.) von Berufsverbänden oder auch universitären Alumni-Netzwerken verwiesen. Typische Beispiele hierfür sind etwa

- der VDI (Verein Deutscher Ingenieure, http://www.vdi.de),
- der BV-Päd. (Berufsverband der Erziehungswissenschaftlerinnen und Erziehungswissenschaftler e. V., http://www.bv-paed.de),
- alumni-clubs.net (Verband der Alumni-Organisationen im deutschsprachigen Raum e. V., http://www.alumni-clubs.net) oder
- der DAB (Deutscher Akademikerinnen Bund e. V., http://www.dab-ev.org).

Zum anderen gehört eine digitale Rahmung oder Ergänzung inzwischen bei zahlreichen nationalen und internationalen Fachtagungen zum Programm. In veranstaltungsbegleitenden Foren, Blogs etc. besteht die Möglichkeit, an den Tagungsdiskussionen teilzuhaben – und es finden unter Umständen auch diejenigen Gehör, die im Rahmen des offiziellen Zeitfensters nicht zu Wort kamen oder die nicht vor Ort sein konnten. Die Varianz dabei zeigen etwa die folgenden Beispiele: medienfacettenreich die Veranstaltung des forum humanum (http://www.forum-humanum.eu/fh/content/view/12/61) oder ganz im Geiste von web 2.0 die veranstaltungsübergreifenden Seiten der EduCamps mit Wikis, Foren und viel Community-Leben (http://educamp.mixxt.de/).

Bei der Wahl zwischen eigenem Netzauftritt mit Homepage oder Blog, Bewerbung über Businessportale, Beteiligung an fachlichen Netzwerken, Mitgliedschaft in Berufsverbänden, Aktivitäten in punktuellen Diskussionen oder auch bewusster Netz-Absenz liegen die Extreme zwischen den Überzeugungen „Klappern gehört zum Handwerk" vs. „Stille Wasser sind tief". Wer sich aber für eine wie auch immer geartete Äußerung in der digitalen Welt entscheidet, sollte Chancen und mögliche Risiken stets langfristig in den Blick nehmen, denn „das Netz vergisst nie". Wichtig ist vor allem, die eigenen Artikulations- und Selbstdarstellungswünsche mit jenen des jeweiligen Berufsfeldes bzw. der akademischen Gemeinschaft in Einklang zu bringen.

Literatur

Dimitrova, Vania/Lau, Lydia/Le Bek, Alex (2008): Sharing of Community Practice through Semantics: A Case Study in Academic Writing (http://www.comp.leeds.ac.uk/llau/publications/swel-its08-awesome-paper-submission.pdf; 21.12.2009)

Lehmann, Kai/Schetsche, Michael (2005): Die Google-Gesellschaft. Vom digitalen Wandel des Wissens. Bielefeld: transcript

Regierung online (2009): Bewerbung abgelehnt! Artikel vom 21.08.2009 (http://www.bundesregierung.de/nn_774/Content/DE/Artikel/2009/08/2009-08-21-studie-bmfsfj-bewerbung-abgelehnt.html; 21.12.2009)

THESIS – Interdisziplinäres Netzwerk für Promovierende und Promovierte e.V. (o.J.): Ziele und Zwecke von THESIS (https://ssl.thesis.de/index.php?id=318; 21.12.2009)

YOUNECT GmbH (2009): Younect befragt Politiker zu Traumberufen, Berufsorientierung und Ausbildung. Pressemitteilung vom 25.09.2009 (http://arbeitgeber.younect.de/LinkClick.aspx?fileticket=%2bJNvI%2bhWP1w%3d&tabid=100; 21.12.2009)

6 Nicht zu vernachlässigen. Organisatorisches und Finanzielles

In den vorangegangen Kapiteln wurden zentrale Aspekte beleuchtet, die im Zusammenhang mit dem Schreiben und Publizieren wissenschaftlicher Texte stehen. Auf den ersten Blick vielleicht weniger zentrale, dennoch wichtige Grundsatzfragen im organisatorischen Bereich werden nun im Folgenden formuliert und diskutiert. Dabei sollten diese – auch wenn sie am Ende des vorliegenden Buches stehen – nicht ans Ende der eigenen Überlegungen gestellt werden. Wer sich bereits frühzeitig mit diesen Aspekten und den Möglichkeiten der verschiedenen „Werkzeuge" auseinandersetzt, kann die Veröffentlichung besser planen, wodurch einzelne Arbeitsschritte erleichtert und unnötige Mehrarbeiten vermieden werden.

Im ersten Beitrag werden zunächst verschiedene Programme zur Textverarbeitung vorgestellt, und es wird dazu geraten, sich – vor allem beim Verfassen umfangreicherer Texte – bereits vor dem Schreibprozess für ein Programm zu entscheiden, um nicht im späteren Verlauf wertvolle Zeit fürs Ein- und Umarbeiten zu verlieren. Neben einem Einblick in die Handhabung sowie die jeweiligen Vor- und Nachteile, gibt der Autor generelle Hinweise, die unabhängig von dem letztlich genutzten Programm Hilfe bieten können.

Ein weiterer technischer Aspekt betrifft die Literaturverwaltung, die gut strukturiert sein sollte, um auf die bereits gesichtete Literatur jederzeit zugreifen und diese einarbeiten zu können. Die Autorinnen des betreffenden Beitrags benennen verschiedene Methoden und technische Möglichkeiten, aber auch Voraussetzungen für die (formale und inhaltliche) Verwaltung der Literatur und formulieren Strategien, wie ein effektives System aufgebaut werden kann.

Ein Element, das im Kontext wissenschaftlicher Veröffentlichungen weiterhin an Bedeutung gewinnt, ist das Bild, worunter sowohl darstellende Bilder, Karten und Pläne als auch Diagramme oder Tabellen zu fassen sind. In seinem Artikel zu diesem Thema widmet sich der Autor u. a. Fragen, die die Beschaffung und die Bildrechte betreffen. Er stellt zudem grundsätzliche Überlegungen über den Sinn und die Funktion von Bildern in wissenschaftlichen Veröffentlichungen an.

Zum Abschluss gibt ein Beitrag Einblicke in die finanzielle Seite des Publizierens, die etwa bei der Wahl des passenden Verlages eine nicht zu unterschätzende Rolle spielt. Die AutorInnen legen dar, welche Kosten bei der Veröffentlichung von Büchern auf HerausgeberInnen bzw. AutorInnen zukommen und welche Möglichkeiten ausgeschöpft werden können, um die Ausgaben zu reduzieren und Zuschüsse einzuwerben.

6.1 Wie und womit? Programme zur Erstellung und Verarbeitung von Texten

Axel Zinkernagel

Dieser Beitrag soll bei der Entscheidung helfen, ein geeignetes Textverarbeitungsprogramm für das geplante Vorhaben zu finden, denn es ist ein nicht zu unterschätzender Arbeitsaufwand, einen Text in ein ansehnliches und druckbares Format zu bringen. Grundsätzlich kann man dabei drei Prinzipien der Textverarbeitung unterscheiden, wobei die Übergänge fließend sind.

1) „Klassische" Textverarbeitungsprogramme, meist im Rahmen einer *Office-Suite* (z. B. *Microsoft Office Word*, *OpenOffice Writer*):
   Diese Programme sind typische Büroanwendungen und werden zur Erledigung meist kürzerer Korrespondenz eingesetzt. Sie orientieren sich in ihrer grundsätzlichen Funktionsweise (immer noch) an der Schreibmaschine, was z. B. an den Einstellungen zum Zeilenabstand oder an der Funktion zum Unterstreichen sichtbar wird. Inzwischen geht die Funktionalität dieser Programme jedoch weit über die Formatierungsmöglichkeiten einer Schreibmaschine hinaus.
2) Textsatzsysteme (z. B. *LaTeX*, *FrameMaker*):
   Diese Programme orientieren sich beim Formatieren am eher handwerklichen „Setzen" eines Textes und berücksichtigen teilweise die Gutenbergschen Buchdruckregeln (z. B. Ligaturen, Trennungsregeln, Grauwert einer Seite) und sind auf die optimale Lesbarkeit des Textes ausgelegt. Weiterhin sind sie für das Formatieren längerer Texte (wie Bücher, Zeitschriften oder technische Dokumentationen) und für das automatische Verarbeiten von Texten (z. B. für das Verschriftlichen eines Datenbankinhalts) geeignet.
3) *Desktop-publishing*-Programme (z. B. *InDesign*, *QuarkXpress*):
   Diese Programme haben ihren Hauptvorteil darin, dass sich mit ihnen relativ einfach Bilder, Grafiken und Texte setzen lassen, was sie eher für grafische und im Layout aufwendige Dokumente, wie Prospekte, Kataloge, Flyer, Plakate und Zeitungen ausweist. Diese Programme arbeiten meist mit Rahmen bzw. Boxen, welche Texte oder Bilder enthalten können und die sich beliebig auf der Seite platzieren, überlagern oder ausblenden lassen. Aufgrund der Komplexität (mit manchen Programmen können zeitgleich mehrere MitarbeiterInnen Layout

und Textinhalt bearbeiten) und von Haus aus nicht integrierten Funktionen (z. B. Literaturverwaltung) eignen sich diese Programme allerdings nur bedingt zum Erstellen wissenschaftlicher Arbeiten.

Im Folgenden wird deswegen näher auf die Textverarbeitungsprogramme *Microsoft Word, OpenOffice Writer* und das Textsatzprogramm *LaTeX* eingegangen. Vorab jedoch einige generelle Hinweise, die programmunabhängig sind:

- Bevor Sie anfangen zu schreiben, besorgen Sie sich die Formatierungsvorgaben für den Texttyp, den Sie verfassen wollen, und probieren Sie aus, wie gut sich diese Vorgaben mit dem ins Auge gefassten Textverarbeitungsprogramm umsetzen lassen.
- Wenn Sie einen Text zusammen mit ArbeitskollegInnen entwerfen, ist es von Vorteil, wenn alle am Text beteiligten Personen das gleiche Textverarbeitungssystem verwenden. Die Bearbeitung von Fremdformaten ist zwar grundsätzlich meist möglich, aber oft mit mehr oder weniger großen Problemen und Unterschieden in der Formatierung verbunden. Bitte bedenken Sie dabei auch, dass selbst unterschiedliche Versionen eines Textverarbeitungsprogramms unterschiedliche Darstellungen und Formatierungen mit sich bringen können!
- Das Einarbeiten in ein neues Textverarbeitungsprogramm bedeutet gemeinhin einen recht hohen Aufwand. Vor allem bei längeren Texten ist es jedoch lohnend, sich mit einem Textsatzsystem zu befassen, da im fortgeschrittenen Stadium des Dokuments weniger Formatierungsarbeit unter Umständen „von Hand" zu bewerkstelligen ist und man kurz vor Abgabe des Textes somit mehr Zeit hat, sich auf inhaltliche Dinge zu konzentrieren.
- Machen Sie – unabhängig von der Textverarbeitungssoftware, die Sie einsetzten – mindestens einmal wöchentlich Sicherheitskopien Ihres Dokuments! Überschreiben Sie dabei nach Möglichkeit keine alten Sicherungen, sondern speichern Sie verschiedene Versionen Ihres Textes und integrieren Sie das aktuelle Datum in den Dateinamen. So können Sie bei Bedarf auf frühere noch bearbeitbare Versionen zurückgreifen, falls das aktuelle Dokument sich nicht mehr öffnen lässt. Speichern Sie Ihr Dokument auch auf unterschiedlichen Medien (Festplatte, CD, Memorystick, Dateiserver, Probeausdruck etc.) und hinterlegen Sie Ihre Sicherheitskopien an unterschiedlichen Orten (z. B. bei FreundInnen, auf Dateiservern). So können Sie sicher sein, dass z. B. nach einem Wasserschaden oder Hausbrand nicht auch noch die Arbeit mehrerer Monate oder Jahre verloren gegangen ist.
- Räumen Sie mit etwaigen Vorurteilen auf. Kostenlose *open-source*-Software (zu denen in den oben genannten Beispielen *OpenOffice Writer* und *LaTeX* gehören) ist nicht grundsätzlich schlechter, weil keine finanzstarke Firma dahintersteht, welche die Programme fehlerbereinigt und weiterentwickelt.

Eher das Gegenteil trifft zu, denn durch den offenen, zeitlich nicht begrenzten Entwicklungsprozess – teilweise mit internationaler Beteiligung – entsteht ein sehr sauberer und strukturierter Programmquellcode, welcher maßgeblich zur Stabilität, Funktionalität und Benutzbarkeit der Software beiträgt. Inzwischen haben viele *open-source*-Programme eine so hohe Qualität erreicht, dass sie ohne Einschränkungen produktiv eingesetzt werden können.

Microsoft Office-Word

MS-Word gilt immer noch als Quasi-Standard der Textverarbeitung und ist weit verbreitet, so dass man schnell Tipps und Hilfe von KollegInnen und erfahrenen ExpertInnen erwarten kann.

Nutzen Sie *MS-Word*, wenn Ihre KollegInnen es auch tun, denn Sie profitieren von deren Know-how, und ein reibungsloser Austausch von Dokumenten ist zum gleichen Textverarbeitungsprogramm eher möglich als zu anderen. Ähnlich verhält es sich, wenn Sie auf andere *MS-Office*-Komponenten angewiesen sind: Hier lohnt es sich, mit *MS-Word* zu arbeiten, da der Datenaustausch zwischen den *MS-Office*-Komponenten relativ gut funktioniert. Weiterhin bietet die *MS-Office-Suite* mit *Visual Basic* eine gute Skriptsprache, um die Daten und Funktionen der *Office*-Komponenten programmgesteuert miteinander zu verknüpfen. Zudem hat *Microsoft* Strukturen, welche die Zusammenarbeit verschiedener Arbeitsplatzcomputer in größeren Arbeitsgruppen einer Organisation erleichtern. Dies wird z. B. in der starken Verzahnung mit der Kommunikationskomponente *Microsoft Outlook* sichtbar.

Der offizielle (telefonische) Support zu *MS-Word* ist gut, aber meist kostenpflichtig. In Internetforen finden Sie teilweise ebenso gute Hilfestellungen, aufgrund der hohen Verbreitung des Programms aber leider auch einige unqualifizierte Äußerungen.

Eine Schwäche früherer *MS-Word*-Versionen, welche die mangelnde Stabilität und unzureichende „Formatierungsrobustheit" vor allem bei längeren Texten mit mehreren Tabellen und Bildern betraf, ist in der Version *MS-Word 2007* behoben, sodass damit auch das problemlose Erstellen längerer Dokumente möglich ist (Nebelo 2008a: 140).

Ein gravierender Nachteil von *MS-Word* hingegen ist, dass das Layout des Dokuments abhängig vom installierten Druckertreiber erzeugt wird, da für die WYSIWYG[1]-Darstellung des Textes die Schriftsätze des Druckers berücksichtigt werden. Das hat zum einen zur Folge, dass *MS-Word* auf einem Computer ohne

---

[1] Akronym für das Prinzip „What you see is what you get" und bedeutet, dass die Darstellung auf dem Bildschirm möglichst genau dem Ausdruck entspricht.

angeschlossenen Drucker relativ lange braucht, um zu starten, da zunächst nach dem Drucker gesucht wird. Zum anderen bedeutet es, dass sich das Layout auf dem Computer zu Hause von dem des Rechners im Büro – selbst bei gleicher *Word*-Version – unterscheiden kann, weil jeweils ein anderer Druckertreiber installiert ist. Bevor Sie das Layout Ihres Textes angehen, sollten Sie daher erst den Drucker auswählen, mit dem die Arbeit schlussendlich ausgedruckt werden soll. Alternativ können Sie mit einem geeigneten Programm das Dokument in eine druckerunabhängige PDF-Datei umwandeln.

Ein weiterer Nachteil ist das proprietäre Speicherformat, in dem *MS-Word*-Dateien gesichert werden. Dadurch weiß nur der Hersteller, in diesem Falle *Microsoft*, wie der Text mit den Formatierungen im Einzelnen auf die Festplatte geschrieben und wieder von ihr gelesen wird. Das kann dazu führen, dass ein Text z. B. in fünf Jahren nicht mehr, oder nur mit Einschränkungen zu lesen ist, da sich das Speicherformat von *MS-Word* selbst über die verschiedenen Versionen geändert hat. Dem gegenüber stehen Textspeicherformate, deren Funktionsweise offen gelegt ist (z. B. in Form eines ISO-Standards), wodurch für viele Jahre die Les- und Schreibbarkeit des Speicherformats sichergestellt ist. Mit *MS-Word 2007* wurde das Speicherformat ebenfalls in einen offenen Standard geändert (*Office Open XML*), allerdings wird es aufgrund der sehr umfangreichen Spezifikationen noch einige Zeit dauern, bis das *Office-Open-XML*-Format auch in anderen Textverarbeitungen vollständig implementiert ist.

Darüber hinaus gibt es weitere mehr oder weniger stark wiegende Nachteile beim Einsatz von *MS Word*. So muss das Programm zunächst käuflich erworben werden, allerdings existieren günstigere Lizenzen für den akademischen Bereich. Wer mit der eingebauten Hilfefunktion nach Problemlösungen sucht, wird oft enttäuscht, da diese relativ unstrukturiert und unübersichtlich ist. Sie wurde automatisch aus den Programmkomponenten des *MS-Word*-Programms generiert und liefert deswegen nur in seltenen Fällen auf Anhieb brauchbare Hinweise. Der möglicherweise störende und voreilige Hilfe-Assistent („Karl Klammer") kann aber problemlos abgeschaltet werden.

Vor allem in größeren Dokumenten kann es vorkommen, dass in den Text eingebettete Objekte wie Grafiken und Tabellen im Text „verrutschen" und von Hand wieder an die richtige Stelle verlegt werden müssen. Das „Verrutschen" kann jedoch verhindert werden, indem diese Objekte fest im Text oder auf der Seite verankert werden. Generell empfiehlt es sich, alle automatischen Formatierungen, die Word vornimmt, zunächst auszuschalten und erst bei Bedarf wieder zu aktivieren.

Weiterhin ist es insbesondere bei älteren *MS-Word*-Versionen aufgrund mangelnder Formatierungsstabilität bei größeren Texten eventuell ratsam, den Text in mehrere kleine Filialdokumente aufzuteilen (z. B. kapitelweise) und mit einem Zentraldokument zu arbeiten, um so eine höhere Stabilität von *MS-Word* zu erhalten.

Mit *Office 2007* hat Microsoft das Bedienkonzept radikal umgestaltet: Statt der bisherigen Symbol- und Menüleisten werden Funktionen in die sogenannte *ribbon*-Benutzerführung integriert. Falls man frühere Versionen von *Word* gewohnt war, erfordert dies eine relativ starke Umgewöhnung. Ein Umschalten auf die klassischen Menüs ist nicht möglich, allerdings gibt es *plugins*, die das bisherige Menü nachbilden.

Zur generellen Vorgehensweise bei *MS-Word* zur Erstellung eines längeren Textes empfiehlt es sich,

- die Dokumentvorlage, welche das gesamte Dokument betrifft, auf Basis der jeweiligen Formatierungsvorschriften zu erstellen,
- die Formatvorlagen, welche die Formatierung von Teildokumenten betreffen, entsprechend den Formatierungsvorschriften anzupassen,
- eventuell voreingestellte Autoformat-Einstellungen anzupassen und – vor allem bei älteren Versionen von *MS-Word* – (kapitelweise) Filialdokumente und ein übergeordnetes Zentraldokument anzulegen,
- möglichst viele Funktionen, welche Referenzen innerhalb des Textes betreffen, zu nutzen: Inhaltsverzeichnis, automatische Aufzählungen, Kopf-/Fußzeilen, Zitate, Fußnoten, Querverweise, Literaturverzeichnis (hierfür ist ein externes Programm notwendig), Abbildungsverzeichnis etc.,
- die Formatierung im Dokument möglichst einfach und einheitlich zu halten (bzw. am besten in die Formatvorlagen integrieren), gemäß dem Sinnspruch „weniger ist mehr" und
- nach Fertigstellung das Dokument in ein PDF umzuwandeln, nach Formatierungsänderungen, welche eventuell durch den Konvertierungsprozess verursacht wurden, zu durchsuchen und anschließend den Text auszudrucken.

OpenOffice Writer

Die *open-source*-Alternative zu *MS-Word* steht inzwischen in der Funktionsvielfalt und Stabilität dem kommerziellen Produkt keinesfalls nach und so bietet der *OpenOffice Writer* im Wesentlichen den gleichen Funktionsumfang wie *MS-Word* (Nebelo 2008a), lediglich bei einigen Spezialfunktionen gibt es Unterschiede, die man bei der Entscheidung für ein Textverarbeitungsprogramm berücksichtigen sollte (Nebelo 2008b).

Ein bereits angesprochener Vorteil des *OpenOffice Writer* als *open-source*-Software ist seine kostenlose Verfügbarkeit im Internet (http://de.openoffice.org/doc/). Weiterhin gibt es Versionen von *OpenOffice Writer* für verschiedene Betriebssysteme (für den *Mac* heißt es *Neo-Office*). Die integrierte Hilfefunktion ist verglichen mit der von *MS-Word* sehr gut, und neben dem kostenpflichtigen Support kann man ebenfalls Hilfe von anderen NutzerInnen in Foren einholen.

Die Benutzeroberfläche von *OpenOffice Writer* ist stark an die (bisherige) Benutzeroberfläche von *MS-Word* angelehnt, sodass ein Umstieg mit ein wenig Eingewöhnung keine allzu großen Schwierigkeiten bereiten sollte. *OpenOffice Writer* verfügt über mehr – und teilweise besser die Originalformatierung abbildende – Filter für Fremdformate als *MS-Word*. Der Im- und Export zu *MS-Office*-Dateien klappt in der Regel recht gut, allerdings kann es bei komplexen Dokumenten zu unterschiedlicher Darstellung bzw. Formatierungsverlust kommen.

Die Erzeugung von PDF-Dateien ist in *OpenOffice Writer* direkt integriert und muss nicht erst durch Software von Drittanbietern ermöglicht werden. Weiterhin unterstützt *OpenOffice Writer* stärker die Nutzung des Formatvorlagen-Konzepts, wodurch sich eine intuitivere Bedienung ergibt, da das Dokument durch die Vorlagen stärker strukturiert und vorformatiert wird und weniger Formatierungen „von Hand" im Text vorgenommen werden müssen. Außerdem gilt *OpenOffice Writer*, vor allem bei der Bearbeitung längerer Texte, die viele Grafiken und Tabellen enthalten, als stabil und schnell, wobei *Word 2007* diesbezüglich aufgeholt hat (Nebelo 2008a).

Allerdings ist, im Gegensatz zu *MS-Word*, *OpenOffice Writer* nicht so weit verbreitet und das *look and feel*, also die gefühlte Bedienbarkeit (z. B. das ausgefeilte Oberflächendesign, die sofortige Reaktion auf Knopfdrücke oder das sanfte Aufklappen der Menüeinträge), wirkt bislang nicht so ausgereift wie bei *MS-Word*. Ebenso muss gegebenenfalls die deutsche Rechtschreibprüfung nachinstalliert werden, da sie unter Umständen nicht im Download-Paket dabei ist.

Aufgrund der Ähnlichkeit der beiden *Office*-Textverarbeitungsprogramme empfiehlt sich die generelle Vorgehensweise bei *OpenOffice Writer* analog zu der bei *MS-Word*.

LaTeX

Die Makrosprache *LaTeX*[2] baut auf dem eigentlichen Textsatzsystem *TeX* auf, welches seit 1977 von Donald E. Knuth entwickelt wurde, wobei die Entwicklung seit 1990 abgeschlossen ist und seither nur noch Fehler korrigiert werden. Aufgrund des langen Entwicklungsprozesses und der extensiven Fehlersuche gilt *TeX* als eines der wenigen nahezu fehlerfreien Computerprogramme[3]. Das *LaTeX*-Programm für

---

[2] *LaTeX* ist eine von Leslie Lamport entwickelte Makrosprache für *TeX*. *TeX* ist eine Abkürzung für griechisch Τέχνη, was Kunst bedeutet. Wegen des chi (χ) wird *LaTeX* wie „Latech" ausgesprochen.
[3] In der Tat hat der Autor einen Geldpreis auf jeden gefundenen Fehler ausgeschrieben, wobei sich der Geldpreis pro gefundenen Fehler verdoppelt. Angefangen mit einem Cent pro Fehler könnten für das Finden des nächsten $ 327,68 verdient werden (vgl. Vollmer 2009).

Windows-Betriebssysteme nennt sich *MiKTex* (http://miktex.org/), im Folgenden wird aber weiterhin Betriebssystem übergreifend von *LaTeX* gesprochen.

Mit *LaTeX* werden die Texte nicht nach dem WYSIWYG-Prinzip bereits während der Texteingabe formatiert, sondern man schreibt zunächst eine Art Quellcode, in dem der Text nach funktionalen Gesichtspunkten markiert und anschließend in einem Kompilationsvorgang in ein druckbares Dokument (z. B. ein PDF) übersetzt wird. *LaTeX* ist nur für diesen Kompilationsvorgang – die Übersetzung von Quelltext in Ausgabeformat – zuständig. Für das Verfassen des Quelltextes sowie zum Anzeigen des Ausgabedokumentes können beliebige andere zu diesem Zweck geeignete Programme verwendet werden. Was zunächst als Nachteil erscheint, kann aber auch als Vorteil gesehen werden, da den AnwenderInnen die Freiheit gegeben wird, sich Ein- und Ausgabeprogramme gemäß den eigenen Bedürfnissen und Anforderungen auszusuchen. Gemeinhin eignet sich unter *Windows* zur Texteingabe *TeXnicCenter* (http://www.texniccenter.org/) und zur Dokumentenanzeige bietet sich der *Adobe Acrobat Reader* (http://get.adobe.com/de/reader/) an.

Aufgrund der Markierung des Textes nach funktionalen Gesichtspunkten („dies ist eine Überschrift", „dies ist Text in Fettschrift") formatiert *LaTeX* den Text in Anlehnung an die Gutenbergschen Regeln des Buchdrucks. Dadurch werden viele bewährte Regeln und Feinheiten des Textsatzes berücksichtigt (z. B. für die Lesbarkeit optimierter Abstand von Überschrift zu Fließtext, gleicher Grauwert aller Seiten im Dokument, vernünftiger Blocksatz durch gute Silbentrennung etc.), die insgesamt zu einem sehr angenehmen Erscheinungsbild des Textes führen. Es muss also nicht „händisch" (z. B. in einer Formatvorlage) für ein schönes Verhältnis der Schriftgrößen von Überschrift und Text und den optimalen Abstand der beiden zueinander gesorgt werden, sondern es reicht, festzulegen, dass der folgende Text eine Überschrift sein soll und danach normaler Fließtext folgt.

Etwas aufwendig ist natürlich das Erlernen der Befehle zur Textauszeichnung (außer man benutzt WYSIWYG-Editoren für *LaTeX*), allerdings haben die Auszeichnungsbefehle schlüssige Namen und sind logisch und leicht nachvollziehbar aufeinander aufgebaut, sodass sie sich nach mehrmaligem Benutzen leicht merken, und aufgrund des logischen Aufbaus auch teilweise erschließen lassen. Hat man sich erst einmal an das Schreiben des Quelltextes gewöhnt, braucht man sich um die Formatierung des Textes keine weiteren Gedanken zu machen. Dies betrifft auch das Erstellen von Verzeichnissen, die Nummerierung von Seitenzahlen, Abbildungen, Überschriften oder die Verwaltung eines Literaturanhangs. Über die sogenannten Koma-Script-Klassen ist eine hervorragende Anpassung an die Vorgaben und Gegebenheiten der deutschen Sprache vorhanden.

Ein Vorteil von *LaTeX* ist wie beim *OpenOffice Writer*, dass es eine *open-source-* Software und damit kostenlos im Internet zu bekommen ist. Zudem ist es ebenfalls für verschiedene Betriebssysteme verfügbar. Beim Installieren von *LaTeX* sind die Hilfe und die ausführliche Dokumentation der Befehle bereits integriert. Weiterhin findet man in Internetforen und (lokalen) Nutzergruppen kompetente Ratschläge (http://www.dante.de; http://www.tug.org/). *LaTeX* ist äußerst stabil und zuverlässig, Dokumente mit mehreren tausend Seiten, vielen Bildern, Tabellen etc. lassen sich problemlos formatieren. Neben dem „normalen" Formatieren eines Textes kann *LaTeX* durch das Hinzuladen weiterer Pakete so erweitert werden, dass damit auch z. B. das Formatieren von Notenpartituren, mathematischen und chemischen Formeln oder verschiedenster internationaler Schriftsätze für mehrsprachige Texte möglich ist (vgl. in vorliegendem Band *Schreiben mit dem Computer über den Computer. Artikel in der Informatik*).

LaTeX stellt außerdem geringe Hardwareanforderungen an den Computer. Im Gegensatz zu *Office*-Programmen, die recht ressourcenhungrig sind, können mit *LaTeX* auch auf alten Computern ansprechende Dokumente formatiert werden. *LaTeX* enthält standardmäßig alle Funktionen, die für das Verfassen wissenschaftlicher Texte benötigt werden und so ist mit dem Programm *BibTeX* bereits ein Literaturverwaltungsprogramm enthalten.

Bereits erwähnte Nachteile bei der Verwendung von *LaTeX* sind der erhöhte Lernaufwand und die längere Einarbeitungszeit zu Beginn der Arbeit, um die Formatierungsbefehle kennen zu lernen. Um mit *LaTeX* einen Text zu verfassen, benötigt man nicht ein Programm (*LaTeX* selbst hat keine eigene grafische Oberfläche), sondern vielmehr eine Kombination verschiedener Programme, deren Aufgaben und Funktionen ineinandergreifen. Dies ist zunächst verwirrend, bietet aber andererseits auch sehr viel Flexibilität. Ein weiterer Nachteil von *LaTeX* ist das relativ umständliche und nicht intuitive Erstellen von Tabellen.

Zur generellen Vorgehensweise bei *LaTeX* empfiehlt es sich,

- zunächst die Präambel des Dokuments nach Ihren Formatierungsvorgaben zu erstellen. Sollte nicht sogleich alles nach Ihren Vorstellungen funktionieren, lassen Sie sich nicht entmutigen, mit *LaTeX* können auch nachträglich noch problemlos Formatierungen durchgeführt werden, die das gesamte Dokument betreffen,
- möglichst wenig selbst „von Hand" zu formatieren. Dies ist zwar grundsätzlich bis in die letzten Feinheiten möglich, jedoch entfernen Sie dadurch gut aufeinander abgestimmten Formatierungsvorgaben,
- die von Ihnen zur Funktionserweiterung von *LaTeX* benötigten Zusatzpakete nach und nach hinzuzufügen (wenn Sie diese im Text benötigen). Lassen Sie alle nicht erforderlichen Pakete außen vor, damit sich die Zusatzpakete nicht evtl. gegenseitig beeinflussen und am Ende nicht mehr ganz klar ist, welches Zusatzpaket für welches Layout-Ergebnis verantwortlich ist und
- die *LaTeX*-Syntax nach und nach zu verstehen, um alle Vorteile des Satzsystems nutzen zu können.

Für welches Textverarbeitungsprogramm Sie sich letztendlich entscheiden, hängt von Ihren Vorlieben, Ihren Anforderungen und den äußeren Vorgaben ab. Grundsätzlich lassen sich wissenschaftliche Arbeiten mit allen hier vorgestellten Programmen komfortabel erstellen.

Literatur

Nebelo, Ralf (2008a): Bürosoftware im Alltagstest. OpenOffice 3.0 kontra Microsoft Office 2007. In: c't magazin 22/08: 136–145

Nebelo, Ralf (2008b): Duell am Arbeitsplatz. Office-Funktionen für Profis, Arbeitsgruppen und Programmierer im Vergleich. In: c't magazin 22/08: 146–153

Vollmer, Jürgen (2009): LaTeX. Ein Skript zur Vorlesung (http://www.informatik-vollmer. de/lehre/ltx/dateien/ltx-skript.pdf; 07.01.2010)

Ergänzende Literatur

Hilfreiche Handbücher zu den einzelnen Bereichen sind über das Regionale Rechenzentrum für Niedersachsen erhältlich (http://www.rrzn.uni-hannover.de/buecher.html; 07.01.2010).

6.2 Anleitung zur Selbstmedikation. Literaturverwaltung

Nina Mahrt und Johanna Töbel

Die Symptome sind eindeutig: Sie suchen unnötig lange nach einem Zitat, einem Text oder einer bibliografischen Angabe. Sie versinken in Kopien, die Sie zwar gelesen, deren Inhalt Sie jedoch schon wieder vergessen und nicht ausreichend ausgewertet haben. Sie bestellen dasselbe Buch oder denselben Aufsatz mehrfach und erleben erst in der fortgeschrittenen erneuten Lektüre Ihr *déjà vue*. Die Folgen sind Orientierungslosigkeit, Erschöpfung, Zeitmangel bis hin zu Schlaflosigkeit und drastischer Leistungsminderung. Doch lassen Sie sich zwei Dinge gesagt sein: (1) Sie sind nicht allein! (2) Ihnen kann geholfen werden!

Im Laufe der wissenschaftlichen Auseinandersetzung mit einem Thema wird es angesichts der ständig wachsenden Menge von Literatur immer schwieriger, den Überblick zu bewahren. Denn bekanntlich geht es nicht darum, Texte (irgendwann einmal) gelesen zu haben, sondern über das Gelesene verfügen und es richtig einsetzen zu können. Dies betrifft neben den bibliografischen Angaben, die in jeder wissenschaftlichen Arbeit verzeichnet werden müssen, auch die Inhalte gesichteter Literatur.

Die Notwendigkeit eines systematischen und organisierten Umgangs mit Literatur kann als bekannt angenommen werden, die konsequente Anwendung scheint dennoch keine Selbstverständlichkeit zu sein: Eine Umfrage[1] unter NachwuchswissenschaftlerInnen hat gezeigt, dass etwa 38 % der Befragten der Auffassung sind, dass sie ihre Literatur konsequenter verwalten müssten, und knapp 14 % der Befragten bezeichneten sich mit dem eigenen unkonsequenten Arbeitsverhalten explizit als unzufrieden. Viele der im Folgenden beschriebenen Behandlungsmöglichkeiten dürften Ihnen bekannt vorkommen, und ihre Wirksamkeit werden Sie keineswegs bezweifeln. Doch was hindert Sie an einer konsequenten Durchführung

---

[1] An der im Oktober/November 2009 von den Autorinnen durchgeführten Umfrage haben 97 NachwuchswissenschaftlerInnen verschiedener Fächer teilgenommen. Diese Abfrage beabsichtigt weder eine empirische Auseinandersetzung mit dem Thema Literaturverwaltung, noch können und sollen daraus repräsentative Aussagen zu dem Thema abgeleitet werden. Die gewonnenen Zahlen dienen vielmehr dazu, über die eigenen Erfahrungen hinaus Einblicke zu gewinnen, um Problembereiche benennen und daran orientiert arbeitsorganisatorische Hinweise geben zu können.

und lässt 62 % derjenigen, die an der Abfrage teilgenommen haben, manchmal den Überblick an gesichteter bzw. ausgewerteter Literatur verlieren?

Der vorliegende Beitrag beschäftigt sich mit den Bereichen der Literaturverwaltung, in denen vermehrt Probleme auftreten und stellt an gegebenen Stellen verschiedene Wege vor, die bei einer kränkelnden Literaturverwaltung Linderung bieten können. Die Verwaltung von Literatur kann mithilfe verschiedener Mittel optimiert werden, auf die abschließend eingegangen wird.

Formalerschließung

Die formale Erschließung eines Textes bildet die Minimalform der Literaturerfassung, ist eine Literaturliste doch Bestandteil jeder wissenschaftlichen Arbeit und damit Pflicht. Vielleicht liegt es daran, dass das Verzeichnis meist am Ende des Textes steht, so dass man allzu gern dazu tendiert, die lästige Arbeit auch zeitlich nach hinten zu verschieben. Wie sich dann aber herausstellt, hat man sich damit noch mehr lästige Arbeit bereitet. Daher lauten an dieser Stelle unsere Empfehlungen: (1) Erfassen Sie ein Werk, das für die Arbeit in Frage kommt, bereits *vor* Beginn der Lektüre *vollständig*. (2) Notieren Sie ferner, wo Sie das vorliegende Exemplar dieses Werks wieder finden werden (Bibliothek vor Ort, Fernleihe aus der Bibliothek xy, eigener Besitz, Kopie etc.).

Wenn Sie in nächster Zeit nicht dazu kommen sollten, dem Text die gebührende Aufmerksamkeit zu schenken, wissen Sie so bei einer erneuten Sichtung, wo Sie die Quelle, über die Sie evtl. noch einmal stolpern werden, wiederfinden bzw. ob diese bereits vorliegt. Da die formale Erfassung von Literatur Sie in die Lage versetzen soll, auch in Ihrem Besitz befindliche Texte wiederzufinden, ist es wichtig, diese in einem sinnvollen Ablagesystem zu sortieren.

Wenn Sie wie über 50 % der befragten WissenschaftlerInnen die bibliografischen Daten erst dann erfassen, wenn sie feststellen, dass sie einen Text für ihre Arbeit verwenden können, führt dies nicht selten dazu, dass Sie einen Text mehrfach bestellen oder sogar wiederholt lesen und ihn etwa erneut als unbrauchbar identifizieren. Um nicht in diese Falle zu tappen, sollten Sie sich also nicht dazu hinreißen lassen, nur die ergiebig scheinende Literatur zu dokumentieren.

Inhaltserschließung

Die inhaltliche Erschließung von Texten umfasst verschiedene Vorgehensweisen, die unterschiedlich ausführlich sind und im besten Fall parallel angewendet werden. Um einen Text inhaltlich grob zu erschließen, sollten Sie Schlagworte nutzen, da diese einen schnellen Einblick in die Inhalte eines Textes bieten und im Falle einer elektronischen Erfassung eine automatisierte Abfrage ermöglichen. Jedem aufgenommenen Titel können mehrere Schlagworte zugeordnet werden, wobei darauf zu achten ist, dass „die Wahl des Schlagwortes stets nach den gleichen Gesichtspunkten erfolgt" (Rehm 1991: 239), also einem Thema immer das gleiche Schlagwort zugeordnet wird. Ihr Vorteil bei der Verschlagwortung ist, dass die Klassifikation exakt auf Ihr Arbeitsfeld zugeschnitten wird und damit in einem wissenschaftlichen Teilbereich extrem ausdifferenziert sein kann. Allerdings bedeutet eine zielgerichtete Verschlagwortung auch, dass Sie schon vor ihrer Anwendung den Arbeitsbereich recht genau überblicken müssen. Wenn sich erst im Nachhinein andere Gruppierungen und Bezeichnungen als sinnvoll erweisen, kann das zu Schwierigkeiten und einer intensiven Überarbeitung führen.

Neben den inhaltlichen Schlagworten sollten Sie ebenfalls festhalten, für welches aktuelle Projekt eine Quelle wertvoll ist. Sie können etwa Kapitel Ihrer Dissertation, Aufsätze oder Titel von Lehrveranstaltungen vermerken und diese den jeweiligen Texten zuweisen. So können Sie nicht nur nach den Inhalten der Texte, sondern auch nach Ihren persönlichen Verwendungszwecken suchen.

Beide Aspekte, die Inhaltserschließung und die Verwendbarkeit in Ihrer Arbeit, verbinden sich in der Textsorte Exzerpt. Während Abstracts als reine Zusammenfassung objektiv und der Systematik des Textes folgend den Inhalt, das Vorgehen sowie die Ergebnisse beschreiben, steht ein Exzerpt unter einer gezielten Fragestellung und kann so als „Sprungbrett" (Pyerin 2001: 84) für die eigene Arbeit genutzt werden. Darüber hinaus sollten dort auch Vorzüge und Schwächen eines Textes erfasst sowie längere Passagen wörtlich zitiert oder sinngemäß wiedergegeben und zusammengefasst werden, die später eventuell in der eigenen Arbeit Verwendung finden sollen.

Vermeiden Sie große zeitliche Abstände zwischen der Lektüre und der Erschließung eines Textes, wodurch es im schlimmsten Fall notwendig wird, den Text erneut zu lesen. Vielen dürfte dieses Szenario trotz allem bekannt vorkommen, denn 87% der Befragten haben dies als ein Problem benannt, das ihnen bereits begegnet ist. Am sinnvollsten ist es, wenn Sie schon während der Lektüre mit der Erstellung des Exzerptes beginnen, indem Sie wichtige Textpassagen mit Seitenzahlen herausschreiben, und die Lektüre erst dann für abgeschlossen erklären, wenn auch die Inhaltserschließung beendet ist. Dadurch können Sie das Problem umgehen.

Die Schwierigkeit bei längeren Projekten liegt darin, schon bei der Lektüre zu erkennen, welche Textstellen für die eigene Arbeit fruchtbar und zentral sind, während sich die Schwerpunkte und die Fragestellung evtl. wieder verändern können. Auch ein Exzerpt sollte daher über die Darstellung des Bezugs zur eigenen Arbeit hinausgehen und Teile eines Abstracts enthalten. Nur so ist es für weitere Projekte nutzbar und kann jederzeit ergänzt werden. Denn das Projekt von heute dient bei der Lektüre gleichsam als Folie, ohne das Projekt von morgen oder übermorgen überhaupt schon zu kennen. Wenn Sie also erst später feststellen, dass ein Textabschnitt oder eine bestimmte Aussage für Ihre Arbeit wichtig wird, sollten Sie die entsprechende Quelle möglichst zeitnah wieder heranziehen.

Ansonsten gilt: Versehen Sie während der Schreibarbeit *jedes* Zitat und *jede* sinngemäße Wiedergabe mit der genauen Quellenangabe, so dass der Abschluss Ihrer Textarbeit nicht durch mühevolles Suchen erschwert wird.

In der Tabelle 1 werden die Symptome einer kränkelnden Literaturverwaltung und die entsprechenden Behandlungsmethoden nochmals zusammengefasst.

Tabelle 1 Symptome und Behandlungsmöglichkeiten einer kränkelnden Literaturverwaltung

Symptom	Behandlung
Sie verlieren manchmal den Überblick über entliehene, gesichtete oder ausgewertete Literatur.	Legen Sie eine Literaturliste an und notieren Sie bereits vor Beginn der Lektüre alle bibliografischen Angaben.
Sie kopieren Texte, von denen Sie bereits Kopien angefertigt haben.	Katalogisieren Sie Ihre Kopien und vermerken Sie ihr Vorhandensein in Ihrer Literaturliste.
Sie lesen einen Text, den Sie bereits gelesen und als unbrauchbar identifiziert haben, erneut.	Nehmen Sie alle gelesenen Texte in Ihre Literaturliste auf und vermerken Sie den Bezug – oder eben den nicht vorhandenen Bezug – zu Ihrer eigenen Arbeit.
Sie erinnern sich bei einem Zitat nur ungefähr an die Quelle und müssen nach Seitenzahlen lange suchen.	Vermerken Sie beim Herausschreiben von Zitaten alle Angaben – auch die Seitenzahlen.
Sie müssen wiederholt Mahngebühren in Bibliotheken für das Überschreiten der Leihfristen zahlen.	Tragen Sie sich die Rückgabefristen in Ihren Kalender ein.
Sie müssen einen Text erneut lesen, da Sie nicht mehr wissen, was dort formuliert war und wie Sie es in Ihrer Arbeit aufgreifen wollten.	Halten Sie neben den bibliografischen Angaben auch die Kernaussagen eines Textes fest und vermerken Sie den Bezug zu Ihrer Arbeit bereits während der Lektüre.

Quelle: eigene Darstellung

Mittel der Literaturverwaltung

Die bisher beschriebenen Anforderungen einer effizienten Literaturverwaltung können auf verschiedene Weise umgesetzt werden. Für die Wahl des für Sie passenden Systems sind zunächst einmal die eigene Arbeitsweise und persönliche Vorlieben maßgeblich.

Vorweg ist die grundlegende Entscheidung zu treffen: „analog oder digital"? Die Arbeit mit Karteikarten und Zettelkasten dürfte heute unter NachwuchswissenschaftlerInnen – auch über unsere Abfrage hinausgehend – die Ausnahme bilden. Einige wenige greifen jedoch weiterhin auf die Papierform zurück, wobei die Nutzung eines Zettelkastens häufig mit der Anwendung von Textverarbeitungsprogrammen, Programmen zur Tabellenkalkulation oder von softwaregestützten Literaturverwaltungsprogrammen kombiniert wird und beispielsweise Abstracts oder Exzerpte in *Word* verfasst und/oder Literaturlisten in *Excel* angelegt werden. Für ÜberzeugungstäterInnen einer analogen Literaturverwaltung sei an dieser Stelle auf Umberto Eco (1992: 150–179) verwiesen, der ausführlich zur Arbeit mit Karteien nach verschiedenen Systemen und Gesichtspunkten anleitet.

Die meisten WissenschaftlerInnen werden jedoch auf die Vorteile einer – wie auch immer organisierten – elektronischen Literaturverwaltung nicht verzichten wollen. Diese Vorzüge liegen zum einen in der einfachen Reproduzierbarkeit eines einmal getätigten Eintrags, zum anderen in der Möglichkeit einer automatisierten Suche nach mehreren Gesichtspunkten, wie AutorIn, Titelstichwort, Schlagwort oder Kapitel der Arbeit.

Es existieren neben einer Vielzahl an Programmen, die sich auf die Erstellung von Literaturverzeichnissen und Literaturangaben konzentriert, auch solche, die neben der reinen Verwaltung des Literaturbestands weitere Möglichkeiten bieten, die Ihnen die Arbeit erheblich erleichtern können. 40 % der befragten NachwuchswissenschaftlerInnen verwenden eine professionelle Literaturverwaltungssoftware, deren Vorzüge im Folgenden exemplarisch an den Programmen *EndNote* und *Citavi* vorgestellt werden[2].

Das englischsprachige Literaturverwaltungsprogramm *EndNote* entstand ursprünglich in einem naturwissenschaftlichen Kontext und orientiert sich auch in der aktuellen Version noch an naturwissenschaftlichen Konventionen, ist jedoch auch für die Arbeit in anderen Fächern gut geeignet. Die einzelnen Einträge können entweder von Hand eingegeben oder aus einer der Datenbanken oder einem der Bibliothekskataloge, die bei *EndNote* voreingestellt sind, importiert werden. Daher kann die Literaturrecherche direkt über *EndNote* im Internet durchgeführt werden, und die Daten von Aufsätzen und Monografien sind leicht zu übernehmen. Außerdem ermöglicht *EndNote* den Import aus anderen Programmen – etwa aus *Citavi* – und den Export von Literaturlisten in gängige Textverarbeitungsprogramme. Die Literaturlisten, die Sie mit Hilfe von *EndNote* erstellen, können je nach Anforderungen von Projekt zu Projekt anderen Zitationsstilen entsprechen. In jedem

---

[2] Dass sich exemplarisch mit den Literaturverwaltungsprogrammen *EndNote* und *Citavi* beschäftigt wird, ist maßgeblich dadurch bestimmt, dass sie weit verbreitet und an vielen Universitäten lizenziert sind.

Fall sollten Sie vor der Entscheidung für dieses Programm einmal ausprobieren, ob Sie mit *EndNote* arbeiten möchten. Die kostenlose Demoversion gewährt Ihnen hierfür 30 Tage Zeit.

Das deutschsprachige Literaturverwaltungsprogramm *Citavi* geht noch einen Schritt weiter als *EndNote*, indem der formalen Erfassung („Literaturverwaltung") und der inhaltlichen Erschließung („Wissensorganisation") die Ebene der „Aufgabenplanung" hinzugefügt wird. Damit bestcht die Möglichkeit, zu jedem Titel, den Sie eingeben, Aufgaben zu definieren und Deadlines oder Meilensteine festzulegen (etwa Abgabefristen für Bücher eintragen oder Ihren Arbeitsplan festlegen). *Citavi* wird Sie dann an die vorgemerkten Termine und Fristen erinnern. Im Rahmen der „Literaturverwaltung" können Sie die bibliografischen Angaben der Texte manuell einpflegen oder sich die Angaben durch die Abfrage der ISBN einfach aus dem Internet herunterladen. Eine Besonderheit in dem Bereich „Wissensorganisation", die den Import der Daten weiter vereinfacht, ist der *Citavi Picker*. Mit diesem können Sie nicht nur die bibliografischen Daten, sondern in vielen Fällen auch das Inhaltsverzeichnis oder Abstracts über ausgewählte Verlage, Onlinebibliothekskataloge oder Onlinebuchhandlungen automatisch in *Citavi* einfügen. Nicht abgenommen werden kann Ihnen aber nach wie vor die inhaltliche Auswertung für Ihre persönlichen Zwecke und die Herstellung des Bezugs zu Ihrem Projekt. Auch *Citavi* sollten Sie testen, bevor Sie die Vollversion erwerben. Anders als bei *EndNote* gibt es bei der Demoversion keine zeitliche Begrenzung, sondern ein eingeschränktes Speichervolumen (100 Datensätze).

Die nachfolgende Tabelle listet weitere Literaturverwaltungsprogramme auf, die jedoch an dieser Stelle in ihrer Funktionalität nicht näher vorgestellt werden können.

Tabelle 2   Auswahl der gängigsten softwaregestützten Literaturverwaltung

Programm	**Internetquelle**
Bibliographix 6.1	www.bibliographix.de
Biblist 4.73	cogweb.iig.uni-freiburg.de/biblist
CardBox for Windows 3.0	www.cardbox.co.uk
Citavi 2.3.5	www.citavi.com
EndNote X1 (Win/Mac)	www.endnote.com
Librixx 3.00	www.librixx.de
LIDOS 6	www.land-software.de
Liman 2.0	www.liman.de
LiteRat 1.06	www.literat.net

Litlink 2.6	www.litlink.ch
ProCite 5 (Win/Mac)	www.procite.com
Reference Manager 11	www.refman.com
RefWorks 4.2	www.refworks.com
Scholar's Aid 4 AE	www.scholarsaid.com
Synapsen 2.5	www.verzetteln.de/synapsen
Visual Composer.NET 2	www.visualcomposer.de
Zettelkasten 2.82	zettelkasten.danielluedecke.de

Quelle: Stock et al. 2009: 111

Generell sollten Sie bei der Wahl einer elektronischen Literaturverwaltungssoftware unbedingt auf Flexibilität und Kompatibilität des Programms achten: Die Literaturangaben müssen an unterschiedliche Vorgaben anpassbar *und* das gewählte Literaturverwaltungsprogramm muss mit dem verwendeten Textverarbeitungsprogramm kompatibel sein (vgl. Moennighoff/Meyer-Krentler 2008: 57f.; in vorliegendem Band *Wie und womit? Programme zur Erstellung und Verarbeitung von Texten*). Wenn Sie sich also für ein Programm entscheiden, sollten Sie diese Kriterien unbedingt bedenken, denn *Citavi* ist beispielsweise nicht mit *Linux* vereinbar, und auch für *Mac*-NutzerInnen existiert bisher nur eine Notlösung.

Darüber hinaus sollte vor allem ausschlaggebend sein, mit welchem Programm Sie gut und gerne arbeiten. Daher empfehlen wir Ihnen, verschiedene Programme auszuprobieren, bevor Sie die Entscheidung treffen, mit welchem der zahlreichen sich auf dem Markt befindlichen Produkte Sie in den nächsten Jahren arbeiten möchten.

Das letzte, oft als sehr zentral empfundene Kriterium ist der Preis. Aber, wie Stock et al. es in Bezug auf *EndNote* formulieren: „Wenn in Ihrem Fach sehr umfangreiche Literaturverzeichnisse gängig sind und Sie auch nach der Promotion wissenschaftlich arbeiten wollen, lohnt sich die Anschaffung trotz des stolzen Preises [...]" (Stock et al. 2009: 115). Doch prüfen Sie vor einer Anschaffung zunächst, ob es an Ihrer Hochschule die Möglichkeit einer Sammelbestellung oder evtl. sogar eine für Sie kostenlose Campuslizenz gibt. Dadurch könnte das Kriterium Preis auch schnell an Bedeutung verlieren.

Fazit

Um noch einmal auf das Krankheitsbild zu Beginn und vor allem auf die Heilungsaussichten zurückzukommen: Auch wenn im Umgang mit Ihrer bisherigen Literaturverwaltung vielfältige Probleme auftreten, können Ihnen die genannten

Tipps helfen, ein funktionierendes System zu etablieren und durch diese Struktur das oftmals sorgfältig gepflegte Chaos zu überwinden. Auch in der bereits zitierten Umfrage wurde die eigene Verwaltung beispielsweise als „verbesserungswürdig", „sporadisch", „unvollständig", „das organisierte Chaos", „der kontrollierte Absturz" und „das faustsche Element" bezeichnet. Andererseits waren auch „organisiert", „kompakt", „übersichtlich", „hilfreich" „effektiv" und „effizient" bei den Selbstdarstellungen vertreten. Diejenigen unter den Befragten, die eine Literaturverwaltungssoftware nutzen, bewerteten das eigene Arbeitsverhalten besonders häufig als positiv, und 70% von ihnen bezeichneten sich als mit ihrer Literaturverwaltung zufrieden oder gar sehr zufrieden. Das sollte all denen Hoffnung machen, die noch Mühe investieren müssen, um das Selbstheilungspotenzial einer systematischen Literaturverwaltung auszuschöpfen.

Literatur

Eco, Umberto (1992): Wie man eine wissenschaftliche Abschlußarbeit schreibt. Doktor-, Diplom- und Magisterarbeit in den Geistes- und Sozialwissenschaften. 5., durchgesehene Auflage. Heidelberg: C. F. Müller Juristischer Verlag

Moennighoff, Burkhard/Meyer-Krentler, Eckhard (2008): Arbeitstechniken Literaturwissenschaft. 13., aktualisierte Auflage. Stuttgart: UTB

Pyerin, Brigitte (2001): Kreatives wissenschaftliches Schreiben. Tipps und Tricks gegen Schreibblockaden. Weinheim et al.: Juventa

Rehm, Margarete (1991): Lexikon Buch, Bibliothek, Neue Medien. München et al.: Saur

Stock, Steffen et al. (Hrsg.) (2009): Erfolgreich Promovieren. Ein Ratgeber von Promovierten für Promovierende. 2., überarbeitete und erweiterte Auflage. Berlin et al.: Springer

Ergänzende Literatur

Heinen, Sandra (2007): Softwaregestützte Literaturverwaltung. In: Nünning, Ansgar/ Sommer, Roy (Hrsg.): Handbuch Promotion. Forschung – Förderung – Finanzierung. Stuttgart et al.: Metzler: 286–289

Knorr, Dagmar (1998): Informationsmanagement für wissenschaftliche Textproduktionen. Tübingen: Gunter Narr: 51–95

6.3 Argumentation – nicht Illustration. Das Bild im Text

Dietrich Grünewald

Begriffe wie *pictorial turn* (Mitchell 1992) oder *iconic Turn* (Maar/Burda 2004) verweisen auf die fundamentale Bedeutung von Bildern in unserer Gesellschaft. Vornehmlich der technischen Entwicklung geschuldet, die heute schwarz-weiße wie farbige Reproduktionen relativ problemlos und kostengünstig ermöglicht, sind Bilder praktisch allgegenwärtig (vgl. Scholz 2004: 1). Ihre Verfügbarkeit durch analoge wie digitale (Massen-) Medien hat dazu geführt, dass sie als eine Art Sprache (vgl. Mitchell 1992: 18) „im Gefüge der Weltkulturen [...] das Wort längst überholt" (Kirschenmann 2002: 37) und als Kommunikations- wie Erkenntnismittel die bisherige Dominanz der Sprache abgelöst haben. Bilder fungieren als „Träger der Wissensgesellschaft" (Bering et al. 2004: 36) nicht nur als Mittel der Berichterstattung der elektronischen wie der Printmedien, sie sind auch Mittel der Dokumentation, der Kommunikation sowie der Erkenntnis in Wissenschaft und Technik, von der Medizin bis zum Maschinenbau, in den Naturwissenschaften wie in der Geschichtswissenschaft (vgl. Beyer/Lohoff 2005; Maar/Burda 2004; Kirschenmann/Wagner 2006).

Bilder in wissenschaftlichen Texten sind somit kein fakultativer Appendix, sondern können gewichtiges und vielfach unverzichtbares Element der Darstellung, Untersuchung und Vermittlung sein.

Bildbegriff

Die Erkenntnis der allgemeinen kulturellen Bedeutung des Bildes hat dazu geführt, dass in den letzten Jahrzehnten das Bild nicht allein in der Kunstwissenschaft, sondern zunehmend auch in anderen Wissenschaftsbereichen an Bedeutung gewonnen hat und damit eine differenzierte Reflexion fordert. So haben sich erste Ansätze einer allgemeinen Bildwissenschaft entwickelt (vgl. Sachs-Hombach 2003; Sachs-Hombach 2005; Huber 2004), die das Phänomen Bild, seine Ästhetik, Produktion, Distribution, Rezeption und seine potenziellen Funktionen im kulturellen Kontext erfassen (vgl. Boehm 1994).

In unserem Zusammenhang ist unter „Bild" im engeren Sinne die zweidimensionale Reproduktion gemeint, also die Wiedergabe einer vorgefundenen Bildvorlage oder eines grafisch, malerisch, fotografisch, collagierend oder bildelektronisch selbst erzeugten Bildes, verstanden als Organisationsform visueller Zeichen (Ikon, Symbol, Index – vgl. Kerner/Duroy 1977). Neben darstellenden Bildern, die Elemente der sichtbaren (realen) oder vorstellbaren (fiktiven) Welt repräsentieren (wozu z. B. auch Bildkunstwerke selbst zählen), neben strukturellen Bildern wie Plänen oder Karten, zählen dazu auch Tabellen, Organigramme oder Diagramme.

Bildfunktion

Im Kontext der wissenschaftlichen Arbeit ist ein Bild nicht isoliert, sondern stets im Verhältnis zum Text zu sehen. „Bild" meint hier also nach konventionellem Verständnis die Illustration. Als meist schmückende und veranschaulichende fakultative Zugabe zum Text begegnet die Illustration als Buchmalerei in Handschriften, als Vollbild auf eigener Seite, als Miniatur in den Text integriert oder als Buchillustration, d. h. Druckgrafik im Blockbuch und dann im Inkunabel, der Kombination von Illustration und beweglichen Drucklettern etwa ab 1460.

Neben ihrer Schmuckfunktion als Vignette, Rand-, Kopf- oder Schlussleiste finden sich Illustrationen, die Szenen des im Text Dargestellten aufgreifen, veranschaulichen, bedeutungsvoll herausheben, erweitern und interpretieren – also Verstehenshilfe und Deutungsangebot sind (vgl. v. Criegern 1996; Hofmann 1961). Hier allerdings geht es nicht um „künstlerische Illustrationen" als fakultatives Beiwerk, sondern um im Text eingebundene Abbildungen, die obligatorisches Element der Ausführungen sind. Insbesondere seit Renaissance und Reformation wurde die Funktion von Illustrationen als Kommunikationsmittel der Veranschaulichung und Deutung genutzt (vgl. Robin 1992).

Es geht um Informationen, die durch ein visuelles „Vor-Augen-Stellen" deutlicher, klarer, einsichtiger, genauer sind als durch eine verbale Beschreibung. Dabei muss die visuelle Information „sachgerecht" und „richtig" sein bzw. entsprechend gedeutet und erklärt werden, zeigen doch zahlreiche Fälle, dass Bilder vielfach, z. B. als angeblich „korrekte" Zeitdokumente und Quellen, falsch und missverstanden wurden (vgl. Drechsel 2006; Körber 2006); und ebenso wissen wir, dass auch sehr gezielt gefälschte Bilder eingesetzt wurden, z. B. um eine bestimmte ideologische Sicht von Zeitgeschichte zu propagieren (vgl. Haus der Geschichte 2003; Liebert/Metten 2007).

Bilder können bedeutsame Funktionen der Veranschaulichung, Erklärung wie Erkenntnis auch und gerade in naturwissenschaftlichen Untersuchungen erfüllen (vgl. Kemp 2003; Beyer/Lohoff 2005), sie können komplexe Zusammenhänge und Entwicklungen verdeutlichen oder Mittel der Untersuchung sein.

Aber auch die Analyse von Bildern selbst kann durch Bilder partiell vorgenommen werden, wie das unter anderem ein probates Mittel der Kunstpädagogik

Das Bild im Text

ist (vgl. Grünewald 2009: 210f.). Das bezieht sich auf Kompositions- und Bewegungsskizzen oder auf Erkenntnisse, die durch Herauslösen, Umgestalten und Verändern (Stil, Farbe, Komposition etc., durch die Möglichkeiten der elektronischen Bildbearbeitung sehr gut zu leisten) im Vergleich zum Original gewonnen werden. Ein Beispiel, das eine Bild-Untersuchungsmethode anschaulich vorführt, bietet Max Imdahl, der durch die Verschiebung von Figuren nachweisen kann, dass Syntax und Semantik im Bild einander bedingen (vgl. Imdahl 1994: 300ff.).

Bilder in wissenschaftlichen Texten sind also kein fakultatives Beiwerk, sondern – eingebunden in die Textausführungen – bedeutungsvolle, nötige Aussagen. Dabei können die Bilder sein:

- Gegenstand der Untersuchung (z. B. Gemälde in kunstwissenschaftlichen oder kulturwissenschaftlichen Projekten, wobei sowohl das Bildphänomen als solches als auch sein Kontext untersucht werden),
- Quelle, Dokument, Beleg (z. B. zeitgeschichtliche Fotografien oder Stiche in historischen Projekten),
- Veranschaulichung, Erklärung, Vorstellung (z. B. Diagramm, Bildstatistik, Organigramm, Konstruktionsplan, Karte, Sach-Abbildung),
- Mittel der Analyse, Argumentation (z. B. Bildfolge, Farbmodulationen, modifizierende Experimente, Bildvergleich etc.).

Bildbeschaffung

Bilder als Mittel der Analyse, aber auch Diagramme, Tabellen oder Organigramme werden – wenn sie nicht zitiert werden – selbst produziert, also gezeichnet, collagiert, seltener gemalt, fotografiert oder heute vielfach mittels elektronischer Bildprogramme (z. B. *Photoshop*) erzeugt. Werden eigene Fotografien (mittels Digitalkamera) eingesetzt, ist auf eine möglichst hohe Auflösung (höchstmögliche Pixelzahl bzw. Bildgröße) zu achten, z. B. bei einer 3-Mio-Pixel-Kamera XGA (1.024 × 768 Pixel). Beim Digitalisieren analoger Bilder per Einscannen ist die Druckqualität von Bedeutung; so sollten Strichzeichnungen 1.200 dpi nicht unterschreiten, Grauskala 600 dpi, Farbabbildungen 300 dpi und z. B. im RGB-Modus als TIFF-Datei abgespeichert werden.

Das gilt auch für Bildzitate, also vorgefundene Bilder etwa aus Katalogen, Bildbänden, Zeitschriften etc. Eine große Hilfe bei der Bildbeschaffung können Datenbanken sein. Hier ist zu prüfen, ob es sich um öffentlich zugängliche handelt oder solche, die spezifische Zugangsvoraussetzungen verlangen.

Bilddatenbanken (abgerufen August 2009):

- Inhaltsbasierter Zugriff auf große Bilddatenbanken von Daniel Keysers: http://www-i6.informatik.rwth-aachen.de/web/Projects/CurrentProjects/Irma/bilddatenbanken.html
- Kunsthistorische Datenbanken und Themenseiten über: www.kah-bonn.de/bibliothek/popup_links2.htm
- Bilddatenbank des Kunstgeschichtlichen Instituts der Philipps-Universität Marburg: http://www.uni-marburg.de/fb09/khi/links/bilddatenbanken
- Verweise auf Bilddatenbanken über das Kunsthistorische Institut der FU Berlin: http://www.geschkult.fu-berlin.de/e/khi/links/bilddatenbanken/index.html
- Internationale Bilddatenbanken über die Zürcher Hochschule der Künste: http://miz.zhdk.ch/index.php?show=220
- Bilddatenbank zur Politischen Ikonografie: www.welib.de
- Politikwissenschaftliches Bildarchiv Justus-Liebig-Universität Gießen (BiPolAr): http://www.zmi.uni-giessen.de/plattformen/plattformen-bipolar.html
- Ein Vergleich lizenzfreier Datenbanken im Netz durch das Onlinemagazine Netzwelt: http://www.netzwelt.de/news/74676-vergleich-lizenzfreie-bilddatenbanken-netz.html
- Kommerzielle Bilddatenbank und Pressebilder unter: www.newsaktuell.de

Bildrechte

Sind AutorInnen von wissenschaftlichen Schriften nicht auch selbst UrheberInnen der benutzten Bilder, sondern greifen auf Reproduktionen aus Printmedien, Datenbanken oder anderen Quellen zurück, so sind die Bildrechte gemäß des deutschen Urheberrechts zu beachten (vgl. Bundesministerium der Justiz o. J.a). Demzufolge sind Werke der Bildenden Kunst erst 70 Jahre nach dem Tod der UrheberInnen gemeinfrei. Vor dieser Zeit gehören die Verwertungsrechte den UrheberInnen bzw. deren ErbInnen, wobei UrherberInnen die Rechte auch übertragen können (z. B. an die Verwertungsgesellschaft Bild-Kunst, VG Bild-Kunst). Das gilt ebenso für Fotografien („Lichtbildwerke"), die als persönliche geistige Schöpfungen angesehen werden. Sogenannte einfache Lichtbilder (die keine Werkqualität aufweisen) sind gemäß § 72 Abs. 3 UrhG gemeinfrei 50 Jahre nach der ersten beglaubigten öffentlichen Wiedergabe. Fotografien, die andere Bilder (z. B. Kunstwerke) reproduzieren, sind wie einfache Lichtbilder zu werten; die überwiegende Rechtsprechung geht davon aus, dass diese Abbildungen ohne Zustimmung von FotografInnen und Verlagen reproduziert werden dürfen. Zu beachten ist allerdings, dass Museen,

Archiven, Bibliotheken und anderen EigentümerInnen Vermarktungsansprüche auf Abbildungen und Reproduktionen zustehen – auch wenn der Schutz nach dem Urheberrecht abgelaufen ist.

Zitatrecht

Allerdings kann man sich – und das trifft in der Regel auf die hier gemeinten Publikationen zu – in wissenschaftlichen Werken auf das Zitatrecht berufen. Nach § 51 UrhG ist die Vervielfältigung, Verbreitung und öffentliche Wiedergabe eines veröffentlichten Werkes zum Zwecke des Zitats zulässig, „sofern die Nutzung in ihrem Umfang durch den besonderen Zweck gerechtfertigt ist" (Bundesministerium der Justiz o. J.b). Gemeint ist damit das „Großzitat" (ein ganzes Bild) wie auch das „Kleinzitat" (trifft hier z. B. für das stellenweise Zitieren von Bildfolgen oder Filmszenen zu). Voraussetzung ist, dass das Bild nicht verändert wird und eine korrekte Quellenangabe erfolgt. Das Problem besteht allerdings darin, dass diese Regelung juristisch nicht völlig einwandfrei ist und es offensichtlich unterschiedliche Einschätzungen gibt. Es empfiehlt sich daher immer, bei übernommenen Bildern genaue Auskünfte einzuholen, z. B. bei der Verwertungsgesellschaft Bild-Kunst (Weberstr. 61, 53113 Bonn, info@bildkunst.de, Tel.: 0228-91534-0).

Nach Auskunft der Verwertungsgesellschaft (Schreiben an den Verfasser vom 30.06.2009) muss bei jeder Abbildung geprüft werden, ob die Voraussetzungen des Zitatrechts vorliegen. Bilder dürfen nicht als illustratives Beiwerk verwendet werden, sondern ausschließlich als Argumentation, Beleg bzw. als Gegenstand der Analyse.

Das juristische Problem besteht darin, dass im Gesetz von einer sogenannten „Nutzung im erforderlichen Umfang" die Rede ist, was bislang nicht eindeutig definiert wurde. Die interne Regel der VG Bild-Kunst besagt gemäß oben zitiertem Schreiben: „Abbildungen in wissenschaftlichen Publikationen mit einer Auflagenhöhe von 1.000 Stück, die kleiner sind als eine halbe Seite und schwarz-weiß gedruckt werden, betrachten wir immer als zulässiges Bildzitat". Farbabbildungen sind dann zulässig, wenn die Farbe als Beleg und für die Argumentation unerlässlich ist. Die Faustregel der VG Bild-Kunst besagt: Bei farbigen Abbildungen geschützter Werke (alle Werke, deren UrheberIn länger als 70 Jahre verstorben ist, dürfen ohne Einschränkung genutzt werden) wird um eine kurze Begründung gebeten, warum eine farbige Wiedergabe erforderlich ist.

Die VG Bild-Kunst geht davon aus, dass Abbildungen unter einer Abbildungsgröße von bis zu einer viertel Seite und in Schwarz-Weiß pauschal als Zitat zu werten sind; bei größeren und farbigen Abbildungen ist es sinnvoll, bei der VG Bild-Kunst nachzufragen, ob das Zitatrecht Anwendung finden kann.

Bildeinsatz

Es ist prinzipiell freigestellt, ob Bilder in den Text – nahe der bezugnehmenden Textstelle – integriert sind, oder ob sie auf eigenen Seiten (z. B. im Anhang) präsentiert werden. Wichtig ist, dass den LeserInnen eine gute Zuordnung gegeben wird. Das kann dadurch geschehen, dass im Fließtext dort, wo auf das jeweilige Bild eingegangen wird, ein Abbildungsverweis genannt wird (z. B.: s. Abb. 1), der dann – vor der eigentlichen Bildlegende – unter dem entsprechenden Bild wiederholt wird. Sind die Bilder auf Extra-Seiten gesammelt, empfiehlt es sich, zur Abbildungsnummer zugleich einen Seitenverweis zu entsprechenden Textstellen zu geben. Da heute Manuskripte meist elektronisch erstellt werden und auch Schreibprogramme die Möglichkeit bieten, Bilder im Text einzufügen, sollte diese Möglichkeit favorisiert werden (vgl. in vorliegendem Band *Wie und womit? Programme zur Erstellung und Verarbeitung von Texten*). Es ist immer sinnvoll, das jeweilige Bild der Text-Aussage, die mit dem Bild argumentiert, das Bild analysiert o. ä., unmittelbar nah im Layout zu platzieren, um den LeserInnen lästiges Suchen zu ersparen.

Dank moderner Technik ist es nicht mehr nötig, Bilder als fotografische Reproduktion einzukleben; sie werden gescannt und in gewünschter Größe an entsprechender Stelle eingefügt. Dabei ist darauf zu achten, dass die Abbildungen vollständig sind, nicht beschnitten und nicht überdeckt, möglichst nicht durch den Buchfalz durchbrochen werden, ausreichend scharf und – so das nötig ist – farblich möglichst originalgetreu sind.

Die Bildlegende sollte jeweils unter das entsprechende Bild gesetzt werden. Geht das aus Platzgründen nicht, werden die Bildlegenden gesammelt z. B. im Anhang aufgeführt, wobei der Bezug zu Textstelle und Bild durch die jeweilige Abbildungsnummer, ggf. auch durch Seitenzahlverweise gesichert ist. Bildlegenden sollten vollständig sein, bedürfen also sorgfältiger Recherche. Dabei ist nach folgendem Schema vorzugehen:

Abbildungsnummer. Vorname Name des Urherbers/der Urheberin (Lebensdaten): Bildtitel, Entstehungsjahr. Technik, Größe (Bildhöhe × Bildbreite; bei Plastiken: Höhe × Breite × Tiefe), Standort

Beispiel 1:

- Abb. 1. Giacomo Balla (1871–1958): Die Hand des Geigenspielers, 1912. Öl auf Leinwand, 56 × 78,3 cm, London, Estorick Collection of Modern Italian Art

Das Bild im Text

Beispiel 2:

- Abb. 2. Katharina Fritsch (*1956): Mann und Maus, 1991/92. Polyester, Farbe, 225 × 130 × 240 cm, Düsseldorf, Kunstsammlung Nordrhein-Westfalen im Ständehaus, Leihgabe Sammlung Ackermans

Bildtitel kann man auch in Anführungszeichen („Die Hand des Geigenspielers") oder kursiv (*Die Hand des Geigenspielers*) setzen, wobei man das einmal gewählte System durchhalten muss. Die Quellenangabe steht nicht in der Bildlegende, sondern wird – entweder nach Abbildungsnummern oder alphabetisch nach KünstlerInnen oder Bildtitelanfängen – im Anhang aufgeführt. Ausnahme sind solche Abbildungen, die für Publikationsorgane produziert sind und deren Originalversion nicht bekannt, verloren oder auch nicht existent ist. Beispiele dafür sind u. a. Karikaturen, Illustrationen, Reportagefotografien, Fernsehbilder oder Screenshots.

Beispiel 3 (Karikatur):

- Abb. 3. Karl Arnold (1883–1953): *Statistik, 1920.* In: Simplicissimus, 25. Jg., 18/1920, S. 255

In diesem Fall ist die Originaltechnik (Tuschfeder, Aquarell) sowie die Größe des Blattes (385 × 195 cm) bekannt, weil das Blatt im Original in Privatbesitz vorliegt. In solchen Fällen sollten auch alle erreichbaren Daten aufgeführt werden. Nicht bekannte oder nicht ermittelbare Daten sollten ebenfalls benannt werden, z. B. „unbekannter Fotograf" oder „nicht ermittelbarer Fotograf".

Bilder, die als Analysemittel eingesetzt werden, sollten in der Bildlegende außer der Abbildungsnummer entweder eine knappe Erläuterung oder zumindest ein charakterisierendes Stichwort aufweisen, um eine Verbindung zur Textpassage herzustellen. Sind AutorInnen gleichsam UrheberInnen dieser und weiterer Bilder, so kann das in der Bildlegende aber auch durch eine Anmerkung für alle entsprechenden Beispiele geklärt werden. Das gilt ebenso für Tabellen, Diagramme oder Organigramme (vgl. für solche Art von Visualisierung auch Sauer 1997).

Stets ist dem Grundsatz zu folgen, dass die Abbildung und ihre Funktion für die LeserInnen eindeutig ersichtlich, dass alle nötigen Daten zum Bild genannt sind und dass die LeserInnen den Bezug zur entsprechenden Textstelle leicht herstellen können.

Literatur

Bering, Kunibert et al. (2004): Kunstdidaktik. Oberhausen: Athena-Verlag
Beyer, Andreas/Lohoff, Markus (Hrsg.) (2005): Bild und Erkenntnis. Formen und Funktionen des Bildes in Wissenschaft und Technik. Aachen: Deutscher Kunstverlag
Boehm, Gottfried (Hrsg.) (1994): Was ist ein Bild? München: Wilhelm Fink-Verlag
Bundesministerium der Justiz (o.J.a): Gesetz betreffend das Urheberrecht an Werken der bildenden Künste und der Photographie (http://bundesrecht.juris.de/kunsturhg/; 15.08.2009)
Bundesministerium der Justiz (o.J.b): Schranken des Urheberrechtes – Zitate (http://bundesrecht.juris.de/urhg/__51.html; 07.10.2009)
Criegern, Axel von (1996): Vom Text zum Bild. Wege ästhetischer Bildung. Weinheim: Deutscher Studienverlag
Drechsel, Benjamin (2006): „Gehen Sie in Führung" mit Bismarck & Co. Beobachtungen zum Weiterwirken einer politischen Ikone des 19. Jahrhunderts in der Postmoderne. In: Kirschenmann, Johannes/Wagner, Ernst (Hrsg.): Bilder, die die Welt bedeuten. „Ikonen" des Bildgedächtnisses und ihre Vermittlung über Datenbanken. München: Kopaed: 41–57
Grünewald, Dietrich (Hrsg.) (2009): Kunst entdecken. Oberstufe. Berlin: Cornelsen
Haus der Geschichte der Bundesrepublik Deutschland (Hrsg.) (2003): Bilder, die lügen. Begleitbuch zur Ausstellung. Bonn: Bouvier
Hofmann, Werner (1961): Buchillustration. In: ders. (Hrsg.): Das Fischer Lexikon Bildende Kunst III. Frankfurt a.M.: Fischer: 57–62
Huber, Hans Dieter (2004): Bild Beobachter Milieu. Entwurf einer allgemeinen Bildwissenschaft. Ostfildern-Ruit: HatjeCantz Verlag
Imdahl, Max (1994): Ikonik. Bilder und ihre Anschauung. In: Boehm, Gottfried (Hrsg.): Was ist ein Bild? München: Wilhelm Fink-Verlag: 300–324
Kemp, Martin (2003): Bilderwissen. Die Anschaulichkeit naturwissenschaftlicher Phänomene. Köln: DuMont
Kerner, Günter/Duroy, Rolf (1977): Bildsprache 1. München: Don Bosco
Kirschenmann, Johannes (2002): Zwischen den Bildern pendeln! In: Kunst + Unterricht 268: 37–38
Körber, Andreas (2006): Bilder als Quellen – Bilder als Darstellungen: Bilder zum Rekonstruieren von Geschichte; Geschichte in Bildern de-konstruieren. In: Kirschenmann, Johannes/Wagner, Ernst (Hrsg.): Bilder, die die Welt bedeuten. „Ikonen" des Bildgedächtnisses und ihre Vermittlung über Datenbanken. München: Kopaed: 169–193
Liebert, Wolf-Andreas/Metten, Thomas (Hrsg.) (2007): Mit Bildern lügen. Köln: Herbert von Halem
Maar, Christa/Burda, Hubert (Hrsg.) (2004): Iconic Turn. Die neue Macht der Bilder. Köln: DuMont
Mitchell, W.J. Thomas (1992): The Pictorial Turn. In: Artforum 30: 89–94 (deutsche Übersetzung in: Kravagna, Christian (Hrsg.) (1997): Privileg Blick. Kritik der visuellen Kultur. Berlin: Edition ID-Archiv: 15–40)

Robin, Harry (1992): Die wissenschaftliche Illustration. Von der Höhlenmalerei zur Computergraphik. Basel et al.: Birkhäuser
Sachs-Hombach, Klaus (2003): Das Bild als kommunikatives Medium. Elemente einer allgemeinen Bildwissenschaft. Köln: Herbert von Halem
Sachs-Hombach, Klaus (Hrsg.) (2005): Bildwissenschaft. Disziplinen, Themen, Methoden. Frankfurt a. M.: Suhrkamp
Sauer, Christoph (1997): Visualisierung inbegriffen. Textüberarbeitung und Umgestaltung. In: Jakobs, Eva-Maria/Knorr, Dagmar (Hrsg.): Schreiben in den Wissenschaften. Frankfurt a. M. et al.: Peter Lang: 91–106
Scholz, Oliver R. (2004): Bild, Darstellung, Zeichen. Vollständig überarbeitete 2. Auflage. Frankfurt a. M.: Klostermann

6.4 Das kann teuer werden.
Die finanzielle Seite des Publizierens

Kathrin Ruhl und Daniel Brauer

Die Hoffnung, mit dem ersten eigenen Buch – sei es mit der Studiumsabschlussarbeit, der Dissertation oder einem Sammelband – nicht nur wissenschaftlich, sondern auch finanziell groß rauszukommen, erfüllt sich in den meisten Fällen leider nicht, denn die genannten Veröffentlichungen stürmen in der Regel nicht die Bestsellerlisten. Oder anders formuliert: Gerade in der Anfangsphase einer wissenschaftlichen Karriere ist es häufig eher das Ziel, bei Buchpublikationen nicht zu sehr ins Minus zu rutschen. Der Gewinn dürfte daher weniger finanzieller Art sein, sondern vielmehr darin bestehen, den eigenen Namen in den wissenschaftlichen Diskurs einzubringen. In dem vorliegenden Beitrag wird die finanzielle Seite des Publizierens beleuchtet und daneben aufgezeigt, welche Einspar- und Fördermöglichkeiten bestehen.

Druckkosten und wie sie sich zusammensetzen

Studiumsabschlussarbeiten, Dissertationen und wissenschaftliche Sammelbände erzielen leider nur geringe Verkaufszahlen, die meist dadurch entstehen, dass Bibliotheken diese Bücher anschaffen und ein kleines Fachpublikum sie erwirbt. Das bedeutet, dass Verlage mit diesen Büchern keine großen Gewinne erzielen können – sie geben daher einen Teil des finanziellen Risikos an die AutorInnen weiter und beteiligen diese an den Kosten der Drucklegung. Diese Kostenbeteiligung wird Druckkostenzuschuss genannt. Für unbekannte AutorInnen, und in dieser Kategorie sind NachwuchswissenschaftlerInnen in der Regel anzusiedeln, steht somit bei einer Verlagspublikation eher weniger die Frage im Vordergrund, wie viel sich mit dem Buchprojekt verdienen lässt, sondern vielmehr wie viel es sie kosten wird.

Die Druckkosten sind nicht bei jedem Verlag gleich hoch, sondern variieren deutlich. Aber wie kann in Erfahrung gebracht werden, wie viel die Publikation kostet und auch, welche Leistungen vom Verlag übernommen werden? Die Internetseiten der Verlagshäuser geben hierzu nur begrenzt Auskunft. In der Regel stellen sie keine Beispielrechnungen oder Musterverträge ins Netz, sondern listen auf, welche Services mit einer Publikation verbunden sind. Darunter fallen beispielsweise die Übernahme der Textformatierung und verschiedene Werbemaßnahmen. Diese Dienstleistungen gibt es jedoch nicht gratis, sondern sie schlagen sich in der Kostenkalkulation des Verlagshauses nieder, d. h. bietet ein Verlag eine intensive Lektoratsarbeit, die Textformatierung, den Versand von Rezensionsexemplaren und vieles mehr an, ist davon auszugehen, dass die Druckkosten dort höher sind als bei einem anderen Verlag, der einen Teil dieser Arbeit in die Verantwortung der AutorInnen legt.

Neben den Dienstleistungen spielt das Endprodukt eine große Rolle, d. h. wie das Buch beschaffen sein soll, das Sie schließlich in den Händen halten werden. Soll es ein Standardformat oder eine Sondergröße haben? Welches Druckverfahren soll verwendet werden, Offsetdruck oder Digitaldruck (vgl. in vorliegendem Band *Buch auf Bestellung. Publizieren mittels Book on Demand)?* Welche der Varianten die qualitativ und preislich bessere für Sie ist, hängt zum einen von der Auflage ab und zum anderen, ob Farbdruck gewünscht ist, denn die Druckverfahren erzielen dabei unterschiedliche Ergebnisse. Grundsätzlich teurer wird das Buch, wenn es farbige Abbildungen enthält. Die Bindung ist ebenfalls eine Preisfrage, wobei die Fadenheftung zwar die hochwertigere, aber auch deutlich teurere Variante darstellt. Die Klebebindung ist preiswerter und wird in den meisten Fällen verwendet. Auch ist es von Bedeutung, ob das Buch broschiert oder mit festem Einband erscheint. Die Broschierung ist die günstigere Option und im Wissenschaftsbereich weit verbreitet. *Last but not least* schlägt sich die so genannte Buchveredelung nieder: hochwertiges Einbandmaterial, Prägungen und Lesebändchen bei Festeinbänden usw. haben ihren Preis (vgl. Jürgens 2007: 55–61). Die Frage ist hierbei jedoch, ob ein derart aufbereitetes Buch der adäquate Rahmen für eine Abschlussarbeit oder den Sammelband einer Nachwuchstagung ist und ob hier nicht das Gegenteil des gewünschten Effekts erzielt wird.

Eine weitere Ebene, die das Preisniveau der Drucklegung beeinflusst, ist die des Renommees und der Größe des Verlags. Es kann zwar nicht die Faustregel abgeleitet werden, dass je kleiner und unbekannter der Verlag, desto günstiger die Drucklegung – dennoch besteht die Möglichkeit, dass kleine Verlagshäuser sich erst einen guten Ruf erarbeiten müssen und daher potenzielle AutorInnen mit guten Konditionen an sich binden wollen.

In jedem Fall sollten Sie sich von dem favorisierten Verlag ein Angebot schicken lassen, aus dem hervorgeht, welche Leistungen enthalten sind und welche Kosten auf Sie zukommen. Überprüfen Sie dabei auch die Auflage, die vorgeschlagen wird, denn diese wirkt sich ebenfalls auf den Preis aus. Für den Druck der Dissertationsschrift ist zu beachten, dass die Promotionsordnungen eine bestimmte Auflage vorschreiben, die Sie auf keinen Fall unterschreiten sollten. Aber Sie sollten sie auch nicht massiv überschreiten – da sich wissenschaftliche Literatur nicht gut verkauft (Lehrbücher und Publikationen von renommierten WissenschaftlerInnen können als Ausnahmen gewertet werden), ist eine hohe Auflage eher ein Kostenfaktor als die Chance auf eine große Leserschaft (vgl. Fabel-Lamla/Tiefel 2006: 400). Doch in welcher Höhe bewegt sich nun der Druckkostenzuschuss, den Sie voraussichtlich entrichten müssen? Anhand der vielen Faktoren, die aufgelistet wurden, lässt sich bereits erahnen, dass kein Festpreis genannt werden kann. Die Kosten für eine Buchseite werden mit 6 bis 20 € (vgl. Fabel-Lamla/Tiefel 2006: 399) bzw. 8 bis 12 € plus Extrakosten für die Bearbeitung von Abbildungen (vgl. Jürgens 2007: 63) beziffert. Hinzu kommt noch die Mehrwertsteuer. Das bedeutet, dass – je nach Umfang des zu veröffentlichenden Textes – schnell mehrere Tausend Euro für den Druck entstehen können. Die Spanne, die bei den Kosten für eine Buchseite angegeben wurde, verdeutlicht nicht nur die große Varianz, sondern auch, dass es sich lohnt, bei der Verlagswahl genau hinzusehen.

Honorare und an wen sie gezahlt werden

Im abzuschließenden Verlagsvertrag wird auch geregelt, ob und wenn ja, in welcher Höhe Sie ein Honorar erhalten und wie viele Freiexemplare Ihnen zustehen. Zwischen dem Börsenverein des Deutschen Buchhandels und dem Deutschen Hochschulverband wurden „Vertragsnormen für wissenschaftliche Verlagswerke" vereinbart, in denen festgelegt ist, dass VerfasserInnen am wirtschaftlichen Erfolg ihres Werkes angemessen beteiligt werden. Zunächst ein Blick auf die drei verschiedenen Honorarmodelle, die durch die genannten Vertragsnormen definiert wurden:

1) Beim sogenannten Absatzhonorar erhalten die VerfasserInnen vom Verlag ein prozentuales Beteiligungshonorar, das sich am Ladenverkaufspreis oder Verlagsabgabepreis exklusive der Mehrwertsteuer bemisst. Das Absatzhonorar ist die gängige Honorarform für Bücher und gilt als gut geeignet für solche Publikationen, die einen nachhaltigen Erfolg erwarten lassen.
2) Beim Pauschalhonorar wird seitens der VerlegerInnen für das Werk oder für eine bestimmte Umfangseinheit eine feste Summe bezahlt. Zu vereinbaren ist hierbei die Höchstzahl der zu honorierenden Exemplare. Diese Honorarform eignet sich für Publikationen mit mehreren VerfasserInnen.
3) Veröffentlichungen mit einer geringen Absatzerwartung sind laut der Vertragsnormen für die VerlegerInnen nur unter Honorarverzicht realisierbar. Es sollte vereinbart werden, für welche Auflage der Verzicht gilt und ab welchem Absatz ein Honorar zu zahlen ist (vgl. Börsenverein des deutschen Buchhandels/Deutscher Hochschulverband 2000: 20). Der Honorarverzicht ist jedoch auch ein Instrument für die AutorInnen: Wenn Sie keine hohen Verkaufszahlen erwarten, besteht die Möglichkeit, durch Honorarverzicht den Druckkostenzuschuss zu senken.

Wie sehen die genannten Honorarmodelle in der Realität aus? Der Zusatz, dass Absatzhonorare nur dann gezahlt werden, wenn ein nachhaltiger Erfolg zu erwarten ist, lässt darauf schließen, dass NachwuchswissenschaftlerInnen nicht mit dieser Form des Honorars zu rechnen haben. Häufig sehen Verlagsverträge bei der Veröffentlichung von Studiumsabschlussarbeiten, Dissertationen und Sammelbänden für den Erstdruck deshalb auch kein Honorar vor. Kommt es zu einer zweiten Auflage, kann von einem Honorar im Rahmen von 6 bis 8 % ausgegangen werden (vgl. Jürgens 2007: 78; in vorliegendem Band *Vom Suchen und Finden des richtigen Verlages. Monografien in Buchform*).

Druckkostenbeihilfen, Tantiemen und wer sie beantragen kann

Das Budget von NachwuchswissenschaftlerInnen ist bekanntlich nicht das größte – eine teure Veröffentlichung während oder/und nach der Promotion stellt daher eine finanzielle Herausforderung dar. Doch gibt es einige Möglichkeiten, sich dafür von dritter Seite Unterstützung zu holen.

- Wissenschaftlichen MitarbeiterInnen in einem Forschungsprojekt stehen häufig Mittel für die Veröffentlichung zur Verfügung, weil ein bestimmter Etat hierfür im Projektantrag berücksichtigt wurde. Gleiches gilt, wenn sie im Rahmen des Projekts eine Tagung organisiert haben und im Anschluss daran einen Tagungsband herausgeben.
- Einige der Begabtenförderungswerke[1] gewähren den von ihnen geförderten StipendiatInnen Zuschüsse für die Drucklegung der Dissertationsschrift oder haben Verträge mit Verlagen abgeschlossen, die günstige Konditionen einräumen.
- Bei der Deutschen Forschungsgemeinschaft (DFG) können sich NachwuchswissenschaftlerInnen um Druckbeihilfen für die Veröffentlichung der Dissertation, nicht aber der Studiumsabschlussarbeit bewerben. Voraussetzung für die Vergabe ist, dass die Promotion mit dem Prädikat *summa cum laude* abgeschlossen wurde. Allerdings gewährt die DFG diese Zuschüsse nur noch in Ausnahmefällen (vgl. Fabel-Lamla 2006: 394). Informationen zur Ausschreibung und die Antragsformulare können auf der Internetseite der DFG (www.dfg.de) heruntergeladen werden.

---

[1] Das Bundesministerium für Bildung und Forschung (BMBF) unterstützt elf Begabtenförderungswerke, die Stipendien an begabte und engagierte Studierende und Promovierende vergeben. Informationen zu den Stiftungen und ihren Förderprogrammen können Sie auf der Internetseite Stipendium Plus (www.stipendiumplus.de) nachlesen.

- Druckbeihilfen für die Veröffentlichung von mit *summa cum laude* bewerteten Dissertationen bietet auch der Förderungs- und Beihilfefonds Wissenschaft der Verwertungsgesellschaft Wort (VG Wort). Von der Förderung sind andere Abschlussarbeiten, Tagungsbände und Festschriften ausgenommen, und Sammelbände werden nur eingeschränkt unterstützt. Die Vergaberichtlinien und das Antragsformular können über die Internetseite der Einrichtung bezogen werden (www.vgwort.de/foerderungsfonds.php).
- Die Geschwister Boehringer Ingelheim Stiftung für Geisteswissenschaften bietet GeisteswissenschaftlerInnen, die ihre Promotion mit *summa cum laude* oder *magna cum laude* beendet haben, die Möglichkeit, sich um Druckbeihilfen zu bewerben. Studiumsabschlussarbeiten werden von dieser Stiftung gar nicht, Tagungs- und Sammelbände nur in Ausnahmefällen finanziert. Weitere Informationen zur Antragstellung sind auf der Internetseite (www.boehringer-geisteswissenschaften.de) nachzulesen.
- Auch der Förderverein der eigenen Hochschule ist ein potenzieller Geldgeber für die Unterstützung von Sammelbänden. Erkundigen Sie sich zudem nach Auszeichnungen Ihrer Universität und des Fachverbandes Ihrer Disziplin, die für herausragende Arbeiten vergeben werden und ggf. mit Sachmitteln verbunden sind.
- Recherchemöglichkeiten für weitere Stiftungen, bei denen Sie einen Antrag auf Druckbeihilfe stellen oder sich um einen Preis für Einzelstudien oder Abschlussarbeiten bewerben können, finden Sie im Stiftungsindex des Bundesverbandes Deutscher Stiftungen (www.stiftungsindex.de).

Während die bisher genannten Möglichkeiten der Druckbeihilfen und Preise an bestimmte Konditionen geknüpft waren, steht die nachfolgend dargelegte Option allen AutorInnen (und HerausgeberInnen von Büchern) zur Verfügung, die ihre Ergebnisse bereits veröffentlicht haben. Diese umfasst für den wissenschaftlichen Bereich beispielsweise Fach- und Sachbücher sowie Beiträge in Fachzeitschriften, Sammel- und Tagungsbänden oder Festschriften.

Die AutorInnen haben laut Urheberrecht einen Anspruch auf die Ausschüttung von Tantiemen, die ihnen über die VG Wort ausgezahlt werden. Um diesen Anspruch geltend machen zu können, muss ein kostenloser Wahrnehmungsvertrag mit der VG Wort abgeschlossen und jeweils bis zum 31. Januar des Folgejahres die Publikationen des laufenden Kalenderjahres angegeben werden. Sowohl der Vertragsabschluss als auch die Meldung der Veröffentlichungen sind online möglich und einfach zu handhaben. Die Ausschüttung der Tantiemen erfolgt im Sommer des Folgejahres, und die Ausschüttungssumme ergibt sich aus dem Umfang der Veröffentlichungen. Die VG Wort berechnet eine sogenannte Ausschüttungsquote aus den gemeldeten Veröffentlichungen und den zur Verfügung stehenden Mitteln. Informationen zum Verfahren, das Vertragsformular und das Meldeprogramm sind auf der Internetseite von VG Wort (www.vgwort.de) einzusehen. Da die Höhe der Tantiemen nicht unbeträchtlich ist, lohnt sich der vergleichsweise geringe Aufwand der Meldung unbedingt.

Fazit

Eine Verlagsveröffentlichung kann teuer werden, daher ist es in jedem Fall empfehlenswert, sich vor Vertragsabschluss über die Kosten und Dienstleistungen genau zu erkundigen. Zuschüsse für die Drucklegung zu erhalten, ist leider kein einfaches Unterfangen – aber durch die Ausschüttung der Tantiemen, auf die Sie einen Anspruch haben, können Sie rückwirkend zumindest einen Teil der Kosten wieder einfangen.

Literatur

Börsenverein des deutschen Buchhandels/Deutscher Hochschulverband (2000): Vertragsnormen für wissenschaftliche Vertragswerke (http://www.hochschulverband.de/cms1/fileadmin/redaktion/download/pdf/infocenter/vertragsnormen.pdf; 30.03.2009)
Fabel-Lamla, Melanie (2006): Druckkostenzuschüsse zur Publikation der Dissertation. In: Koepernik, Claudia/Moes, Johannes/Tiefel, Sandra (Hrsg.): GEW-Handbuch Promovieren mit Perspektive – ein Ratgeber von und für DoktorandInnen. Bielefeld: Bertelsmann: 393–394
Fabel-Lamla, Melanie/Tiefel, Sandra (2006): Verlagssuche und Vertragsverhandlungen. In: Koepernik, Claudia/Moes, Johannes/Tiefel, Sandra (Hrsg.): GEW-Handbuch Promovieren mit Perspektive – ein Ratgeber von und für DoktorandInnen. Bielefeld: Bertelsmann: 395–401
Jürgens, Kai U. (2007): Wie veröffentliche ich meine Doktorarbeit? Der sichere Weg zum eigenen Buch. Kiel: Verlag Ludwig

7 Publizieren um jeden Preis? Zehn Gedanken zum Schluss

Kathrin Ruhl und Heidrun Ludwig

Aus welchem Grund auch immer Sie dieses Buch zur Hand genommen und welche Kapitel Sie gelesen haben: Von vielen AutorInnen wurden Sie ermutigt, schon zu einem frühen Zeitpunkt Publikationserfahrungen zu sammeln, um sich in einem Forschungsfeld zu platzieren. Dieser Beitrag will Ihnen in Form von zehn Gedanken Anregungen mit- und Tipps an die Hand geben, was Sie bei der Umsetzung dieses Vorhabens grundsätzlich bedenken sollten. Dafür werden einzelne Aspekte nochmals aufgegriffen und vertieft sowie neue Gesichtspunkte ergänzt, um der zentralen Frage nachzugehen: „Publizieren um jeden Preis?". Im Folgenden werden sowohl Fragen der Karriereplanung berücksichtigt als auch rechtliche und persönliche Aspekte erörtert.

Publizieren im Kontext wissenschaftlicher Berufsplanung

In der Wissenschaft gibt es weder Planungssicherheit noch Erfolgsgarantie, nicht jede Wissenschaftslaufbahn wird mit einer Professur gekrönt – im Gegenteil: Nur etwa 1 % aller HochschulabsolventInnen und nur jeder/jede zehnte Promovierende erreicht eine Professur (vgl. Janson/Schomburg/Teichler 2007: 95 f.). Streben Sie jedoch diese Karriere an, so erhöhen Sie Ihre Chancen deutlich, wenn Sie bereits während der Promotion publizieren. Denn auf dem Weg zur Karriere als HochschullehrerIn ist es unerlässlich, die Scientific Community frühzeitig durch Veröffentlichungen oder Vorträge auf sich aufmerksam zu machen. Sprechen Sie mit Ihrem Betreuer/Ihrer Betreuerin und anderen WissenschaftlerInnen über mögliche Strategien, dies zu erreichen: Was wird in Ihrer Disziplin vom wissenschaftlichen Nachwuchs erwartet? Wie zentral sind welche Textsorten? Welchen Stellenwert nehmen internationale Fachzeitschriften ein bzw. sollten Sie bereits während der Promotion auf internationalem Terrain publizieren? Welches sind die für die Disziplin oder das Forschungsthema relevanten Zeitschriften? Diese Fragen lassen sich nicht pauschal beantworten, sondern führen je nach Fach zu einem unterschiedlichen Ergebnis. Ihr Betreuer/Ihre Betreuerin kann Ihnen über Gepflogenheiten, Änderungen und Entwicklungen in Ihrem Fach berichten. War es beispielsweise in manchen Disziplinen vor einiger Zeit Usus, die Publikationstätigkeit erst nach Abschluss der Promotion aufzunehmen, ist es heute fast ein Muss, bereits während der Promotionsphase als AutorInnen wissenschaftlicher Texte aktiv zu sein (vgl. im vorliegenden Band *Promotion im Umbruch. Artikel in den Natur- und Umweltwissenschaften; Tabubruch oder Conditio sine qua non? Artikel in den Wirtschaftswissenschaften*). Trends dieser Art nehmen ExpertInnen, die den Wissenschaftsbetrieb schon viele Jahre kennen, wahrscheinlich deutlicher wahr als Sie – versuchen Sie daher, dieses Professionswissen in Ihre Karriereplanung einfließen zu lassen (vgl. in vorliegendem Band *Richtig wichtig. Artikel in den Sozialwissenschaften*).

Publizieren im Kontext außeruniversitärer Berufsplanung

Verfolgen Sie eine Laufbahn außerhalb von Hochschulen und Forschungseinrichtungen, ist die Promotion voraussichtlich Ihre letzte wissenschaftliche Tätigkeit. Das Publizieren während der Promotion ist in diesem Fall weniger ein Muss als vielmehr eine „Kür". Mit Publikationserfahrungen können frisch Promovierte zwar möglicherweise bei potenziellen ArbeitgeberInnen punkten, denn sie dokumentieren damit Belastbarkeit sowie Kompetenzen im Zeit- und Projektmanagement. Eine lange Publikationsliste wird hier jedoch mutmaßlich nicht verlangt, vor allem wenn das Verfassen von komplexeren Texten nicht Teil des zukünftigen Tätigkeitsprofils ist. Promovierende, die auf eine Karriere außerhalb der Wissenschaft setzen, sind daher meist besser beraten, die Zeit, die neben der Promotion bleibt, in das Knüpfen wichtiger Kontakte und das Sammeln berufsfeldrelevanter Qualifikationen zu investieren.

Publikation und Vortrag – ein gutes Team

Sowohl die Publikationstätigkeit, als auch der Besuch von Tagungen und Kongressen stellen eine hervorragende Gelegenheit dar, Kontakte zu VertreterInnen Ihres Forschungsfeldes zu knüpfen. Auf Ihre Publikation können ForscherInnen reagieren, indem sie in einem Gegenartikel auf Ergebnisse Bezug bzw. dazu Stellung nehmen oder den Austausch mit Ihnen suchen. Auf Tagungen und Kongressen können WissenschaftlerInnen ebenfalls auf Ihren Input eingehen. Darüber hinaus bietet sich dort die Option, dass Sie selbst zu KollegInnen Kontakt aufbauen. Nutzen Sie diese Möglichkeit daher bereits zu einem frühen Zeitpunkt und besuchen Sie Tagungen sowohl als ZuhörerInnen als auch als Vortragende. Warten Sie nicht darauf, dass jemand Sie anspricht, ergreifen Sie selbst die Initiative – die meisten WissenschaftlerInnen schätzen dies sehr. Durch den Kontakt zu anderen ForscherInnen kann eine Zusammenarbeit entstehen, z. B. die Mitwirkung an einem Sammelband oder bei einem künftigen Kongress. Der erste Schritt in die Vernetzung im Forschungsfeld wäre hiermit geschafft.

In den Geistes- und Sozialwissenschaften wird häufig nach einer Tagung von den OrganisatorInnen ein Tagungsband herausgegeben, für den die Vortragenden meist – aber nicht zwangsläufig – angefragt werden. In der Informatik werden *conference proceedings* erstellt, in denen alle Tagungsbeiträge zusammengefasst sind. Unabhängig vom Fach bedeutet die aktive Teilnahme an einer Tagung daher für Sie die Chance, Vortrags- und Publikationserfahrung zu verbinden (vgl. im vorliegenden Band *Ein Thema – viele Blickwinkel. Herausgeben von Sammelbänden; Reden und Schreiben. Beiträge in Tagungsbänden*).

Publikationen richtig platzieren

Suchen Sie sich Publikationsorgane, die Ihnen einen Einstieg ermöglichen. Im Kapitel *Wissen schafft Vielfalt. Verschiedene Textsorten* wurden mit Rezensionen und Tagungsberichten Textsorten vorgestellt, die sich besonders gut für einen Auftakt der wissenschaftlichen Publikationstätigkeit eignen. Dies sind kleinere, überschaubare Publikationsprojekte, die zügig abgeschlossen werden können und Ihnen daher relativ schnell und sicher ein erstes – sehr motivierendes – Publikationsergebnis bieten. Diese Textsorten nehmen jedoch in der Scientific Community insgesamt keinen sehr hohen wissenschaftlichen Stellenwert ein. Spezialisieren Sie sich daher nicht darauf, sondern erproben Sie sich an verschiedenen Textsorten. Ein Beitrag in einem Tagungs- bzw. Sammelband oder einer Zeitschrift – zusammen mit KollegInnen, BetreuerInnen oder auch alleine – ist ein geeigneter zweiter Schritt für Ihre Publikationstätigkeit.

Artikel in Fachzeitschriften sind in allen Disziplinen von großer Bedeutung (vgl. in vorliegendem Band Kapitel *Andere Fächer, andere Sitten. Artikel in Fachzeitschriften*). Um einen Zeitschriftenartikel zu platzieren, muss in der Regel ein Begutachtungsverfahren erfolgreich durchlaufen werden. Daher empfiehlt es sich, die Einreichung gut zu planen und die geeignete Zeitschrift vor allem unter den Aspekten zu wählen, ob diese für Ihr Forschungsgebiet ausgewiesen ist und darin auch NachwuchswissenschaftlerInnen veröffentlichen können. Studieren und berücksichtigen Sie zudem die Gepflogenheiten der Zeitschrift, in der Sie publizieren möchten, genau. Dadurch erhöht sich die Chance auf Annahme, denn abgelehnte Artikel wirken demotivierend und können dazu führen, dass Sie weitere Anläufe unterlassen, vor allem wenn die Gutachten sehr kritisch ausfallen (vgl. in vorliegendem Band *Und was mache ich jetzt? Umgang mit Ablehnung von Beiträgen*).

Beiträge für Lehr- und Handbücher, Festschriften und Lexika sowie populärwissenschaftliche Texte werden in der Regel erst dann angefragt, wenn bereits ein gewisses wissenschaftliches Renommee erworben wurde oder sich eine Koautorenschaft über den Betreuer/die Betreuerin ergibt. Wissenschaftliches Renommee können Sie sich aber durchaus bereits während der Promotion durch Publikationen und Vorträge erarbeiten.

Publizieren für die kumulative Promotion

Das Publizieren während der Promotion bekommt einen besonderen Stellenwert, wenn Sie den Doktorgrad nicht durch die Anfertigung einer Monografie, sondern durch eine kumulative Promotion erwerben möchten. Neuregelungen in manchen Promotionsordnungen ermöglichen es, als Dissertation ein Werk einzureichen, das die wissenschaftliche Befähigung mittels mehrerer qualitativ hochwertiger, thematisch zusammenhängender Artikel unter Beweis stellt. Bedingung dabei ist, dass die Artikel in Zeitschriften mit *peer-review*-Verfahren akzeptiert bzw. veröffentlicht (und diese für die Abgabe der Dissertation um eine Einleitung und Zusammenfassung ergänzt) wurden.

Bei einer kumulativen Promotion muss die Publikationstätigkeit sehr sorgfältig und vor allem frühzeitig geplant werden, denn die Auswahlverfahren der Fachzeitschriften nehmen in aller Regel mehrere Monate in Anspruch, und der Ausgang des Verfahrens ist ungewiss. Werden mehrere Artikel abgelehnt und müssen bei anderen Zeitschriften neu eingereicht werden, kann dies zu einer deutlichen Verzögerung der Promotion führen – möglicherweise mit der Konsequenz, schließlich doch eine Monografie zu verfassen. Unabhängig von der festgelegten Anzahl der zu veröffentlichenden Artikel steht für kumulativ Promovierende die Frage im Raum, ob und wie viele Publikationen sie darüber hinaus schultern können.

Publikation und Promotionsordnung – rechtliche Aspekte

Hierauf sollten Sie bei Publikationen von Forschungsergebnissen – egal ob in Fachzeitschriften, Sammel- oder Tagungsbänden – achten: Bevor Sie diese veröffentlichen, sollten Sie in der Promotionsordnung nachlesen, ob dort festgelegt ist, welche Qualität die in der Dissertation berichteten Ergebnisse haben müssen. Manche Prüfungsordnungen fordern, dass dort Unveröffentlichtes – Neues – dargelegt wird. Zu viele Vorabveröffentlichungen könnten in diesem Fall Ihre Promotion gefährden. Streben Sie eine kumulative Promotion an, ist bei der Koautorenschaft Vorsicht geboten, denn in der Dissertation müssen Sie nachweisen und versichern, dass Sie die Arbeit selbstständig angefertigt haben. Enthält Ihre Arbeit ausschließlich Ergebnisse, die Sie gemeinsam mit anderen publiziert haben, kann der Vorwurf erhoben werden, den Selbstständigkeitsparagrafen unterlaufen zu haben. Vor allem in Fächern, in denen Ein-Autoren-Aufsätze weniger verbreitet und Artikel mit mehreren UrheberInnen üblich sind, sollten Sie sich vergewissern, wie Sie den Anforderungen der Promotionsordnung unter diesem Gesichtspunkt gerecht werden.

Publikationen als Leistungsindikator

In den letzten Jahren nehmen immer häufiger politische Steuerungsprozesse, wie beispielsweise Hochschul-Rankings oder Programme zur Steigerung der internationalen Wettbewerbsfähigkeit, großen Einfluss auf die Hochschulen und die Forschungslandschaft. Dies hat mehrere Konsequenzen: Auf der Ebene der Hochschulen haben sich die universitätsinternen Steuerungsmechanismen verändert, wissenschaftliche Leistung soll nun gemessen und in Relation zu den Kosten gebracht werden. Für die Leistungsbemessung wird u. a. das Publikations- und Zitationsverhalten analysiert. Im Bereich der Forschungsförderung ist die Publikationsleistung ein zentrales Kriterium bei der Vergabe von Drittmitteln und Forschungspreisen geworden (vgl. Schütte 2008). Schließlich haben sich in den Disziplinen zum Teil unterschiedliche Publikationsgepflogenheiten herausgebildet: Während in den Geistes- und Sozialwissenschaften Monografien noch immer eine große Rolle spielen, sind sie in den Naturwissenschaften zunehmend verdrängt und durch Veröffentlichungen von Artikeln in (internationalen) Fachzeitschriften ersetzt worden (vgl. Hornbostel/Klingsporn/Ins von 2008: 16–17).

Die wachsende Bedeutung der Publikationen als Leistungsindikator hat insgesamt zu einem gestiegenen Druck geführt, möglichst viel und möglichst schnell zu veröffentlichen. Beim Publizieren geht es somit heute oftmals nicht mehr ausschließlich darum, Wissen zu generieren und die neuesten Erkenntnisse der Scientific Community mitzuteilen. Dieser Trend wird zwar von vielen Seiten kritisiert, jedoch ist von einer Änderung derzeit nicht auszugehen. Es ist zudem nicht von der Hand zu weisen, dass sich die skizzierten Veränderungen ebenfalls auf die Promovierenden auswirken und sich auch auf sie der (Publikations-) Druck verstärkt.

Publizieren mit dem richtigen Maß

In diesem Zusammenhang stellt sich die Frage nach Quantität und Qualität der eigenen Publikationstätigkeit. Es gilt sorgsam abzuwägen, wie viele Publikationen aus einem einzigen Forschungsprojekt requiriert werden können. Einerseits ist es nicht angebracht, alle Ergebnisse in einem einzigen Artikel unterbringen zu wollen, denn sie können aufgrund ihrer Vielfalt entweder nur oberflächlich präsentiert werden oder die inhaltliche Dichte würde die RezipientInnen überfordern.

Andererseits wäre es übertrieben, jedem einzelnen Teilergebnis eine eigene Publikation zu widmen, denn dies wirkt aufgrund der mangelnden Informationsdichte wiederum schnell oberflächlich. Zudem kann dadurch der Eindruck entstehen, die Publikation erfolge nicht, weil es etwas zu sagen gibt, sondern weil Seiten und Publikationslisten zu füllen sind. Diesem Dilemma können Sie entgegenwirken, indem Sie die Forschungsergebnisse in mehrere Schwerpunkte mit einer Reihe von Teilergebnissen unterteilen.

Publizieren und Ressourcenmanagement

Im Sinne des Ressourcenmanagements ist es von Vorteil, bei der Wahl der zu haltenden Vorträge und einzureichenden Publikationen darauf zu achten, ob das eingesetzte Engagement mehrfache Ernte einbringen kann. So spart es beispielsweise Zeit und Energie, bei der Vorbereitung eines Vortrags die nachfolgende Publikation bereits mitzubedenken und eventuell vorzubereiten. Und vielleicht kann einiges davon in die Dissertation einfließen, sodass auch diese „Baustelle" nicht zu kurz kommt.

Vorträge und Publikationen zu platzieren macht – bei aller damit verbundenen Arbeit – Spaß. Auch ist es ein gutes Gefühl, die Früchte des eigenen Schaffens in Form von Publikations- und Vortragsanfragen zu ernten – zeigt es doch, dass Sie auf einem guten Weg sind und einige Bekanntheit errungen haben. Allerdings darf dabei das eigentliche Ziel – der Abschluss der Promotion – nicht aus dem Auge verloren werden, denn diese Qualifikation ist nicht nur die Eingangsvoraussetzung für eine wissenschaftliche Karriere, sie sollte zudem in einem überschaubaren Zeitrahmen beendet werden. In zahlreichen Auswahl- und Besetzungsverfahren spielt die Dauer der Promotion eine große Rolle. Eine Promotion, die zügig abgeschlossen wurde, wird dabei geschätzt und zeigt hohe Kompetenzen im Projekt- und Zeitmanagement.

Für StipendiatInnen gilt zudem, dass die Förderung nach zwei bzw. drei Jahren ausläuft und der Anspruch des Geldgebers besteht, dass die Promotion im Rahmen der Förderung abgeschlossen wird. Wissenschaftliche MitarbeiterInnen mit einem befristeten Beschäftigungsverhältnis sind aufgrund des Wissenschaftszeitvertragsgesetzes an eine Frist von sechs Jahren gebunden, d. h. sie müssen innerhalb von sechs Jahren promoviert worden sein (vgl. Bundesministerium für Bildung und Forschung o. J.). Sollte am Ende dieser Phase eine lange Publikationsliste stehen, ohne dass die Dissertation fertig gestellt worden ist, dann war Ihr Engagement möglicherweise vergebens, denn Sie können in diesem Fall nicht weiter in einem befristeten Beschäftigungsverhältnis an einer deutschen Hochschule angestellt werden. Da Abschlussstipendien rar sind, ist eine externe Promotion dann häufig der einzige noch mögliche Weg zum Doktortitel.

Publizieren ist nicht alles im Leben

Unter dem neudeutschen Begriff der *work life balance* verbirgt sich für Promovierende eine große Herausforderung, nämlich Promotion, mögliche Publikations- und Vortragstätigkeiten, einen Beruf – egal, ob innerhalb oder außerhalb der Hochschule – und Privatleben nicht nur unter einen Hut, sondern auch in Einklang zu bringen. Auch wenn die Anforderungen der Scientific Community groß und Ihre eigenen Ansprüche hoch sind, ist es ratsam, genügend Freiraum für soziale Kontakte und Freizeitaktivitäten zu lassen. Finden Sie eine für sich ausgewogene Balance, denn wissenschaftliches Arbeiten ist „entgrenztes" Arbeiten – niemand misst die Zeit, die Sie wöchentlich in die Promotion oder Publikationstätigkeiten investieren. Die Versuchung ist groß, den 22. Artikel zu einem Thema zu lesen oder einen Text zum x-ten Mal zu überarbeiten. Bei allem Ehrgeiz, eine hohe Qualität und große Quantität zu produzieren, zu einem Abschluss zu kommen und sich für spätere Stellen und die Vergabe von Drittmitteln gut zu platzieren, sollten Sie sich dabei nicht selbst vergessen.

Publizieren um jeden Preis? Nein! Als Promovierende sollten Sie zwar bereits während der Promotion publizieren, aber dabei frühzeitig eine für Sie passende Strategie planen und aktiv verfolgen. Behalten Sie Ihre aktuelle und spätere Berufs-, Zeit- und Lebensplanung im Auge – denn es gibt sowohl berufliches als auch privates Leben neben und nach der Promotion.

Literatur

Bundesministerium für Bildung und Forschung (o. J.): Neues Befristungsrecht für Arbeitsverträge in der Wissenschaft (http://www.bmbf.de/de/6776.php; 26.10.2009)

Hornbostel, Stefan/Klingsporn, Bernd/Ins von, Markus (2008): Messung von Forschungsleistungen – eine Vermessenheit? In: Alexander von Humboldt-Stiftung (2008): Publikationsverhalten in unterschiedlichen wissenschaftlichen Disziplinen – Beiträge zur Beurteilung von Forschungsleistungen. Diskussionspapier der Alexander von Humboldt-Stiftung/Nr. 12: 11–32 (http://www.humboldt-foundation.de/pls/web/docs/F1316/publikationsverhalten.pdf; 04.03.2009)

Janson, Kerstin/Schomburg, Harald/Teichler, Ulrich (2007): Wege zur Professur. Qualifizierung und Beschäftigung an Hochschulen in Deutschland und den USA. Münster: Waxmann

Schütte, Georg (2008): Zählen, gewichten, lesen. Zur Bewerbung von wissenschaftlichen Publikationsleistungen in Peer review-Prozessen. In: Alexander von Humboldt-Stiftung: Publikationsverhalten in unterschiedlichen wissenschaftlichen Disziplinen – Beiträge zur Beurteilung von Forschungsleistungen. Diskussionspapier der Alexander von Humboldt-Stiftung/Nr. 12: 3–4 (http://www.humboldt-foundation.de/pls/web/docs/F1316/publikationsverhalten.pdf; 04.03.2009)

Publizieren als „System"? Ein Nachwort

Ulrich Sarcinelli

Publish or perish, diese im angelsächsischen Wissenschaftsbetrieb gängige Regel gilt inzwischen auch hierzulande, freilich nicht im wörtlichen Sinne. Ob sie auch als genereller Ratschlag für Promovierende geeignet ist, die sich um wissenschaftliches Publizieren bemühen, erscheint mir fraglich! Wer eine Karriere im Wissenschaftsbereich anstrebt, wird sich allerdings mit den in den Fachkulturen durchaus unterschiedlichen Gepflogenheiten vertraut machen müssen. Dazu bietet der vorliegende Band eine sehr solide Grundlage.

Was bleibt eigentlich noch zu sagen oder zu raten nach einem so umfassenden Kompendium zum wissenschaftlichen Publizieren, wie es hier vorgelegt wird? Wenn Hinweise zur Überwindung von Schreibblockaden gegeben, wenn die Gesetzmäßigkeiten unterschiedlicher Textsorten und Fachzeitschriftenkulturen vorgestellt, wenn traditionelle und neue Publikationswege aufgezeigt werden und schließlich auf praktische und finanzielle Implikationen aufmerksam gemacht wird, ist doch im Grunde alles gesagt! Wer den Band sorgfältig durcharbeitet, muss den Eindruck gewinnen: Auch beim Publizieren scheint es sich um ein komplexes „System" zu handeln, dessen Bestandteile interdependent sind. Dabei wurde die Komplexität der mit dem Publizieren verbundenen Probleme nur der besseren Durchdringung wegen in diesem Buch reduziert und in vielerlei Ebenen und Dimensionen transformiert. In der Realität des wissenschaftlichen Schreibens lassen sich die hier fein säuberlich unterschiedenen Aspekte, Dimensionen, Regeln und Ratschläge jedoch schwerlich trennen.

Dennoch stellt sich die Frage, ob die Vorstellung, nämlich die These vom „Publizieren als System", die Wirklichkeit wissenschaftlichen Veröffentlichens zutreffend beschreibt: Publizieren als ein Vorgang, der sich systematisch durchplanen, berechnen und antizipierend kalkulieren lässt? Wissenschaftliches Publizieren als Stufe für eine sichere akademische Karriere? Im einen oder anderen Falle mag das zutreffen, zumal dann, wenn es um das Verfertigen von Publikationen in der ja doch zeitlich überschaubaren Phase vor und unmittelbar nach der Promotion geht. Auch dürften die Naturwissenschaften und technischen Disziplinen diesem „Ideal" von wissenschaftlichem „Publizieren als System" eher entsprechen als die Geistes- und Sozialwissenschaften. Für die Charakterisierung der Biografien von WissenschaftlerInnen, die sich ein Leben lang mit Publizieren beschäftigen, würde ich diese These allerdings relativieren. Jedenfalls ist dies die Erfahrung, die ich im

Rückblick auf Jahrzehnte wissenschaftlichen Arbeitens gemacht habe. Gewiss darf auch diese subjektive Erfahrung nicht vorschnell generalisiert werden. Was für einen Politikwissenschaftler, der 1979 promovierte, 1984 habilitierte, 1988 den Ruf auf die erste Professur annahm und dann Universitätsstandorte gewechselt hat, galt, scheint den veränderten Anforderungen an gegenwärtige Wissenschaftlerkarrieren nicht mehr in allen Punkten zu entsprechen. Denn heute spielen wachsende Herausforderungen in der Scientific Community und damit einhergehende Erwartungen an Internationalität, an strenge Theorie- und Methodenorientierung, an thematische Fokussierung und Originalität eine wichtige Rolle, wenn man auf dem unübersichtlichen Wissenschaftsmarkt wahrgenommen werden und wettbewerbstauglich sein will. Dieses einschränkenden Hinweises bedarf es, wenn ich mir im Folgenden erlaube, im Rückblick auf das eigene wissenschaftliche Publizieren einige wenige Ratschläge an NachwuchswissenschaftlerInnen zu geben.

Virtù, ambizione, fortuna, necessità und *occasione*: fünf Ratschläge

Beim Nachdenken darüber, wie sich die eigenen Publikationserfahrungen auf den Punkt bringen lassen, ist einmal mehr der Rückgriff auf Klassiker hilfreich. Denn *virtù, ambizione, fortuna, necessità* und *occasione* – dies sind fünf Merkmale, an denen sich gut gemeinte Ratschläge für junge Menschen festmachen lassen, die am Beginn ihrer wissenschaftlichen und beruflichen Karriere stehen. Bekanntlich handelt es sich bei diesen Begriffen nicht um lateinisch verklausulierte Publikationsprinzipien, sondern um Klugheitsregeln des Renaissance-Klassikers Niccolo Machiavelli. Aufgeschrieben hat er diese in seinem 1531 posthum veröffentlichten Werk *Il Principe*. In der Tradition der mittelalterlichen Fürstenspiegel waren es Ratschläge an die Dynastie der Medici für eine kluge Herrschaftsausübung. Nun geht es beim wissenschaftlichen Publizieren nicht um Staatsraison und Machterhalt, aber doch darum, sich auf dem Wissenschaftsmarkt zu platzieren und erfolgreich zu behaupten. Und da könnten Machiavellis Regeln durchaus hilfreich sein.

1) *Virtù:* Auch für erfolgreiches wissenschaftliches Publizieren braucht man *virtù*. Was für den Renaissance-Klassiker eine Form der Tüchtigkeit zum Erhalt des Staates war, muss im Zusammenhang mit wissenschaftlichem Erkenntnisgewinn anders übersetzt werden: Wissenschaftliches Publizieren erfordert eine solide Ausbildung, die Fähigkeit, eine originelle Problemstellung nach den Regeln der Kunst zu bearbeiten, kurz – es geht um fachliche Kompetenz.
2) *Ambizione*: Notwendig sind des Weiteren eine gehörige Portion Willenskraft und Durchhaltevermögen. Man könnte es auch ganz profan Ehrgeiz nennen, wissenschaftlichen Ehrgeiz bei der Suche nach Erkenntnisgewinn. Wenn es dann noch gelingt, ausgetretene wissenschaftliche Pfade zu verlassen, über

den Tellerrand disziplinärer Zäune zu blicken und den Titel der Publikation prägnant und mit Signalwirkung zu formulieren, dann sind wichtige Voraussetzungen geschaffen, in der Scientific Community wahrgenommen zu werden.

3) *Fortuna:* Blickt man einigermaßen ehrlich zurück auf das eigene Publizieren, dann gab es nicht nur Glücksmomente, das bekannte wissenschaftlich „heureka"-Erlebnis, sondern glückliche, manchmal auch unglückliche Umstände. *Fortuna*, Zufall, Glück, Schicksal – auch dies begleitet das wissenschaftliche Publizieren: Das zufällige Zusammentreffen mit maßgeblichen Persönlichkeiten, der beiläufige und zunächst irritierende Rat von FreundInnen oder Bekannten, die verstörende Frage von Angehörigen oder Außenstehenden etc., das alles beeinflusst nicht selten das wissenschaftliche Arbeiten. Nicht immer ist der wissenschaftliche Publikationserfolg allein das Ergebnis eigenen, systematischen und stringenten Vorgehens.

4) *Necessità:* Das Akzeptieren tatsächlicher oder vermeintlicher Notwendigkeiten fällt in einem Bereich besonders schwer, der sich dem Grundsatz der Autonomie im sprichwörtlichen Sinne – der Eigengesetzlichkeit also – verpflichtet weiß. Aber wissenschaftliches Publizieren, zumal im Kontext einer Promotion, ist heute mehr denn je kontextgebunden. Seien es fachlich-systematische, seien es forschungsspezifische Rahmenbedingungen oder eben auch beruflich-institutionelle Vorgaben, Erwartungen und Zwänge – sich an diesen Notwendigkeiten zu orientieren, mag bisweilen lästig sein. Zugleich ergeben sich aus ihnen heraus Aufgabenstellungen, thematische Anregungen und manchmal auch projektspezifische Möglichkeiten, die sich auch in wissenschaftlichen Publikationen niederschlagen.

5) *Occasione:* Bei allem Bemühen um Planung und Kontinuität sind zeitliche Fehlkalkulationen der ständige Begleiter wissenschaftlichen Publizierens. Das gilt für eigenes Schreiben, das nicht immer so voranschreitet, wie man dies gerne möchte. Ganz zu schweigen von den leidigen Erfahrungen, die man als HerausgeberIn mit BeiträgerInnen machen kann, die mit immer neuen Schwüren verabredete Manuskriptabgabetermine hinausschieben. Dabei gibt es aber auch das, was Machiavelli *occasione* nennt, die unvermutete Chance, ein „Fenster der Gelegenheit": die Chance, sich an einem spannenden Forschungsvorhaben zu beteiligen; das Angebot, zu einer prominenten Publikation einen Beitrag beizusteuern, vielleicht auch mit renommierten WissenschaftlerInnen als Koautor oder Koautorin zu publizieren. Und nicht zu vergessen, die sich bietende Gelegenheit, in einem bekannten Fachverlag zu veröffentlichen oder das eigene Buch in einer angesehenen Reihe unterzubringen.

Das alles sind Kontextbedingungen, die man retrospektiv gerne im Sinne von wissenschaftlichem Publizieren als „System" umschreibt, denen Biografien von WissenschaftlerInnen aber doch sehr unterschiedliche Profile geben. Ganz abgesehen davon, dass auch das eigene private lebensweltliche Umfeld implizit oder explizit maßgeblichen Einfluss auf das eigene Tun nehmen kann. Manchmal offensiv, oft aber verschämt zeugen davon die Widmungen und Danksagungen in Dissertationen.

All dies bewirkt jedoch nichts ohne die „Leidenschaft" an der Sache, von der Max Weber in seiner Rede über *Wissenschaft als Beruf* schreibt und die für den Erfolg wissenschaftlichen Publizierens unentbehrlich ist.

Verzeichnis der AutorInnen

Prof. Dr. Bernd Ulrich Biere ist Universitätsprofessor am Institut für Germanistik, Bereich Sprachwissenschaft und Sprachdidaktik, an der Universität Koblenz-Landau, Campus Koblenz. Forschungsschwerpunkte sind Hermeneutische Linguistik, Vermittlungskommunikation, Schreibforschung und Schreibdidaktik.

Daniel Brauer ist Student der Erziehungswissenschaften der Universität Koblenz-Landau, Campus Koblenz, und studentische Hilfskraft im Interdisziplinären Promotionszentrum (IPZ). Sein Studienschwerpunkt liegt in der Erwachsenen- und Weiterbildung.

PD Dr. Hajo Diekmannshenke ist Wissenschaftlicher Mitarbeiter am Institut für Germanistik, Bereich Sprachwissenschaft und Sprachdidaktik, der Universität Koblenz-Landau, Campus Koblenz. Er ist verantwortlicher Herausgeber der *Zeitschrift für Angewandte Linguistik* (ZfAL). Forschungsschwerpunkte sind politische Kommunikation, (historische) Medienkommunikation und Sprache-Bild-Beziehungen.

Dr. Andreas Eul arbeitet als Wissenschaftlicher Mitarbeiter am Institut für Anglistik und Romanistik, Abteilung Fremdsprachliche Bildung in der Grundschule Englisch und Abteilung Anglistik, der Universität Koblenz-Landau, Campus Koblenz. Seine 2009 abgeschlossene Dissertation trägt den Titel „Tense, Aspect, Aktionsart and Related Areas: Approaches to Analyzing the Core Meaning of English Perfect Verb Forms".

Prof. Dr. Christian Geulen ist Universitätsprofessor am Institut für Geschichte, Bereich Neuere/Neueste Geschichte und deren Didaktik, an der Universität Koblenz-Landau, Campus Koblenz. Forschungsschwerpunkte sind Moderne Kultur- und Ideengeschichte, allgemeine Wissenschaftsgeschichte und Zeitgeschichte.

Jun.-Prof. Dr. Mario Gollwitzer ist Juniorprofessor in der Arbeitsgruppe Diagnostik, Differentielle- und Persönlichkeitspsychologie, Methodik und Evaluation an der Universität Koblenz-Landau, Campus Landau. Forschungsschwerpunkte sind soziale und individuelle Funktionen von Rache, Strafe und Vergeltung, Ungerechtigkeitssensibilität und unmoralisches Verhalten und Wirkungen gewalthaltiger Computerspiele.

Prof. Dr. Dietrich Grünewald ist Universitätsprofessor am Institut für Kunstwissenschaft der Universität Koblenz-Landau, Campus Koblenz, und Mitherausgeber der Fachzeitschrift *Kunst + Unterricht*. Forschungsschwerpunkte sind Kunstpädagogik/Bilddidaktik, Kunst des 20. Jahrhunderts und der Gegenwart, Bildgeschichte, Karikatur. Als Autor und Herausgeber (u. a. des Schulbuchwerkes *Kunst entdecken*) ist er mit dem Problem der Bildrechte bei Publikationen ständig konfrontiert.

Marlene Haupt, M. A. studierte European Studies und ist Wissenschaftliche Mitarbeiterin am Institut für Sozialwissenschaften, Abteilung Wirtschaftswissenschaft, der Universität Koblenz-Landau, Campus Landau. Forschungsschwerpunkte sind Probleme der Alterssicherung und Sozialpolitik.

Prof. Dr. Nicole Hoffmann ist Universitätsprofessorin am Institut für Pädagogik, Bereich Gender und Weiterbildung, der Universität Koblenz-Landau, Campus Koblenz. Forschungsschwerpunkte sind Diskursforschung zu Bildung, Lernen und Kompetenz im Erwachsenenalter, Medien und Methoden in der Erwachsenen-/Weiterbildung, Gender-Mainstreaming und Hochschulentwicklung im Rahmen des Bologna-Prozesses. Blog: http://hoffmanneb.twoday.net/

Dr. Constanze Juchem-Grundmann ist Wissenschaftliche Mitarbeiterin am Institut für Anglistik und Romanistik, Abteilung Anglistik, der Universität Koblenz-Landau, Campus Koblenz. Sie war während ihrer Tätigkeit als Studienkoordinatorin des Bereichs Sprachen am Zentrum für Fernstudien und universitäre Weiterbildung am Campus Koblenz u. a. konzeptionell und praktisch mit der Vermittlung von Sprachkompetenzen in Wort und Schrift betraut. Ihr Forschungsschwerpunkt liegt in der Angewandten Kognitiven Linguistik.

Prof. Dr. Reiner Keller ist Universitätsprofessor für Soziologie am Institut für Sozialwissenschaften, Abteilung Soziologie, der Universität Koblenz-Landau, Campus Landau. Forschungsschwerpunkte sind Diskursforschung, Kultur- und Wissenssoziologie, soziologische Gegenwartsdiagnostik, französischsprachige Soziologie und qualitative Sozialforschung.

Prof. Dr. Michael Klemm ist Universitätsprofessor für Medienwissenschaft am Institut für Kulturwissenschaft der Universität Koblenz-Landau, Campus Koblenz. Im Jahr 2000 gründete er zusammen mit Dr. Monika Hähnel das Schreibzentrum an der TU Chemnitz, das er bis 2005 leitete. Lehr-, Forschungs- und Publikationsschwerpunkte: Medienkommunikation/Medienkultur, Gesprächsforschung/Textlinguistik, Schreibdidaktik, e-Learning.

Prof. Dr. Harald von Kortzfleisch ist Universitätsprofessor am Institut für Management der Universität Koblenz-Landau, Campus Koblenz. Forschungsschwerpunkte sind General Management, Management of Information Systems, Entrepreneurship, Innovation Management, Knowledge and Network Management.

Dr. Heidrun Ludwig ist Geschäftsführerin des von der Deutschen Forschungsgemeinschaft geförderten Graduiertenkollegs „Unterrichtsprozesse" an der Universität Koblenz-Landau, Campus Landau. Forschungsschwerpunkte sind Lehr-Lernforschung, Hochbegabtenforschung, Umweltpädagogik, Zusammenhänge zwischen Geschlechter- und Erwartungseffekten.

Prof. Dr. Rudolf Lüthe ist Universitätsprofessor am Institut für Kulturwissenschaft, Seminar Philosophie, der Universität Koblenz-Landau, Campus Koblenz. Er war von 1980 bis 2008 Herausgeber des *Philosophischen Literaturanzeigers*. Zu seinen wichtigsten Veröffentlichungen gehören: *New Criticism und idealistische Kunstphilosophie* (1975), *Wissenschaftliche Methode und historische Bedeutung* (1987), *David Hume. Historiker und Philosoph* (1991), *Der Ernst der Ironie* (2002).

Verzeichnis der AutorInnen

Nina Mahrt, M. A. ist Wissenschaftliche Mitarbeiterin im Interdisziplinären Promotionszentrum (IPZ) und Doktorandin am Institut für Germanistik der Universität Koblenz-Landau, Campus Koblenz. Forschungsschwerpunkte sind linguistische Comicforschung und Bild-Sprach-Beziehungen.

Prof. Dr. Jürgen Maier ist Universitätsprofessor für Politische Kommunikation am Institut für Sozialwissenschaften, Abteilung Politikwissenschaft, der Universität Koblenz-Landau, Campus Landau. Forschungsschwerpunkte sind Wahlkampfforschung, Wahl- und Einstellungsforschung, experimentelle Sozialforschung.

Dr. Thomas Metten ist Akademischer Rat am Institut für Germanistik, Bereich Sprachwissenschaft und Sprachdidaktik, der Universität Koblenz-Landau, Campus Koblenz. Forschungsschwerpunkte sind Sprach- und Medientheorie, Bildwissenschaft, Neue Medien.

Prof. Dr. Dietrich Paulus ist Universitätsprofessor am Institut für Computervisualistik der Universität Koblenz-Landau, Campus Koblenz. Forschungsschwerpunkte sind Bildverarbeitung, Bildverstehen, Aktives Sehen und Robotik.

Ellen Rana, BSc PGCE Dip. TESOL ist Wissenschaftliche Mitarbeiterin im Fachbereich Betriebswirtschaft der Fachhochschule Koblenz, wo sie u. a. *English for Academic Purposes* lehrt. Zuvor unterrichtete sie viele Jahren als freiberufliche Englischdozentin für Hochschulen und Unternehmen, u. a. an der Universität Koblenz-Landau und dort auch im Interdisziplinären Promotionszentrum. Sie ist englische Muttersprachlerin.

Dr. Friedrich Rost ist Akademischer Rat am Institut für Allgemeine Pädagogik, Arbeitsbereich Philosophie der Erziehung, der Freien Universität Berlin und Redakteur der *Zeitschrift für Erziehungswissenschaft* (ZfE). Seine Forschungsschwerpunkte sind Allgemeine Erziehungswissenschaft, Studienpropädeutik, Lexikographie, Wissen, Wissensorganisation und Wissensmanagement, Anthropologie des Schenkens. Homepage: http://friedrichrost.de

Dr. Kathrin Ruhl ist Geschäftsführerin des Interdisziplinären Promotionszentrums (IPZ) der Universität Koblenz-Landau. Forschungs- und Arbeitsschwerpunkte sind Nachwuchsförderung/Doktorandenausbildung, Bildungsforschung, Frauen- und Geschlechterforschung, Politische Partizipationsforschung.

Prof. Dr. Ruth Rustemeyer ist Universitätsprofessorin am Institut für Psychologie der Universität Koblenz-Landau, Campus Koblenz. Forschungsschwerpunkte sind Unterrichtspsychologie, Förderung von SchülerInnen im mathematisch-naturwissenschaftlichen Bereich, Berufs- und Karriereorientierung von Frauen, Methode der Inhaltsanalyse, Selbstkonzeptforschung.

Prof. Dr. Ulrich Sarcinelli ist Universitätsprofessor für Politikwissenschaft am Institut für Sozialwissenschaften, Abteilung Politikwissenschaft, der Universität Koblenz-Landau, Campus Landau. Seit 2009 ist er Vizepräsident für Forschung und ein Leiter des Interdisziplinären Promotionszentrums (IPZ). Forschungsschwerpunkte sind Politikvermittlung und politische Kommunikation, Parteienforschung, Staatstheorie, Demokratietheorie.

Prof. Dr. Gabriele E. Schaumann ist Universitätsprofessorin am Institut für Umweltwissenschaften, Bereich Umwelt- und Bodenchemie, der Universität Koblenz-Landau, Campus Landau. Forschungsschwerpunkte sind Bodenchemie, Organische Bodensubstanz, Schadstoff-Boden-Wasser-Interaktionen, Kolloide und synthetische Nanopartikel in der Umwelt.

Prof. Dr. Helmut Schmiedt ist Universitätsprofessor am Institut für Germanistik, Bereich Neuere Literaturgeschichte, der Universität Koblenz-Landau, Campus Koblenz. Forschungsschwerpunkte sind die Literatur des 18. Jahrhunderts, Unterhaltungsliteratur, Literatur in kulturgeschichtlichen Zusammenhängen.

Dr. Jörg Seiler war von 2003 bis 2009 Juniorprofessor am Institut für Katholische Theologie an der Universität Koblenz-Landau, Campus Koblenz, mit Forschungsschwerpunkten im Bereich der Kirchengeschichte des 19. und 20. Jahrhunderts unter kulturwissenschaftlicher Perspektive. Derzeit ist er Gymnasiallehrer in Oberursel.

Prof. Dr. Werner Sesselmeier ist Universitätsprofessor am Institut für Sozialwissenschaften, Abteilung Wirtschaftswissenschaft, der Universität Koblenz-Landau, Campus Landau. Er ist federführender Editor der Zeitschrift *Sozialer Fortschritt. German Review of Social Policy*. Forschungsschwerpunkte sind Arbeitsmarkttheorie und -politik, Auswirkungen des sozioökonomischen Wandels auf die soziale Sicherung, Möglichkeiten und Implikationen einer Verzahnung von Steuer- und Sozialsystem, Beschäftigungswirkungen des Steuer- und Transfersystems, sozial- und beschäftigungspolitische Implikationen der EWU.

Dipl.-Päd. Johanna Töbel ist Wissenschaftliche Hilfskraft im Interdisziplinären Promotionszentrum (IPZ) der Universität Koblenz-Landau. Forschungs- und Arbeitsschwerpunkte sind Hochschulentwicklung, Nachwuchsförderung und Geschlechterforschung.

Dr. Francesca Vidal, Rhetorikerin und Philosophin, lehrt am Institut für Philosophie der Universität Koblenz-Landau, Campus Landau. Forschungsschwerpunkte liegen in der Politischen Rhetorik, Rhetorik und Neue Medien, Rhetorische Ethik und in der Philosophie von Ernst Bloch. Zu ihren Publikationen gehört eine Reihe von Artikeln in unterschiedlichen Lexika wie etwa dem Historischen Wörterbuch der Rhetorik, dem Bloch-Lexikon oder dem Handbuch für Theaterpädagogik.

Dipl.-Psych. Axel Zinkernagel ist Wissenschaftlicher Mitarbeiter in der Arbeitsgruppe Diagnostik, Differentielle- und Persönlichkeitspsychologie, Methodik und Evaluation, der Universität Koblenz-Landau, Campus Landau. Forschungsschwerpunkte sind implizite Messung von Persönlichkeit und Einstellungen, Emotion und Gesichtsausdruck, objektive Persönlichkeitstests und Onlineforschung.